我们的经典

李零 著

去圣乃得真孔子

《论语》纵横读

生活·讀書·新知 三联书店

Copyright © 2014 by SDX Joint Publishing Company.
All Rights Reserved.
本作品版权由生活 · 读书 · 新知三联书店所有。
未经许可，不得翻印。

图书在版编目（CIP）数据

我们的经典 / 李零著. —北京：
生活 · 读书 · 新知三联书店，2014.1 （2024.9 重印）
ISBN 978 – 7 – 108 – 04625 – 3

Ⅰ. ①我… Ⅱ. ①李… Ⅲ. ①《论语》– 研究②《老子》– 研究③《孙子》– 研究④《周易》– 研究 Ⅳ. ① B220.5 ② E892.25

中国版本图书馆 CIP 数据核字（2013）第 171305 号

书名题签 李零

孔子为鲁司寇像，
明成化乙巳（1485年）本，
山东省博物馆藏

“我们的经典”总序

重归古典

——兼说冯、胡异同

一

我们的经典，不是传统意义上的经典，不是五经，不是九经，不是四书五经，不是十三经，而是现代人眼中最能代表中国古典智慧的书。

我向读者推荐四本书：《论语》、《老子》、《孙子》和《周易》。

为什么我把这四本书当经典阅读的基本教材，我想讲一下我的理由。

第一，这四本书，是中国古典学术的代表作。先秦学术是诸子之学。诸子百家，影响最大，是儒、道两家。《论语》是儒家的代表作，《老子》是道家的代表作。这两本书，毫无疑问是先秦思想的代表作。另外两本也很典型。古代有两门学问，一门是治国用兵，一门是数术方技。治国无经典（有也不能讲），用兵有，《孙子》是先秦兵学的代表作；数术方技，古代有个到处应用的理论，叫阴阳五行说，阴阳五行说也没有经典，只有《周易》经传，影响比较大，涉及这个理论。

第二，这四本书，年代最早，篇幅最小，《论语》约有15000字，长一点。《老子》、《孙子》、《周易》，都是约5000字的小册子（今本《孙子》在

6000字上下)。其他古书，如《管子》、《墨子》、《庄子》、《韩非子》、《吕氏春秋》，哪一本都比这几本大。读经典，先读年代早的小书，再读年代晚的大书，顺着读，效果最好。

第三，这四本书最富智慧。中国典籍传入欧洲，约400年，他们挑来挑去，看中的正好是这四本书，译本最多。它们比其他古书更能代表中国文化，也更容易融入世界文化。

简单说，我的理由是这三点。

二

不过，我想把问题说得深一点、远一点。

我希望读者明白，这四本书，只是一个窗口。它们的背后，还有更宏大的背景。它们只是样品。

我想，没人怀疑，中国思想史和中国学术史最灿烂辉煌的时代，肯定是先秦时代。这个时代，人才辈出、思想活跃。它和欧洲文明最伟大的古典时代一样，同样属于雅思贝斯所谓的“枢轴时代”(或译“轴心时代”)，也是一种世界性的现象。

我们都知道，先秦时代是子学时代，先秦学术是诸子之学。诸子百家平起平坐，是一种自由学术。当时，六经是装在子学的瓶子里，是子学的一部分，不像汉代，独尊儒术，只有六经最重要。汉代学术是经学时代。经学时代和子学时代不一样。儒经第一，儒子第二(《论语》、《孟子》成为传记)，其他流派，其他流派依托的各种技术，皆不足道，或存或亡，幸存者，只能降居儒学之附庸。这不是中国古典学术的本来面目。

欧洲的文艺复兴，是重归古典，反宗教专制，倡思想解放，不是回到中世纪。

当今侈谈文艺复兴者，正好相反，此不可不察也。[1]

研究诸子之学，有六篇材料，是骨干的东西。

◉（一）《庄子·天下》

《天下》说，天下治“方术”者太多，皆以其学为不可加。《天下》所谓的“方术”是古代的技术（比后来说的“方术”宽），即上面说的数术方技和治国用兵之术。它要讲的不是这些，而是“道术”。所谓“道术”，是思想，最初，只有“邹鲁之士、搢绅先生，多能明之”。百家之学，就是从其中散出，“道术将为天下裂”。

它讲“道术”，主要有六个流派：

（1）“邹鲁之士、搢绅先生”，是儒家。

（2）墨翟、禽滑厘，是墨家。

（3）宋钘、尹文，是接近墨家的流派。

（4）彭蒙、田骈、慎到，是法家。

（5）关尹、老聃，是道家。

（6）惠施、桓团、公孙龙，是名家。

它没提到阴阳家。

◉（二）《荀子·非十二子》

《非十二子》不是泛论学术史，他只批评12个人，恶其“持之有故，言之成理，足以欺惑愚众”：

（1）它嚣、魏牟，毛病是放纵情性。《天下》没提到。

（2）陈仲、史䲡，毛病是压抑情性。《天下》也没提到。

（3）墨翟、宋钘，毛病是不讲差别。前者是墨家的鼻祖，后者和墨家

---

[1] 现在的复古，都是迷宗教、政治和道德，过去叫道统和治统。不是复汉学（汉今文、汉公羊，大吹康子、廖子者流），就是复宋学（程、朱、陆、王）。

有关。

(4) 惠施、邓析，毛病是喜欢诡辩。他们是名家，《天下》没提到邓析。

(5) 慎到、田骈，毛病是玩弄法律。他们是法家。

(6) 子思、孟轲，毛病是假造传统，伪托圣贤。他们是儒家。

荀子是儒家。儒家各派，他最恨子思、孟子，斥之为儒家之罪人。子张、子夏、子游的后学，他也看不上，唯一称道的，是仲尼、子弓。

这篇东西，也没提到阴阳家。

◉（三）《韩非子·显学》

《显学》说，“世之显学，儒、墨也”，只讲儒、墨。先秦子学，早期，主要是儒、墨。儒分为八：

(1) 子张之儒，即子张（颛孙师）的后学。

(2) 子思之儒，即子思（孔子孙孔伋）的后学。

(3) 颜氏之儒，孔门八颜子，颜氏之儒，不一定是颜回的学生。

(4) 孟氏之儒，即孟子的后学。

(5) 漆雕氏之儒，可能是漆雕启的后学。

(6) 仲良氏之儒，即仲梁子的派别，仲梁子可能是曾子的学生。

(7) 孙氏之儒，孙氏是孙卿，这是荀子的后学。

(8) 乐正氏之儒，是曾子弟子乐正子春的派别。

孔门七十子，子夏、子游、曾子、子张最后。子思、孟子更在七十子之后。《显学》无子夏之儒，最奇怪。上博楚简，颜回的“颜”和言游的“言”写法一样，我很怀疑，颜氏之儒，或即子游的后学。这些派别，主要是战国晚期的儒家。

墨分为三，互称“别墨”：

(1) 相里氏之墨。《天下》称为“相里勤之弟子，五侯之徒”。

(2) 相夫氏之墨。

（3）邓陵氏之墨。《天下》提到“南方之墨者，苦获、已齿、邓陵子之属”。

◉（四）刘安《淮南子・要略》

《要略》是分国叙述。它提到：

（1）鲁国：“儒者之学”和“墨子”。

（2）齐国：“管子之书”和“晏子之书”。

（3）韩国：“申子刑名之书”。

（4）秦国：“商鞅之法”。

另外，它还提到“纵横修短”之术，没说具体国家。

◉（五）司马谈《六家要指》

它有三种叙述顺序：

（1）阴阳、儒、墨、名、法、道德。

（2）儒者、墨者、法家、名家、道家、阴阳家。

（3）阴阳、儒者、墨者、法家、名家、道家。

其中第三种是主要顺序。

司马谈是史官，学天官于唐都，受易于杨何，习道论于黄子，最重阴阳家和道家。阴阳主于术，不是思想流派，放在最前。儒、墨是显学，称儒者、墨者，有别于后三家，放在其次。法、名是术，古人叫刑名法术，放在更其次。最后是归总于道家。

◉（六）班固《汉书・艺文志・诸子略》

班固的分类是根据刘向、刘歆，他们把古书分为六艺、诸子、诗赋、兵书、数术、方技六门。其中子书，有所谓“九流十家”。十家，可以归为两类：

（1）儒家、道家、阴阳家、法家、名家、墨家。这六家就是司马谈的六家，但顺序不一样。西汉晚期，儒家最尊，其次是道家。当时盛行阴阳灾异，阴阳家也有一定地位。这是最主要的三家。法、名二家，属于刑名法术之学，秦代盛，汉代臭，几乎成为酷吏的符号或代名词，排在后面。墨家则销声匿迹（《史记》无传），最后归宿是神仙家（东汉有墨子派的神仙家）。

（2）纵横家、杂家、农家、小说家。这四家，是新增。纵横家，见《要略》，是外交游说之术。杂家，是百科全书派。战国晚期，派别融合，很多思想家，都是通人。个人全能玩不下去，还有《吕氏春秋》、《淮南子》这样的集体创作。农家，是重农派和农业技术混在一起。小说家，只是稗官野史、琐语丛谈，都不是思想流派。

班固说，九流十家，都是从古代的王官之学散出，每一家对应于一种王官，这是有名的王官说。

阅读经典，我们要知道，古人的思想分类法和学术分类法是什么样。

三

中国哲学史是五四新文化运动的产物。这个运动，不管有什么过火之处，它的伟大成果是确立了新学的主导地位，这点不能抹杀。

五四运动，打倒孔家店，打倒的只是店，而不是孔子。孔子走下圣坛，重归诸子，意义非常大。别的不谈，光对恢复传统文化的真实面貌，就有不可估量的意义。因为，没有这一步，就没有中国哲学史，更没有中国思想史或中国学术史。

◉（一）说冯、胡异同

中国哲学史的开山鼻祖有两位先生，一位是胡适，一位是冯友兰。他们的哲学史都是中西合璧的新学术，不是传统的经学，不是传统的子学。

当时，中国文运，一如国运，兵败如山倒。百废待兴，一无所有，大家是在中国的子学中寻找对等于西方概念的“哲学”。子学之盛，清季已然，西学为它注入了新的活力。儒家独尊、死水一潭的局面，是被这种东西打破。

胡适，洋博士，纽约哥伦比亚大学出身。他的《中国哲学史大纲》卷上（上海：商务印书馆，1919年），是1917—1918年他在北京大学讲中国哲学史的讲义，讨论范围是先秦子学。后来，还有一本《中国中古思想史长编》（上海：中国公学，1930年油印本）。

冯友兰是北大哲学系的学生，1919年也负笈哥大。继胡适之后，他出版过两卷本的《中国哲学史》（上海：商务印书馆，1930年）和英文本《中国哲学简史》（麦克米伦公司，1948年）。冯氏后来居上，无论在中国，还是在国外，都比胡适影响大。[1]他的《中国哲学史》第一篇《子学时代》，还有《中国哲学简史》的前十六章，都是讨论先秦子学。[2]

冯、胡异同，值得回味。

冯、胡二人，是中国近代学术史上的竞争对手。他们都留学美国，都钻故纸堆，作同样的题目。一般印象，胡适喜欢怀疑，比冯氏更美国；冯氏趋于保守，比胡适更中国。胡适捧戴东原，冯氏吹朱晦庵。冯氏解释说，这是汉、宋之别：胡适是汉学，他是宋学。其实，他们都是不中不西，不新不旧，唯激进、保守，程度不同耳。

他们有三大分歧：

（1）诸子是否出于王官，胡说不出，冯加限定而承认。

（2）先秦是否有六家，胡说没有，冯加限定而承认。

---

[1] 大陆批胡后，研究中哲史的，更少想起胡。

[2] 冯氏三史，《中国哲学史新编》最后。此书是他1949年后接受思想改造的成果（如吸收《孙子》，论《老子》是否兵书），这里不讨论。

（3）孔子和老子谁先谁后，胡说老先孔后，冯说孔先老后。

这三大问题，中国的学术界，西方的学术界，一直有争论。

◉（二）诸子出于王官吗?

《汉书 · 艺文志》的六种书，六艺、诸子、诗赋是学，古人叫文学；兵书、数术、方技是术，古人叫兵书和方术。前者是人文学术，相当今天的文、史、哲，后者是古代意义上的科学（和各种迷信）。班固说，诸子出于王官，即古代政府的职能部门，这从一开始就是引起争论的话题。

中国哲学史，是西化的产物。开始搭架子，先要问什么叫哲学。哲学的概念，当然是从西方来，标准是形而上。胡适的哲学史，其实是子学，他从子学找哲学，主要是名学，但名学只是子学之一端，实难以此为范围。冯氏虽以弘扬民族哲学为号召，也一样以西方的哲学概念为绳墨，明确说明，他不讨论术。比如《孙子》，他就不收。他们的取材范围，都是狭义的诸子，重学不重术。

胡适的体系是基础，该讲的都已讲到，整个布局，粲然大备。儒家，孔、孟之间有七十子，孟、荀之间有儒家八派；墨家，有墨子、别墨；道家，有杨朱、老子、庄子。其他诸子穿插其间。这是基本框架。冯氏是在这个基础上往下做，从子学到经学，从经学到玄学，从玄学到理学，从理学奔近代，顺流而下，百川归海是归于儒，孔是思想教皇。他的三史，是直通六书，一切为尊孔做准备。书，越写越多，越写越大，在很多人的心目中，都是取胡适而代之。此公酷爱三段式，讲先秦儒家，讲先秦道家，都是三段。儒、墨、道，儒家是终结者。

胡适的布局，即使从今天看，也仍然有其长处。特别是儒家，从今天的出土材料看，讲完孔子，就是七十子，布局比较好，气魄也更宏大。胡适主张，中国哲学史，应改名叫思想史，把格局做大。冯氏关心的却是重张儒学。表面上，胡小冯大，其实相反。

现在，学者主张把中国哲学史扩大，改造为中国思想史或中国学术史，这个想法，来自胡适。怎么改造？还是个值得讨论的问题。我认为，关键是要吸收术。比如《孙子》，怎么没思想，怎么没哲学？阴阳五行说，是典型的自然哲学，离开数术、方技，怎么研究？我研究兵法，研究方术，就是蹚这个路。

总之，研究中国学术，我们要分清，什么是学，什么是术。即使是《诸子略》，即使是九流十家，也有这个分别。比如，诸子是否出于王官，关键就在学与术的区别。术，跟王官有对应关系，但学不同，没法对号入座。

我们不要以为，古代的诸子可以离开术。弃绝术，学就架空了。我主张以术读学，以诸子读孔子。这样才有思想史。

诸子百家，他们的技术传统是什么？他们的知识结构是什么？这不是题外的问题。即使今天，思想和知识也是互为表里。

◉（三）先秦是否有六家？

先秦是否有六家，有人说有，不但有，还有更多的家，一人一家，百家都嫌少；有人说没有，不但道家没有，法、名、阴阳也没有，一无所有。这些说法，都源自冯、胡异同。胡适说，司马谈的分类，是汉代分类，不反映先秦，先秦无六家。近年，国内如任继愈[1]，国外如苏德恺[2]，都重张此说，西方汉学界，很多人都坚信这一点。

我的看法是，六家不是六个思想流派，而是半学半术各三家。司马谈讲六家，不是讲汉代学术，而是讲先秦学术。六家，不能说完全没有，如来源

---

❶ 任继愈《先秦哲学无六家——读〈六家要旨〉》，收入任继愈主编《中国哲学史论》，上海人民出版社，1981 年，433 页。

❷ 苏德恺《司马谈所创造的“六家”概念》，《中国文化》第 7 期（1992 年秋季号），北京：三联书店，1993 年，134—135 页；Kidder Smith, “Sima Tan and the invention of Daoism, ‘Legalism,’ et cetera,” *Journal of Asian Studies* 62, no.1 (February 2003), pp.129 -156.

较早的儒、墨，就是最明显的两家，先秦诸子都这么讲，绝非虚构。道家晚出，边缘模糊，不管叫什么，非儒非墨，本身就是一大类。这三家是一类。另一类是跟术有关的派别，法、名是刑名法术之学，阴阳是数术方技之学，不是思想派别。道家晚出，讲实用，与刑名法术和阴阳家说分不开，是个非常复杂的派别。

六家，其实是三家，儒家是古典派或保守派，道家是现代派或激进派，墨家是过渡。

无家说，全盘抹杀，不可取。百家说，像《汉志》那样讲，一人一家，一书一家，等于没家。这是白马非马之辨，同样不可取。

◉（四）孔、老先后的问题

儒、墨、道，孰先孰后，是个值得讨论的问题。这个问题，价值取向最明显。

胡适把《老子》摆在孔子前，是跟尊孔拧着来。[1]冯氏把《老子》摆在《论语》后，胡适不服气，说他是信仰作怪。冯氏尊孔，不假，但这个问题，还是要平心静气，摆事实，讲道理。

孔老先后，我的看法是，老子其人，也许比较早，但书是另一码事，绝不可能在儒、墨前。

学者怀疑《老子》晚出，有一个原因是，老子的故事几乎都是出自《庄子》，很有可能是庄子的虚构。其实，这还不是关键。关键是儒、墨、道对话的逻辑关系。冯氏把《老子》放在《论语》后，我同意。至于说，后到什

---

[1] 胡适晚期，尊老敬孔贬墨。他说，老子是无政府主义，最高；孔子是个人主义，其次；墨子是集体主义，最下。并把秦政之失归罪于墨家，汉政之得归功于道家，都可反映他的价值取向。他不反对儒家，但也不独尊儒术。

么地步，可以讨论。近年，史华兹的书[1]，葛瑞汉的书[2]，都是把《老子》往后摆。冯氏搁《孟子》后，还比较接近。葛瑞汉把它放在《庄子》后（钱穆已有这种看法），郭店楚简证明，太晚。

先秦诸子大辩论，《天下》讲得很清楚，道术最初在儒，后来才散于天下。儒是第一发言者，最寂寞。孔子没有对话者。墨是跟儒对着干。对着干，才热闹，两者具有对称性。道不同，跳出儒、墨之争，超越儒、墨之争，走得最远。百家的基础是三家，先是儒、墨，后是道，百家争鸣由此起。

冯、胡异同，三大问题，在具体结论上，我更倾向冯氏。但我的理解，与信仰无关。

思想不能无的放矢。儒家是众矢之的。在先的意义是当靶子。射箭先要有靶子。靶子的意义很伟大。

比如，胡适就是冯氏的靶子。

四

保守与激进，常常可以互补。上述异同，前两条，胡适激进，冯氏保守；后一条，冯氏激进，胡适保守。西方汉学界，酷爱分，酷爱疑，前两条取胡适，后一条取冯氏，正在情理之中。他们的思想史，大框架，是源自冯、胡二氏。

---

[1] Benjamin I. Schwartz, *The World of Thought in Ancient China*, Cambridge: Belknap Press, 1985.中文本：本杰明·史华兹《古代中国的思想世界》，程钢译，刘东校，南京：江苏人民出版社，2004年。

[2] A.C.Graham, *Disputers of the Tao*, La Salle: Open Court Publishing Company, 1989.中文本：葛瑞汉《论道者——中国古代哲学论辩》，张海晏译，北京：中国社会科学出版社，2003年。

冯、胡二氏对创建中国哲学史，各有贡献，两者可以互补。但要说文化立场，我更赞同胡适。

胡适的贡献，是开创性的，也是开放性的。他是真正的大师。

大师的意思是倡风气之先，为后世奠格局，不是收拢包圆儿，不是颠扑不破。

胡适的《中国哲学史大纲》，蔡元培讲过四大优点，我看最重要，还是下面三点：

第一，胡适开创的中国哲学史，是以诸子为范围，把古史和古书分开来，直接从老、孔讲起，蔡元培说，这是截断众流，开风气之先，厥功甚伟。这个格局是他开创的。冯氏是站在他的肩膀上才后来居上。

第二，胡适是把诸子摆平，有容乃大。蔡元培说，胡适的体系有“平等的眼光”，对儒家既不尊，也不批。[1]此语最为知言。胡适讲诸子平等，是真正平等。冯氏讲诸子，是“众生平等，唯我独尊”。他说，儒家在中国思想史上的地位，就像君主立宪制下的君主，其他派别，则如君主立宪制下的内阁。君主是万世一系，然治国之政策，常随内阁而改变。平等是儒家之下的平等。

第三，胡适想把子学做大，做成思想史，而不是相反，像冯氏那样，子学做成经学，经学做成理学，理学做成新儒学（他张口闭口都是做圣人，应帝王）。书越写越大，路越走越窄，失去中国思想的大气魄，失去中国思想的自由精神。

中国哲学史，从一家之学，重归六家之学或百家之学，我们一定不要忘记胡适。中国的学者要感谢他，西方的学者也要感谢他。

胡适不必气短。

---

[1] 见蔡元培为胡适《中国哲学史大纲》（卷上）写的序言。

由于胡适的出现，中国的思想史才初具规模，开了一个很好的头。

从此，不但墨家的地位、道家的地位被重新估价，儒家本身，也面临重建。孔子和七十子，先进和后进，还有七十子之后，迈了辈儿的，都要重新理顺；被遗忘了的，都要重新找回。特别是宋儒痛恨，明代革出教门的荀子，也要恭恭敬敬请回来。

民元前后，百废待兴，胡适的出现，引发的是范式转变。

他的书，和冯氏的书，方向正好相反，一个是从一家重返百家，一个是把百家再扯回到一家。冯氏似顺而逆，胡适似逆而顺。

今天，重温这段历史，我们要特别感谢胡适先生，因为没有他，我们就不知道什么叫百家争鸣。他的方向，才代表了中国文化的新方向。

我说这么多，您明白了吗？

复兴子学，才是重归古典——我是说，真正的古典。

2007年12月9日写于北京蓝旗营寓所

题　辞

世上有各种各样的药。简单说，一种是真药，一种是假药，两种都有人要。

世上没有包治百病的药，但人们想有这种药，就有了这种药。

有一次，在三联书店二楼的咖啡厅等人，顾客除我，只有一伙年轻男女，在隔不太远的另一张桌子上，好像是开会。

他们高谈阔论，话题是药品生意。其中一人说，卖药就要卖“治不好病”的药——准确地说，是专治那些根本就治不好，但患者希望治好，而其实还是治不好病的药。比如风湿、乙肝，肯定治不好，正是因为治不好，这样的药才特别好卖，不管多贵，都有人买。不错，你说这样做不道德，但我只是违反普通人的道德，并不违反商业道德。普通人的道德，只有等你赚到李嘉诚的地位才能讲……

目　录

自　序

这几年，我把太多精力投入了《论语》研究，值得吗？我问我自己。

说实话，我真想早日抽身，离开这个太多争论的话题。因为，我还有很多事要做。

我很忙，也很懒。争论是件很讨厌的事。

古人说，“千人所指，无病而死”（王嘉引里谚），“与其溺于人也，宁溺于渊。溺于渊犹可游也，溺于人不可活也”（《大戴礼·武王践阼》，中山王大鼎的铭文有类似的话）。有些爱我的朋友替我担心，怕我掉在舆论的深渊里，无法抽身。但我想过，这个工作很有必要，对别人，对自己，都很必要。

我的研究，是针对近二十年来中国社会上的复古狂潮，一种近似疯狂的离奇现象。我觉得，早该有人出来讲几句话了，哪怕只是一个“不”字。不是跟哪位过不去，只是本着学者的良心，说几句再普通不过的话。

我不忍心，我可爱的中国，就这样被糟蹋下去，被一大堆用谎言、谣言编织起来的自欺欺人糟蹋下去。

我先写了《丧家狗》。这书是2004年和2005年我在北京大学给学生授课的讲义。讲义是用来通读《论语》，一篇一篇，一章一章，一字一句，按照原书的顺序读，因为原书篇幅比较大（等于《老子》、《孙子》加《易经》），即便惜墨如金，写出来，也还是比较厚。

我本事不够。一上来，三言两语，就把所有问题点透，还不犯错误，那是谈何容易。最初，我只能这样。

我写那本书的目的，原书序言已经交待。我要批评的，并不是哪一个人，而是一股很大的潮流。有人恶意揣测，说我想借谁谁谁来出名，实在无聊。中华书局很清楚，“百家讲坛”很清楚，我的书早就写好，并没去赶哪个潮。招猫逗狗，吸引视听，这不是我的习惯。大家要注意，我的序言，以《孔子符号学发微》为题，发在《读书》杂志上，那是作于一年前，写出来就是准备挨骂，而不是邀宠。如果我的批评正好打到了谁的痛处，那只是巧合。比如我提到过把小人解作小孩的谬说，就是早有人讲，而且有非常女性主义的发挥——当然是胡说八道。我只是读我的书，带着学生读原典，如此而已，跟后来的名人毫无关系，捧与骂，都不想参加。

我的初衷，是阅读原典。我想通过读书，化解很多无谓的争论，为大家提供一个可供讨论的平台——哪怕是供人批判的平台。孔子讲过什么，我讲过什么，全都有案可查。只要肯读书，我相信，事情不难搞清。谁认真读，谁不认真读，是明摆着的事。

我只是尽力为之。

然而，正如大家看到的，这事引起了轩然大波。不读书的骂读书的，理直气壮，废话说上一箩筐，和书毫无关系。支持我的固然很多，反对我的也绝不在少数，以至被称为文化事件。

中国的尊孔，按儒林中人自己的说法，大约酝酿于 1980 年代的末期，而大盛于今，论年头，论人头，都是一股很大的势力。这二十年来，中国究竟发生了什么？这确实是一件耐人寻味的事情。争论的背后，折射着许多敏感问题，也许现在还看不清。

我并不急于对这场争论下什么结论。但我相信，任何乖情悖理的事，都是兔子尾巴——长不了。

从表面上看，争论是因书名而起。其实，并不是。

《丧家狗》的书名，只是一个典故。我用它是什么意思，原书做了明确交待。只有不读书的人才会一见就急，暴跳如雷，以为挖了他的祖坟。

司马迁，一位生当汉武帝时代（中国第一次由政府提倡尊孔的时代），对孔子极为景仰的大学者，他讲了这个故事，一个非常深刻的故事。在这个故事中，孔子拒绝当圣人，反而认同丧家狗。

还有四本古书，也都讲了这个故事。他们的作者，也是标准的儒家。

事情就这么简单。

如果还嫌不够，我请你到曲阜参观。走进孔庙，走进圣迹殿，你会发现，它的四壁，有一套描写孔子生平的壁画。这便是所谓《圣迹图》。《圣迹图》，是宣传孔子的画，不是骂孔子。不然，不会供在殿里。这类宣传画，不但有石刻本，还有彩绘本和木刻本。

你要注意，所有《圣迹图》，都有一幅画，恰好就是讲这个故事。特别是孔府收藏的明代彩绘本，题目作《累累说圣图》。“累累”是什么？就是“丧家狗”。它清楚地点出了绘画的主题：孔子是用“丧家狗”来回答他是否为“圣人”的问题。

图画的左边，就是抄司马迁的话，也就是我印在拙作封面上的话。

一切都是古已有之。

有人说，李零标新立异，故意发明了“丧家狗”，因而痛心疾首。其实我哪有这个发明权。他们尊孔，尊到连孔子的话都骂，连司马迁都骂，真是骂昏了头。

庸人多自扰，古井本无波。

•

现在这本书，是《丧家狗》的续篇，它和前书不一样，不是通读，而是精读。在这本书里，我是把《论语》拆开来读：上篇讲人物，纵着读；下篇讲思想，横着读。我叫“《论语》纵横读”。它和前书有共同主题：一是讲圣人概念的变化，孔子为什么拒绝当圣人，子贡为什么要把他树为圣人；二是讲道统之谬，它是怎样从孔颜之道到孔孟之道，再从孔孟之道到孔朱之道，四配十二哲都是怎么捏造出来的。我叫“去圣乃得真孔子”。

本书的题目，就是这么起的。

我讲的都是历史事实，有本事可以站出来反驳，骂人是没用的。

他们越骂，我越想读书，越读书，越觉得他们荒唐。

我的两本书，各有分工。先写的书厚一点，是个毛坯，主要是把细节过一遍；后写的书薄一点，是把原书打乱，分成不同的主题，一个问题挨着一个问题讲。此书比前书通俗，普及的同时，其实也是提高：主题更突出，条理更清晰。我自以为，比起前书，这书讲得更为深透，很多问题，都是再思考，并不是重复原来的东西。

我把《论语》读薄了。

读薄了，才能品出味道。

今年夏天，沿着孔子走过的路，我跑过 24 个县市，行程 6000 公里。这也为本书提供了很多新线索、新思路，特别是空间感和时间感。

我认为，读书、跑路，远比争论更重要。

我需要学习。

不读书，光骂人（甚至不惜制造谣言，借刀杀人），是卑怯的表现。

围绕《论语》的争论，很快就会成为过去。

有人说，真孔子是没有的，有也没有用，我觉得，跟这种人讨论，才最没有用。

现在的舆论，借影视、传媒和网络播散，一点小事，可以放得很大，特别是谣言。但真相不会因此而改变。

我只是读书，对争论毫无兴趣。

孔子说，“三军可夺帅也，匹夫不可夺志也”（《子罕》9.26）。面对舆论，知识分子该怎么样，我们可以听听他老人家的教导。

孔子说过这样的话：

> 子贡问曰：“乡人皆好之，何如？”子曰：“未可也。”“乡人皆恶之，何如？”子曰：“未可也。不如乡人之善者好之，其不善者恶之。”（《子路》13.24）
>
> 子曰：“众恶之，必察焉；众好之，必察焉。”（《卫灵公》15.28）
>
> 子曰：“乡原（愿），德之贼也。”（《阳货》17.13）

他老人家的意思是，所有人都说好，未必是好人，所有人都说坏，也未必是坏人。只有好人说好，坏人说坏，才是真正的好人。

我赞成他对舆论的态度。

我无意说，所有赞成我的人都是好人，所有反对我的人都是坏人。因为我不能以个人好恶为衡量一切的尺度——我对当裁判毫无兴趣。更何况，道德是个很有弹性的东西，随时都会改变。说不定，碰到好环境，坏人也会变好。

关键在于环境。

我非常感谢，在这场争论中，所有保持清醒、理智，在道义上给我以支持的人。

2007 年 10 月 14 日写于美国芝加哥大学
International House，天突然变冷。

写在前面的话

读《论语》，最好的读法，就是尊重原书。《论语》是什么书，就当什么书读。我把我的读法讲一下，供大家参考。

《论语》是子书，要当子书读

读《论语》，心情很重要，首先一件事，就是放松。《论语》是孔门的谈话记录，有些是老师的话，有些是学生的话。我们读这本书，是听他们聊天，不必一本正经，或激动得直哆嗦。不读就有的崇拜，最好搁一边儿。

《论语》，《汉书·艺文志》在《六艺略》，后世属于经部，但本身不是经。古人说的“六经”，诗、书、礼、乐、易、春秋，是孔子时代的六种古书。[1]这些书，很多都是老掉牙的古书，如《诗》、《书》和《易》，孔子那阵儿就不好读，我们看《左传》等书引用，很多都是断章取义，已经很离谱。《仪礼》和《春秋》，年代晚一点儿，也不容易读，战国秦汉，读起来就费劲，甭说汉

[1] 如比孔子早，楚申叔时“九艺”就是教这类书；比孔子晚，《庄子·天运》也明确提到“六经”。所谓“六经”，就是这六类古书。

以后了。现在哭着闹着要读经，特别是煽风点火鼓吹少儿读经的大人，最好自己先做个榜样，给大家读读看。这些书，甭说小孩，就是大人，也读不下去。特别是儒门诵法的《诗》、《书》，教授都啃不动。

《论语》不是这种书。孔子和学生聊天，是用春秋晚期那阵儿的白话聊天，当时人对他再崇拜，也不会把他们的聊天当经典。我把《论语》当经典，是当子书的经典，今天更适合我们阅读的经典，不是孔子时代的经典。子书是当时的白话。

孔子不是圣人，只是个民间学者和民办老师。他的学校或学派（英文都叫 school），后世叫儒家，原来只是诸子百家中的一家。《论语》的本色是子书，和《墨子》、《老子》差不多，只是一家之言。当时的知识分子，谁都怀旧，谁都复古，谁都不满意当时的社会，谁都想说服当时的统治者，可是谁的方案都只是说说而已，并没有成为官方的意识形态。

孔学被圣化，是孔子死后；成为意识形态，是在汉代。汉代有五经，还是战国的经；《论语》的地位提高了，不过是四大传记之一（另外三种是《孟子》、《孝经》、《尔雅》），根本不算经。汉代所谓传记，是拿儒家的书当读经的入门书和参考资料，和真正的经仍有区别。唐代有九经，加了几种传记，但汉代的四大传记不在其内。宋代，有四书五经，《论语》是四书之一（另外三种是《孟子》、《大学》、《中庸》），四书也是五经之外的书，相当四大传记的书。清十三经，把《论语》列为经，和早先的理解不一样。

五四运动，“打倒孔子店”（原作“打孔家店”），有人说是“传统中断”。其实，它打的是朱家店，而不是孔家店。打倒的只是店，而不是孔子。孔子走下圣坛，重归诸子，有什么不好？这是恢复了它的本来面貌。我读《论语》，是拿它当研究孔子的资料，不是当祖宗供着，敬而远之，光拜不读，或虽读，也不好好读，光抓耳挠腮，想有什么用。[1]

[1] 人文学术和科学技术不同，文史哲，最忌活学活用。文学怎么用？史学怎么用？哲学怎么用？这些上出重霄、下临无地的东西，没有层次转换，根本不能用。但老百姓的毛病，是最好这一口。林彪提倡的学习方法，至今流毒不散。

《论语》中的话，主要是说给学生听的，大家别搞错了对象

先秦子书，是干禄书，里面的政治设计，都是献给统治者。游说君主，战国很时髦。这个风气，和孔子有关。孔子奔走呼号，不懂顺毛捋，尽跟人家拧着来，很多话都白说，没有记下来。记下来的话，主要是说给学生听，盼他们读古书，习古礼，像古代贵族一样，有君子风度，不但改造自己，也改造当时的统治者，摩拳擦掌，时刻准备着。这是游说的初级阶段。现在读《论语》，大家要注意，孔子不满现实，是恨它太不君子，他的理想是恢复西周的君子国。《论语》的说话对象不是大众，而是精英。他和耶稣、佛陀不一样，根本不走群众路线，也不是大众英雄。他讲仁，并非一视同仁；讲爱，也非兼爱天下。阶级社会，什么人说什么话，话是说给什么人听，这样的分析，还是不能不讲。

好些学者早就讲了（如赵纪彬、杨伯峻），[2]《论语》中的

[2] 赵纪彬《论语新探》，北京：人民出版社，1976年，上部《释人民》，1—26页；杨伯峻《论语译注》，北京：中华书局，1980年，4页。

"人"字和"民"字，同一段话，对着讲，意思不一样。"人"是精英，"民"是大众，前者是君子，后者是小人。孔子关心的事，只跟君子有关，和小人无关（跟妇女也无关）；有关，也是让他们吃饱喝足，别闹事，听话卖力，感戴其上，主要是跟在"使"字后边当宾语。马克思说，"宗教是人民的鸦片"（《黑格尔法哲学批判导言》），[1]这话没错（鸦片曾是万能药）。[2]从古至今，大众爱听的是宗教（或多少有点宗教味道的东西），但孔子不讲这一套。他的教导，主要还是道德层面上的东西。

孔子很坦诚，精英立场就是精英立场，不跟大众套什么近乎。

我们读《论语》，千万别忘了，它的对象是什么人，别像愚夫愚妇，到庙里进香，自言自语，自作多情，自个儿给自个儿找答案。孔子说什么，不听；不说，非借他的嘴，让他替我们说。

《论语》篇幅长，内容乱，阅读要有耐心

现在闹孔子热，谁都说《论语》重要，但它重要在哪儿？多半是人云亦云，真正读过原书的很少。老实说，这书并不好读，比一般子书难读，没耐心，绝对看不下去。特别是，它有两个特点。一是长，《老子》、《孙子》、《周易》，全都加起来，也不过这么长；二是乱，书多短章，三五句一段，一段一段往起凑，除《乡党》、《微子》，没集中主题。一篇之内，顶多三五章，好像有点联系，通篇看下来，怎么算是一篇，毫无规律。篇题也是挑每篇开头的两三字，硬加上去的，和内容没关系，篇和篇搁一块

[1] 《马克思恩格斯全集》，第一卷，北京：人民出版社，1956年，453页。

[2] 李零《中国方术续考》，北京：中华书局，2007年，23页。

儿，哪篇在前，哪篇在后，也是乱的。

今天，报刊杂志约稿，5000—10000字，只够一篇文章，但搁古代，却是本书。古人用这么点字，可以讲出很多道理，成为垂之永久的经典，我们比不了。在古人面前，我们很惭愧。我一直骂自己，你怎么这么笨，没本事把书写薄。我理想的书，是10万字左右。

读《论语》，一天读多少，足以消化理解，不烦不累，我可以讲一点我的经验。我在北大讲古书，五六千字的古书，《老子》、《孙子》、《易经》，一周两课时，通说一遍，必须一学期。子书，《论语》不算大，比《墨子》、《孟子》、《荀子》、《管子》、《庄子》、《韩非子》、《吕氏春秋》小得多，但通说一遍，没有两学期，绝对下不来。今本《论语》，有15000多字（不计重文），就是讲两学期，也满满当当。读《论语》，我们要有足够的耐心。

《论语》是语录体，要打乱了读

我们记录思想，有两个办法，古今中外差不多。一是老师讲了，当时一问一答，记在脑子里，讲给别人听，口耳之学，代代相传，这是“语”；二是怕忘了，拿笔记下来，整理润饰之，这是“录”。“语”，稍纵即逝，如果不当场记下来，很快就忘了。[1]但当场记录，谈何容易？很多语录，还是靠口传，靠事后回忆，从讲出来到写出来，中间有时间差，有时是很大的时间差，记拧了、记错了的事常有。最后，写下来的东西，还要选一选，编一

[1] 如子张书绅（《卫灵公》15.6），老师讲了，没带笔记本（竹简或木牍），当场记在绅上。绅是裤腰带的下垂部分，好像西服的领带。中国的绅士（缙绅之士的简称）是腰上有这么一根，西方的绅士是脖子上有这么一根。

编，最后整理一下，整理过的谈话记录，就是所谓“论语”。这是“论语”的本来含义。

《论语》是用语录体写成。这本书是怎么编出来的？还要研究。一种可能，它是直接记录口语，随时听到，随时记下来，生猛鲜活，原汁原味；另一种可能，它是从某些整理好的长篇摘出来，属于名言选萃；还有一种可能，两种情况都有。也许是“鸡尾酒”。

这种体裁，《论语》以后，有禅宗语录，宋明理学的语录。年代最近，还有《毛主席语录》。《毛主席语录》是袖珍本，只有巴掌大小。

东汉时期，曾经为《论语》作注的郑玄说，当时的五经是用二尺四寸的大简抄写；传记不一样，是用八寸的短简抄写，《论语》就是八寸简（这里的尺寸都是指汉尺），当时也是袖珍本。1973 年出土的八角廊汉简，其中有《论语》，是汉宣帝时期的古本，比郑玄早，尺寸更短，只有七寸（这里的尺寸也是指汉尺）。古本《论语》也是袖珍本。[1]

[1] 古尺七寸，也就是一巴掌长，和《毛主席语录》的开本几乎一样。

研究《论语》的编辑方式，1993 年出土的郭店楚简，对我们很有启发。这批竹简，里面有四种小书，都是用六寸半到七寸半的短简抄写，和八角廊本的《论语》大小很接近。整理者把它们称为“语丛”。其中，《语丛一》、《语丛二》、《语丛三》，都是由短章杂凑，一章一章分开抄，每章也就两三根简，和《论语》很像。不但形式像，内容也像，有些就连字句都像。它说明，《论语》是像抄卡片，也是这么凑起来的。

过去，有人说，《论语》应该拆开来读，这是对的。[1]南老怀瑾说，《论语》有“一贯的系统”，哪章接哪章，哪篇接哪篇，都很有讲究，绝对不能动，这是不顾事实。[2]

读《论语》，我有个建议，既然书是乱的，我们何不把它拆开来读，庖丁解牛，大卸八块，通过对比，通过分析，看这本书到底都讲了些什么，不一定按原书的顺序读，或即使按原书顺序，也要一边读一边看，看前后左右是什么关系，不然，看到后边，前头就忘了，剩下一锅粥。就是全背下来，也是一锅粥。

我读《论语》，有两种读法，一是纵读法，二是横读法。先纵读，再横读，都是拆开来读。下面的讲述就是这样读。

纵读法

是按人物读，按人物的年代读。

《论语》有个突出特点，是人物多，比梁山好汉还多。它里面的人物，个性鲜明，描写生动，比如颜渊和子路，就是一对活宝。老师为什么偏爱颜渊，常骂子路？这种写法，对比很强烈。这书很怪，老师骂学生，学生顶老师，学生跟学生闹别扭，不遮不掩；旁人对老师不礼貌，羞辱老师，让老师下不来台，也照收不误；甚至连老师搂不住火，竟然拿棍子打老朋友，也都记下来。说是圣书，一点圣味儿没有。

它和《老子》不一样。《老子》是一派哲言，没人。读《老子》，如入无人之境。它和《孙子》也不一样。《孙子》，每篇上

[1] 蔡尚思《论语导读》，收入《蔡尚思全集》，第七册，上海古籍出版社，2005年，565—567页。

[2] 南怀瑾《论语别裁》，上海：复旦大学出版社，1990年，上册，4—5页。

来三个字，都是“孙子曰”，光他一人在书里讲话，书是一言堂。它提到的人，拢共只有四个，两个恐怖分子（专诸、曹刿），两个大特务（伊尹、吕牙）。

《论语》这书，主要是记孔子和学生聊天。孔子，孔子的学生，还有其他人，不管是对话者，还是他们提到的人，不管是当官从政的达官贵人，还是隐逸山林的不合作者，死人也好，活人也好，所有人物加一块儿，有156人。这些人物搞不清，说话背景搞不清，书没法读。

我的办法，是先排孔子年表，再排孔门弟子的年表，再排其他人物的年表，把《论语》的内容，对照这三个年表读。❶

❶ 前人编孔子年谱，很多都是拿《论语》编。这种做法，司马迁的《史记·孔子世家》已经使用。但读者要注意，《论语》中有些年代不清的话，也常常被编进去，流于游戏。

横读法

孔子思想有它内在的系统，但《论语》一书没系统。我们要想从这本没系统的书读出它的系统，没有别的办法，只能自己动手，把全书分分类，分析分析它使用的概念，看这些概念有什么关系。比如仁、义、孝、友、忠、信、宽、恕、恭、敬十个词，孔子怎么讲，必须查一遍，把所有论述归一堆儿，互相对一对。整理一遍，线索就清楚了。上面，我们说，《论语》篇幅长，人物多，不整理不行。概念也是这样。它的20篇，没有连贯的叙述，没有集中的主题，要想理解点什么，记住点什么，也要打乱原书，作主题摘录。我说的横读，就是按主题摘录的方式读。最后，还要加上点心理分析。

读不懂的问题，不妨搁一边儿

《论语》中的话，不皆精粹，很多都平淡无奇，不必刻意求深，以为字字珠玑，后面必有深意。特别是有些话，就算很有深意，当时人明白，后人也读不懂。《论语》中的话，很多都是掐头去尾，前言后语不知道，谈话背景不清楚，硬抠是抠不出来的。比如“文革”结束前，毛主席他老人家，最后写下六个字，“你办事，我放心”。这六个字，很平常。但搁当时，简直和遗诏差不多。个中深意，只有在那段儿生活过的人，才能体会。过了这阵儿，没法懂。我敢说，这六个字，不用搁几百年，就是现在这帮孩子，都莫名其妙，想崇拜都不知朝哪儿崇拜。所以，我建议，读到这种地方，不妨猜一猜，猜不出来就算了，别钻牛角尖。

挑什么书读好

研究《论语》，书很多，但真正重要的书，并不多，我替大家挑一下。西汉古本，有所谓《古论》、《齐论》、《鲁论》，三种都已失传，大家不必深究。后来，这三种本子融合为一种，叫《张侯论》，即今本的前身。大家使用的本子都差不多。现在，读《论语》，大家可以从带白话翻译的通俗本入手，如杨伯峻的《论语译注》（北京：中华书局，1958年版和1980年版），就是比较流行的读本。如果还想进一步深造，有下面几本书，可供参考：

(1)《论语郑氏注》(郑玄注),有敦煌本和清代的各种辑佚本。参看:王素编著《唐写本论语郑氏注及其研究》(北京:文物出版社,1991年)。

(2)《论语集解》(何晏的集解和邢昺的疏),有敦煌本和《十三经注疏》本。参看:李芳录校《敦煌〈论语集解〉校证》(南京:江苏古籍出版社,1990年)。

(3)《论语集解义疏》(皇侃的集解和疏),有日本大正十二年(1923年)怀德堂本和清《知不足斋丛书》刊印的根本伯修氏校本,即《丛书集成初编》所收。

(4)朱熹《论语集注》(收入朱熹《四书章句集注》),有中华书局标点本(北京:中华书局,1983年)。

(5)刘宝楠《论语正义》,有中华书局标点本(北京:中华书局,1990年)。

(6)程树德《论语集释》,有中华书局标点本(北京:中华书局,1990年)。

出土发现很重要

过去,不仅孔子被圣化,孔子的学生也被圣化,谁是二圣人,谁是三圣人,有一套胡说八道。宋儒讲道统,搞三突出,突出曾子,突出子思,突出孟子,就是这类胡说八道。七十子之徒,《论语》里有29人,七十子之后,也有很多人,哪里是这样排座次?出土发现可以证明,孔门的真相不是这样。

研究《论语》，有三个发现最重要。一是郭店楚简，它有13种儒籍，上面提到，三种语丛很重要。二是上博楚简，现在没出全，也有十几种儒籍，《论语》中的很多人物，它都涉及到。有些故事，有些语句，彼此相关。郭店楚简刚公布，简文只有子思，大家还在那儿吵子思，说是证明了道统，这批竹简出来，怎么讲？三是八角廊汉简，有汉宣帝时期的《论语》残本和《儒家者言》。

八角廊汉简《论语》，有一本小书：河北省文物研究所定州汉墓竹简整理小组编《定州汉墓竹简〈论语〉》，北京：文物出版社，1997年。大家可以找来看。

阅读《论语》的大忌

读《论语》，最傻最傻，就是拿它当意识形态。好好一孔子，不当孔子理解，非哆哆嗦嗦当圣人拜，凡有损圣人形象处，必拐弯抹角，美化之，神化之，曲解之。比如孔子说，“唯女子与小人为难养也，近之则不孙（逊），远之则怨”（《阳货》17.25），原文没什么难解之处，但近人吵得不亦乐乎。有人说，孔子是圣人，他怎么会轻视妇女，把伟大的女性和缺德的小人绑一块儿？难道他没妈？他们替孔子着急，非把“女子”读为“汝子”（还有解为“竖子”的），“小人”解为小孩，就是典型的例子。还有，我们读《论语》，谁都不难发现，孔子很孤独，也很苦恼，很多人非拉他当心理大夫，岂不可笑？碰到这类曲解，我常常会想起鲁迅。鲁迅说，“救救孩子”（《狂人日记》）。[1]我说，“救救孔子”。大家别以为，“五四”就是骂孔子，其实它才是救孔子。

历史上捧孔子，有三种捧法，一是讲治统，这是汉儒；二是讲道统，这是宋儒；三是拿儒学当宗教，这是近代受洋教刺激的救世说。三种都是意识形态，说是爱孔子，其实是害孔子。我是反其道而行之：去政治化、去道德化、去宗教化。

这三条不去，其愚不可及也。

愚民者必为民愚。

[1]《鲁迅全集》，第1卷，北京：人民文学出版社，1956年，19页。

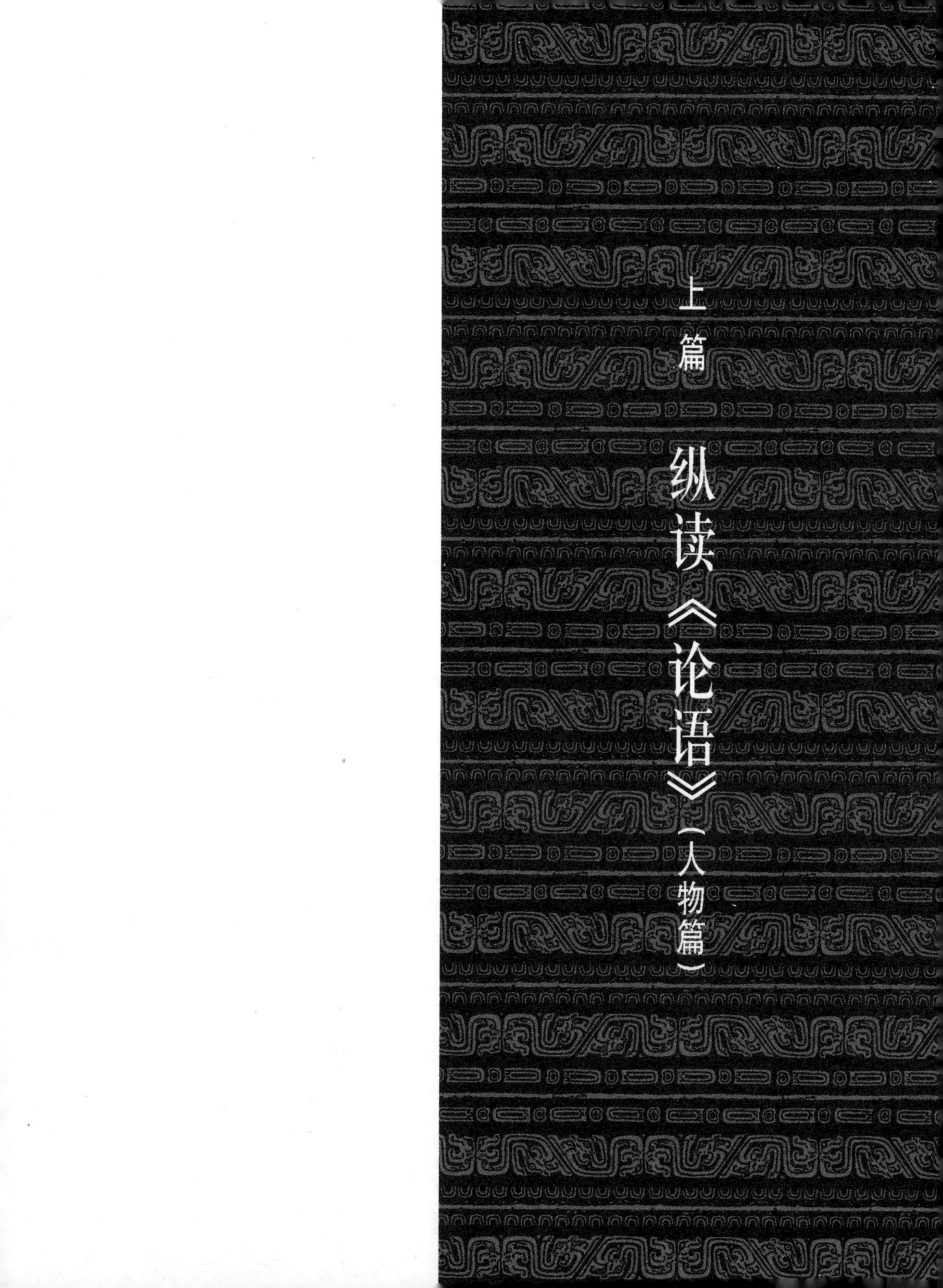

上篇

纵读《论语》（人物篇）

一　走近孔子

本书上篇是人物篇，侧重历史叙述。我们先谈孔子，再谈他的学生，再谈其他人，一个一个，慢慢来。好像看戏，先把剧中人物给大家介绍一下。

孔子是个什么样的人？我打算花四章来介绍，把他当作一个历史人物来介绍。这是上篇的重点。

研究孔子，我有两个建议。

第一，大家可以先读司马迁的《史记·孔子世家》，了解一下他的生平事迹，知道他活着的时候是什么样，有一点时间上的感受。

第二，大家可以到孔子故里参观一下，了解一下他的生活环境，感受一下历朝历代尊孔的气氛，有一点空间上的感受，有一点古今对比。大家不妨想一想，活着的孔子和死后的孔子有什么不一样。

司马迁是第一个为孔子作传的人

先秦诸子，老师的生平怎么样，弟子有些什么人，记载最详细，莫过于孔门。其他学派比不了。

孔子活着的时候，不得志；死后，他的弟子不服气，说我们的老师是圣人，超过尧、舜的圣人。于是，孔子当了圣人，当了他们心中的救世主。这以后，其他门派的学生也纷纷仿效，说我们的老师是圣人，同样是圣人。但这些圣人，全都是民间圣人，没一个得到过官方批准。得到官方批准，是到了汉武帝时，也就是司马迁生活的那阵儿。圣人，汉武帝只批准了一个，就是孔子。

圣人是不能没有传记的。

汉代尊孔，武帝为盛。司马迁作《史记》，把孔子列入专记王侯的三十世家中，就是拿他当钦定圣人讲，当王侯一样的贵人讲。他的记载很重要。我们研究孔子，可以参考很多古书，但《孔子世家》提供的框架最基本，最重要。我们可以用其他古书校《史记》，指出他的失误，但其他古书，支离破碎，缺乏整体感，我们要想对孔子的生平有个大致的了解，还是要看司马迁的记载。

当年，司马迁写《孔子世家》，他有一段话，很有名，“《诗》有之：‘高山仰止，景行行止。’虽不能至，然心乡往之。余读孔氏书，想见其为人”。他的意思是，你崇拜孔子，读他的书，自然想知道他是什么样的人，所以他要给你讲孔子的为人。[1]

有人说，孔子真伟大，幸亏历史选择了孔子。历史是什么？太抽象。其实，是汉武帝选择了孔子，就像君士坦丁选择了基督教。[2]

读《论语》，我的建议是，了解孔子本人，要读《史记 · 孔子世家》；了解他的学生，要读《史记 · 仲尼弟子列传》。孔子是汉武帝捧起来的圣人，司马迁随侍左右，对孔子十分崇拜。他吊过孔子故居，读过孔壁中书，包括《孔子弟子籍》，即当时流传，据说是用古文抄写的孔门弟子的花名册，甚至向孔子的后代孔安国当面请教。他的记载最早，他的记载最宝贵。

还有两本书，大家也可参考，一本是《孔子家语》，讲孔子；一本是《孔丛子》，讲孔子的后裔，汉武帝以来的后裔。这两本书，是汉魏之际的古书，年代晚一点，但不是伪书。过去称为伪书，不对。[3]

当然，这些文献，本身有许多错误，需要加以考订，才能当作史料，并不是每句话全都可靠。

上曲阜去看看

研究孔子，除了读书，还可旅行。我们不妨到山东曲阜去看一看，像司马迁一样，实地感受一下孔子生于斯，长于斯，葬于斯的地方。

旅行也要备课。出发前，我们不妨读一下郦道元《水经注》

[1] 现在的风气是，“读孔氏书，而不想见其为人”，或“不读孔氏书，也不想见其为人”。他们连孔子是历史研究的对象都反对。

[2] 统治者都知道，尊孔就是尊自己，对收拾人心有好处，他们是拿孔子当工具。这件事和孔子无关，他不可能知道，后人怎样利用他。

[3] 参看李零《丧家狗》，太原：山西出版集团 · 山西人民出版社，2007年，47—50页。

卷二五的《泗水》、《沂水》和《洙水》。孔子讲学于洙泗之间(《礼记·檀弓上》)。洙泗之间有什么古迹，郦道元有较早的记载。

还有一幅地图也很重要，就是宋绍兴二十四年（1154 年）俞舜凯的《鲁国之图碑》。[1]俞舜凯是南宋人，但地图反映的是北宋仙源县，很多古迹，郦道元讲的古迹，在这个图上还保留着，现在已经看不到。比如泗水、沂水和洙水怎么流，鲁国的十二座城门在哪里，很多问题，都是看了这幅地图，你才明白。

[1] 曹婉如等编《中国古代地图集（战国—元）》，北京：文物出版社，1990 年，图版 49—51。

游览曲阜，有十大景点，值得推荐：

一是曲阜东南的鲁源村，传说是孔子爸爸家。村中有块《古昌平乡碑》，是 1924 年康有为立的。康氏跟耶诞抬杠，上款作“孔子生二千四百七十五年”，下款作“甲子九月康有为敬书”。碑文“甲子”是西历 1924 年。这个村，大部分居民姓刘，没有姓孔的。

二是鲁源村附近的尼山，传说是孔子出生的地方。山上有尼山孔庙，山下有夫子洞。传说孔子就出生在这个洞里。

三是尼山附近的颜母庄，传说是孔子妈妈家。颜母庄有颜母祠。祠里有块明代的碑，衍圣公来此祭祀立的碑，碑文作“有周故孔夫子外祖颜府君祠”。有趣的是，它是把这个祠当孔子他姥爷的祠，而不是孔母本身的祠，完全是男本位。颜母祠的附近有个扳倒井，也就是古人所谓的“颜母井”。[2]这个村子是杂姓，也没姓颜的。

[2] 汉《建宁元年史晨碑》已提到“颜母井”。

四是曲阜以东的梁公林，传说是孔子爸爸、妈妈和哥哥的葬地。梁公林在防山一带，防山在曲阜鲁故城的东面。古书说，孔子三岁死了爹，他不知道他爸爸葬在何处，所以妈妈死后，他不知该往哪儿葬。据说，他把他妈妈的棺材停在五父之衢，到处跟人打听，最后问过郰曼父之母，才知道他爸爸是葬在防山一带（《礼记·檀弓上》）。[1]

[1] 古人说，五父之衢是"鲁县东南道名"（《左传》襄公十一年杜预注）或"曲阜县东南二里鲁城内"（《史记·孔子世家》正义引《括地志》）。《鲁国之图碑》有"五父里"，是标在鲁城的东北角。我们估计，五父之衢是通往防山的一条大道，位置当在鲁城的东门一带。

五是曲阜东北的寿丘/少昊陵。古人说，黄帝生寿丘，少昊都穷桑，鲁国都曲阜，建于少昊之虚，就是这个地方。寿丘、穷桑、少昊之虚，都是指今寿丘/少昊陵一带。曲阜是一条七八里长的土岗子，从梁公林往西，一直延伸到鲁故城的东北角。今少昊陵后边的土丘就是这条土岗的一部分。曲阜鲁故城，后来叫曲阜县，就是以这道土岗而得名。北宋，曲阜县改称仙源县，曾移治于此，建了个宫殿，叫景灵宫。景灵宫，废墟还在。宫殿前面，有宣和大碑四通，宋徽宗派人把碑运来，还没来得及刻字立碑，金兵就打来了。碑高16.95米，是天下第一碑。光是驮碑的大龟，就比人还高，高达2.22米。

六是曲阜鲁故城，即西周鲁故城。城作椭方形，东西长，南北窄。当时的城墙，现在还在。护城河，西北还在，东南断流。城墙开有12个城门，《鲁国之图碑》上有它们的名。城中有五经五纬，各五条大道。宫城偏北，居于正中。整个设计最像《考工记》中的王城。明清时期的北京城就是这种格局。

七是周公庙。周公庙，就是《论语》说的太庙（《八佾》3.15、《乡党》10.19），相当北京的太庙（现在的劳动人民文化宫）。现在的周公庙太小，《鲁国之图碑》上很大。原来是和胜果寺（今作盛果寺，位置已改变）左右并列，包在一道曲尺形的残墙内，这是鲁宫城或鲁灵光殿的北部。周公庙以南，还有一道曲尺形的残墙，则是鲁宫城或鲁灵光殿的南部，两观是它的南门，门外有三个水池：太子钓鱼池、泮池和曲池，以及斗鸡台等古迹。这是鲁故城的中心区域，建在城中的高地上。宋真宗以前，鲁县或曲阜县，县治就在这一带。

八是明曲阜城和阙里孔庙。孔子住的那个居民区，古代叫阙里。明曲阜城就是围绕这个居民区，其实是个孔子城，专为保卫孔家而设。[1]正德六年（1511 年），河北农民造反，“秣马于廷，污书于池”。所以，正德八年到嘉靖元年（1513 —1522 年），才修了这座城。孔庙是因宅设庙，宅庙不分。最初，孔庙很小，后来越修越大。北宋的孔庙就很大，从《鲁国之图碑》看，陋巷以西，全是孔庙的范围（孔府是后来才分出来的）。陋巷北的颜庙，原来没有，只有一口井。

[1] 1977 — 1978 年，山东省的考古工作者发掘曲阜鲁故城时，曾发现西汉晚期的城圈，它的西墙和南墙是利用鲁故城的城墙，北墙在明城北，东墙在明城东，范围比明城大，但也偏于西南。这座汉城，年代晚于鲁恭王的卒年（前 128 年），已经打破鲁灵光殿遗址的范围。它也是以孔庙所在的区域为中心。

九是孔林，即孔氏家族的葬地，其中除孔子、孔鲤、孔伋祖孙三代的墓，汉代孔白、孔霸的墓，主要是明以来（四十二世以下）孔氏子孙的墓。这片墓地，原先没有林墙，《鲁国之图碑》上还没有，元至顺二年（1331 年）才有。它的南墙是修在鲁故城的北墙上。

十是舞雩台，即曾点春游（《先进》11.26）和孔子散步（《颜渊》12.21）的地方。这是西周就有的古迹。

曲阜的古迹是个连续体，少昊之虚和西周古城，汉唐以来和宋以来的古迹，都集中于同一个地区。研究孔子，不可不去。

走进孔庙

曲阜的古迹，是以阙里孔庙为中心。它位于曲阜鲁故城的西南角。

这座建筑有九进院落，包括五殿、一阁、一坛、一祠、两堂、两斋宿所、十五碑亭、五十四门坊和两千多块碑。

我们到孔庙游览，重点是看三组建筑。

第一组，是看奎文阁和十五碑亭。

我们从孔庙的棂星门进入，经三重院落，穿大中门，到第四个院子，可见奎文阁和十五碑亭。

奎文阁是藏书楼。奎星主文运。这个名字，是金章宗起的。

十五碑亭，除明洪武碑亭和永乐碑亭，全是金、元、清三代征服王朝立的碑亭。征服的上策是征服人心，“得人心者得天下”，他们比汉族更尊孔（北京的孔庙就是蒙古人建的）。

第二组，是看大成殿和它周围的建筑。

孔庙的后部，分左、中、右三路。

中路是以大成殿为核心。

大成殿是孔庙的正殿。大成殿这个名字，是宋徽宗起的，来源是孟子的一句话，“孔子之谓集大成”（《孟子·万章下》）。它是祭拜孔子的地方，黄瓦龙柱，一派帝王气象。孔子冠垂冕旒，端坐在大殿中央。两旁是四配，四个二等圣人：东侧是复圣颜渊、述圣子思；西侧是宗圣曾子、亚圣孟子。靠墙是十二哲：东六哲是闵子骞、冉伯牛、子贡、子路、子夏、有子；西六哲是仲弓、宰我、冉有、子游、子张、朱熹。他们，都是按一左一右排序。

大成殿的东西两庑，是两个长廊，东庑陈放着40位先贤、39位先儒的牌位，西庑陈放着38位先贤、37位先儒的牌位。两庑先贤，主要是四配十二哲以外的孔门弟子（也包括孔子称道的前贤，如蘧伯玉）；两庑先儒，除公羊赤和谷梁高是先秦大儒，其他都是汉以来的大儒。有趣的是，它把宋儒周敦颐、张载、二程和邵雍，也列入先贤，地位排在汉儒之上。

大成殿的排序，有谁没谁，谁前谁后，很有讲，本身就是一部值得研究的历史。大成殿和它的两庑，那么多人，唯独没有荀子，是值得注意的现象。

大成殿的前面是杏坛。《鲁国之图碑》上已有杏坛。古人说，"孔子游乎缁帷之林，休坐乎杏坛之上。弟子读书，孔子弦歌鼓琴"（《庄子·渔父》）。当年，孔子讲学，主要是坐在家里讲，或散步到舞雩台，在郊外讨论。如果真有杏坛，恐怕在郊外。但现在的孔庙是把它搁在大成殿的前面。它是由170多个幽灵围坐在孔子身边，听他在冥冥之中，向他们讲诉着什么，仿佛一座宏大的讲堂。

大成殿的后面是寝殿。寝殿是供孔子的夫人并官氏。[1]

这组建筑的西边，有启圣王殿和启圣王寝殿，是供孔子的爸爸叔梁纥、妈妈颜徵在。

这组建筑的东边，有崇圣祠，是供孔子夫妇、孔鲤夫妇和孔伋夫妇的地方。

[1] 古书多作"亓官氏"，但据《礼器碑》，正确写法是"并官氏"。唐代的《孔子家语》也这样写（《史记·孔子世家》索隐引）。

整个布局，是学生在里面，家属在外围。学生和家属，都沾孔子的光。

真是一荣俱荣。

第三组，是看圣迹殿。

圣迹殿在孔庙的最后。它是明万历二十二年（1594 年）山东巡按御史何出光为保存《圣迹图》而建。

这三组建筑，前面是碑，中间是像（和木主），后面是画，都是用来宣传孔子。

圣迹殿中的壁画

圣迹殿是个石刻壁画殿，用图画表现孔子、孔子的学生，以及他的生平。它的壁画分三种，一种是孔子像，一种是弟子像，一种是《圣迹图》。

（1）孔子像

分半身像和全身像。

半身像，有传顾恺之或吴道子画的《孔子为鲁司寇像》，形象比较端庄。这种像，有不少仿刻，除石刻本，还有彩绘本。彩绘本，外间最流行，是孔府收藏的本子（有“虚斋”印和“宣和殿宝”印），豹眼环睁，形象不太好。形象比较好，还是山东省博物馆收藏的明成化乙巳（1485 年）本。

全身像，有传唐吴道子画《孔子行教像》，一种立于唐代，有“德配天地”等 16 字；一种立于宋崇宁间（1102—1106 年），有宋米芾书“孔子孔子，大哉孔子”等32字。此像即清雍正十三年（1735年）孔广棨立《先师孔子行教像》所本。现在，后者最流行，几乎已成“标准像”。

（2）弟子像

孔子弟子像，有孔行颜随像，有十哲侍立像。

孔行颜随像，是表现孔子的得意门生颜回，紧随其后，亦步亦趋。[1]宋绍圣二年（1095年）传顾恺之画《颜子从行小影》、宋政和八年（1118年）《先圣画像》和宋刻《先圣小像》都是这种像。

十哲侍立像，有宋绍圣二年传吴道子画《孔子凭几坐像》。读《论语》，我们都知道，十哲才是孔子最重要的弟子。

（3）《圣迹图》

佛教有本生故事，描写释迦牟尼的一生。唐宋以来，儒家排佛，很厉害，但在宣传方式上，却采取佛教的方式。孔子一生，故事最多，比诸子中的任何一位都多，画点连环画，最合适。《圣迹图》就是模仿佛教的本生故事，对孔子的一生做通俗宣传。

圣迹殿中的《圣迹图》，篇幅很大，有120块石刻，文字8块，图112块。这种《圣迹图》是怎么发明和发展起来的，是个值得研究的问题。最初可能是单幅的绘画，后来发展为连环画，篇幅不断扩大。[2]

这种图，大概是从南宋和元代，才发展起来，现在保存最早的本子，是日本收藏的元王孤云画、元俞紫芝题字的本子。这个

[1] 《庄子·外篇·田子方》：“颜渊问于仲尼曰：‘夫子步亦步，夫子趋亦趋，夫子驰亦驰；夫子奔逸绝尘，而回瞠若乎后矣！’”

[2] 沈津《〈圣迹图〉版本初探》，《孔子研究》2003年1期，100—109页。

本子只有10幅图。[1]

圣迹殿中的《圣迹图》从哪儿来，一般说法，它是从明正统九年（1444年）张楷的线描本发展而来。

张楷是明代早期人，它的《圣迹图》，原本是石刻本，早佚。[2]所谓明正统九年本，其实是明嘉靖二十七年（1548年）朱胤移的翻刻本。这个本子，只有3页文字和26幅图，并非原本，也非全本。图前文字，是节录《史记·孔子世家》，题宋朱熹纂。26幅图，是图解《孔子世家》，除《孔子世家》，还杂采《论语》、《孟子》和《孔子家语》。

曲阜文物档案馆还有一种彩绘本，题仇十洲画、文徵明书，有3页文字和36幅图，与前者比较，是同一来源，但互有异同，图比前者多一点。[3]

这种较早的本子，一般都没有图题，偶尔有之，也没有统一的格式（比如下面提到的《累累说圣图》）。圣迹殿中的《圣迹图》，特点是格式统一，有四个字的图题。

读《圣迹图》，我们要注意它的一头一尾。一头一尾，都是赞美。

所有《圣迹图》，内容雷同，尤其是开头五幅。它们的第一幅，都是“先圣小像”（孔行颜随像），后面四幅，都是讲孔子降生有什么祥瑞，如“尼山致祷”、“麟吐玉书”、“二龙五老”和“钧天降圣”。

这些图，都富于神话色彩，不可能是真实的情况。

它的结尾，也很有意思，是“哀公立庙”、“汉高祀鲁”和

[1]《神州国光集增刊》之二，上海：神州国光社，1908年。邓实跋云：“旧藏项子京家，庚子之乱，为英人某君购得。余亡弟秋门之妻弟杨君寿彭在日本从某君借影以遗余。”此书十图相当“尼山致祷”、“因膰去鲁”、“匡人解围”、“微服过宋”、“学琴师襄”、“西河返驾”、“子西沮封”、“退修诗书”、“西狩获麟”、“汉高祀鲁”。

[2] 上海青浦孔宅旧有张楷曾孙张九德翻刻本、康熙中方正范补刻本，均已亡佚。参看清陈康祺《郎潜纪闻二笔》卷五《青浦孔宅》、近人刘成禺《世载堂杂忆》录俞樾《青浦孔宅》。

[3]《孔子圣迹图》，济南：齐鲁书社，2005年。彩绘本第14、15、19、27—39图，朱胤移翻刻本缺。彩绘本第11图相当“学琴师襄”，朱胤移翻刻本放在相当“职司委吏”的第10图（在第13页）后。

"真宗祀鲁"，内容全是讲孔子死后如何如何受统治者重视。最后这幅，更表明了它的时代。这是宋以来的崇拜。

孔子的一生很苦，小时候是苦孩子，自卫反鲁，也是眼泪泡着心，他这个人，基本上是悲剧人物，两头都很苦，这才是真相。

其他故事，也多半重复，如孔子自认"丧家狗"的一幅，所有《圣迹图》都有。元王孤云本是第四帧，明彩绘本是第25页，叫"累累说圣图"；明正统九年本是第27页；曲阜孔庙圣迹殿内的石刻本是第79石（"微服过宋"）。上面的题辞，非常一致，都是《史记·孔子世家》中的那段话。

研究孔子，我们不妨看看这些《圣迹图》，看看宋以来讲孔子，怎样神乎其神。如果深入一点，我们还可以把每一幅图的根据也查证一下，看看它们的作者都利用了什么资料。然后，我们再把这类描写和司马迁的记载，和其他古书的记载对比一下。

经过对比，你会发现，司马迁的讲法比较老实，《圣迹图》的描写比较夸张。司马迁笔下的孔子，还是比较可靠。

不时，不遇，不得志，才是孔子的真实面目。

二　孔子的形象

大家很想知道，孔子长的是什么样。崇拜孔子，这个问题更重要。因为圣人是不能没有像的，没有也要画一个出来。

“圣人”难画

绘画史，人物画像是单独一类。古代没照相术，但有画像。画像和摄影，对早先的人（如清末民初的人），有神秘含义，和今天不一样。图形图形，图的不只是形；摄影摄影，摄的不只是影，还是人的魂魄。这种看法，很多民族都有，不光中国。人死了，大家想他（或她）想得不得了，怎么办？一般有两个法子。一种是像如今的模仿秀，找个模样差不多的，让他当替身。谁和死者最像？当然是他的子孙。古人用子孙代死者，叫尸。孔门也有这种事。孔子不在了，弟子想他，想得受不了，子游、子夏、子张就琢磨了，老师的儿子死了，咱们身边，谁跟老师最像？有若。得，他们就把有若拉出来，坐在老师的座位上，受弟子朝拜

（《孟子·滕文公上》）。这是一法子。还有一法子，更聪明，是画张画，或塑个像，让生者有个念想。

现在的墓地，坟前立着一块块碑，碑上刻着死者的姓名和生卒年代，有时还有照片或肖像，甚至雕像。这种习惯，很早就有。例如湖南长沙的陈家大山楚墓、子弹库楚墓，还有马王堆汉墓（1号墓和3号墓），他们出土的帛画，上面都有死者像。陈家大山和子弹库的帛画，人大背景小；马王堆的帛画，人小背景大，聚焦不一样。这些像，可以调动生者对死者的想象，拉近他们和死者的距离，古人早就想到了。

古代除人像，还有神像。神怎么画？是个难题。犹太教、基督教和伊斯兰教，它们都反对偶像崇拜，至高无上的神是抽象的神，无处不在，却什么也不是，没形象，不能画。但宗教是一种渴望，一般的信众，受不了空白想象，就像美女的美，不能无所附丽，在人的想象中，总得有个交待。他们需要肉身降临的神。圣母、耶稣，还是有像。但人和神，关系怎么摆？没法摆。这就像孔子说的“唯女子与小人为难养也”，也是“近之则不孙（逊），远之则怨”（《阳货》17.25）。神离他（或她）太近，不行；太远，也不行。马克思曰，“人创造了宗教，而不是宗教创造了人”（《黑格尔法哲学批判导言》）。耶稣、佛陀本是人，但信徒非说是神。各种圣像，人和神的关系最难拿：画得跟人太不一样，是怪物，缺乏亲近感；画得跟人一模一样，是俗人，又缺乏神圣感。

孔子在中国文化中，位置很微妙。孔子死后，大家说，他是圣人。圣人怎么画，也是个难题。

古书中的描写

孔子的形象，古书的描写有点怪，很多是相面专家留下的话：

（1）《世本》佚文（《路史 · 后纪九》注引）：“仲尼圩顶，反首张面，四十有九表，堤眉谷窍，参臂骈胁，腰大十围，长九尺六寸，时谓长人。”（《史记 · 孔子世家》说他“生而首上圩顶”）

（2）《庄子 · 外物》：“老莱子之弟子出薪，遇仲尼，反以告，曰：‘有人于彼，脩上而趋下，末偻而后耳，视若营四海，不知谁氏之子。’老莱子曰：‘是丘也，召而来。’”

（3）《荀子 · 非相》：“仲尼之状，面如蒙（彭）倛（蜞）。”[1]

（4）《史记 · 孔子世家》记郑人说：“其颡似尧，其项类皋陶，其肩类子产，然自要（腰）以下，不及禹三寸。”（《白虎通 · 寿命》、《论衡 · 骨相》、《孔子家语 · 困誓》略同）

（5）相者姑布子卿说孔子“得尧之颡，舜之目，禹之颈，皋陶之喙”（《韩诗外传》卷九第十八章）。

（6）《孔丛子 · 嘉言》：“苌宏语刘文公曰：‘吾观孔仲尼有圣人之表。河目而隆颡，黄帝之形貌也；脩肱而龟背，长九尺有六寸，成汤之容体也。然言称先王，躬履谦让，洽闻强记，博物不穷，抑亦圣人之兴者乎？’”

古人说，孔子他老人家，长相跟常人不一样，神头怪脸，脑

[1] 这话，旧注多误，此从高亨解。参看：梁启雄《荀子简释》（北京：古籍出版社，1956年）49页引高亨《荀子眉笺》稿本。

袋像尧，眼睛像舜，脖子像禹，嘴巴像皋陶，归齐了，一句话，他有圣人相。圣人什么样？王充说，尧是大脑门，舜是两瞳仁，皋陶的嘴，朝前努，跟马嘴一样（《论衡·骨相》）。圣人怎么长成这个样，真是莫名其妙。古人越说孔子有圣人相，越像怪物。

作为人，孔子什么样，有几点，倒值得分析。

第一，孔子“圩顶”，头顶中间凹一块儿，四边高，中间低，像个盆儿。盆形颅，我没见过。我只见过一种脑瓜，倒是中间缺一块儿，俗称“歇顶”或“地中海”，学名“脂溢性脱发”，三面有毛，顶上无毛。但司马迁说孔子“生而首上圩顶”（《史记·孔子世家》），他生下来就歇顶，也不大合适。“反首”，我怀疑也不是《左传》僖公十五年说的“反首”（披头散发），而是所谓“隆颡”，大脑门，好像后脑勺长前边，跟年画上的老寿星一样。

第二，他的脸，所谓“张面”，大概脸盘比较大，荀子说“面如蒙（彭）倛（蜞）”，正确的解释是螃蟹脸；“堤眉谷窍”，可能是高眉弓、抠抠眼；“后耳”，和招风耳相反，是耳朵朝后贴。

第三，他个子特别高，膀大腰圆，号称“长人”，而且上半身长，下半身短，胳膊比一般人长，还有点驼背。“腰大十围”，是古尺五尺、今尺三尺四，按汉尺 23.1 厘米计算，腰围 115.5 厘米，整个一水桶腰。“长九尺六寸”，按汉尺 23.1 厘米计算，合 221.76 厘米，也和姚明的个头儿（226 厘米）差不多。孔子是大高个儿，古人都这么讲。[1]

总之，他个子比较高，脸盘比较大。

[1] 孔子的父亲，据说“身长十尺”（《孔子家语·本姓解》），合 231 厘米。孔子的七世孙孔腾“长九尺六寸”（《史记·孔子世家》），合 221.76 厘米。看来，这一家族是个出大个子的家族。

汉画像石上的孔子像

现存最早的孔子像是汉画像石上的孔子像。这种像，都是孔子见老子像，年代在西汉晚期到东汉时期。[1]

孔子见老子像，细节不一样。一般情况是，老子拄筇竹杖，在左，身后有若干弟子；孔子执贽（雉或雁，是当时的见面礼），在右，身后也有若干弟子。孔子身后的弟子，具体是谁，不尽相同。有时，画面上端，还有一龙一鸟。龙，司马迁说，孔子讲了，老子犹龙（《史记·老子申韩列传》），也许是象征老子。鸟，也许是凤？不知道。楚狂接舆有《凤歌》，以凤比孔子（《论语·微子》18.5）。他俩面对面，鞠躬如仪。中间站个小孩，抬头问孔子，则是项橐。古人说，这个小孩儿特别早慧，敢拿问题考孔子。[2]他手里拿个东西，一根杆，两个轮，不是风车，据学者考证，是一种叫鸠车的玩具。[3]

汉代初年，高、惠、文、景，黄老最时髦，武帝以来，才独尊儒术。孔子见老子，意义何在？我想，是一种宣传策略。佛教初入中国，要模仿道教。明末，利玛窦到中国传教，也有入乡随俗的所谓“利玛窦规矩”。它们都采用这种策略。我猜，儒家打翻身仗，可能也靠这一套。

西汉武帝时，孔子运气刚刚好起来的那一阵儿，老子的名气还相当大，当时，借老子的光，容易被人接受。老子的特点是老。汉代传说，老子是一老寿星、活神仙（《列仙传》卷上），孔子

[1] 参看鲁迅《在现代中国的孔夫子》，《鲁迅全集》，第6卷，北京：人民文学出版社，1958年，248—254页。鲁迅提到过汉画像石上的孔子见老子像。他的印象是：“这位先生是一位很瘦的老头子，身穿大袖口的长袍子，腰带上插着一把剑，或者腋下挟着一支杖，然而从来不笑，非常威风凛凛的。假使在他的旁边侍坐，那就一定得把腰骨挺得笔直，经过两三点钟，就骨节酸痛，倘是平常人，大约总不免急于逃跑的了。”承鲁迅博物馆馆长孙郁先生慨允，我目验过鲁迅收藏的汉画像石拓本。他的拓本有两幅，都是武梁祠汉画像石上的孔子见老子像。

[2] 项橐，见于《战国策》、《淮南子》、《史记》、《汉书》等古书，参看：清俞正燮《癸巳类稿》卷一一《项橐考》，以及敦煌变文《孔子项托相问书》。

[3] 孙机《汉代物质文化资料图说》，北京：文物出版社，1991年，398页，图版100－12。案：这种器物，汉代和唐代都有。

问礼老子（《礼记 · 曾子问》、《史记 · 孔子世家》、《孔子家语 · 观周》），有象征意义。他见老子，受项橐难，很能体现敬老爱幼。敬老子，也是敬自己。民间画法，很喜相。

看这类画，我会想起另一幅画，拉斐尔的《雅典学院》。《雅典学院》是焦点透视。画面上，由远及近，有四个拱门，一层套一层。台阶上下，有一堆人，柏拉图和亚里士多德站当间儿，比孔子、老子放松，肩并肩，聊着天，向我们走来，画面很有纵深感。汉画像石，正好相反，是底线横列法，散点透视。孔子和老子，面对面，打躬作揖，侧对着我们，两队人马，一个中心点。人的视线，横扫，一边从左到右，一边从右到左，朝中心点靠拢。中心点是项橐。所有人站一横排，根本没纵深感。它们的构图不一样。

汉代的孔子像，眉眼不清，令人遗憾。

文翁学宫和鸿都学宫中的孔子像

汉代的画像石，是用于墓葬，但它们的来源还是生人所居宫室和庙堂中的壁画。汉画像石上的孔子像和孔子弟子像是从哪儿来？我怀疑，或与汉代的两所学校有关：

（1）文翁学宫

是汉景、武之际（约前 145 — 前 136 年）蜀郡太守文翁在成都县城（今四川成都市）南门外修立的学宫，内有讲堂和精舍（学生宿舍）。[1]讲堂叫周公礼殿，中有壁画，绘三皇五帝、三代

[1] 文翁，景帝末年和武帝时期，为蜀郡太守，有政声，是西汉有名的循吏。他在地处偏远的蜀郡，提倡儒学，推行教化，和齐鲁齐名，汉景帝令天下郡国皆立文学，就是由他开的头。建武十年（34 年），益州太守文参增造吏寺 200 多间。永初后（113 年之后）和中平间（184 — 189 年），学宫两度遇火。兴平元年（194年），蜀郡太守高眹重修学宫，号称文翁石室（也叫文翁玉室）。

君臣及两汉君臣，这是一种画。另一种画，是画仲尼、七十二贤，据说画在房梁上（《八琼室金石补正》卷三五引《唐益州学馆庙堂记》、《元和郡县图志》卷三一），可能小一点。

（2）鸿都学宫

是汉灵帝光和元年（178 年）在洛阳鸿都门(在汉魏洛阳城东南的太学附近）设置的学宫，据说也有壁画，绘有孔子及七十二弟子像（《后汉书 · 蔡邕传》）。

汉画像石上的孔子像，可能就是以这类绘画作蓝本。

郦道元见过的孔子像

汉代，尊孔圣地，除上述学宫，还有孔子故居和孔子墓，司马迁和郦道元都去过。司马迁说，孔子冢大一顷，汉武帝时，孔子故居和他学生的宿舍，已经变成庙，里边藏着孔子的衣冠，还有他弹过的琴、坐过的车和读过的书，像个博物馆（《史记 · 孔子世家》）。郦道元也说，孔庙，宅大一顷，有三间房，孔子住西房，孔母住北房，夫人住东房。庙中有孔子的车子，就是颜无繇求孔子卖掉的车子（《先进》11.8），原件已毁，乃仿制品。武梁祠汉画像石上有这辆车子。大家注意，他说了，这座老屋里还有幅孔子像，画上，有两个弟子，手执书卷，在旁侍立（《水经注 · 泗水》）。他们两个，肯定有一个是颜回，还有一个是谁？我怀疑是子路，或者是子贡，不是宋人推崇的曾子、子思和孟子。这幅画也很古老，可惜没留下来。

文翁礼殿图的失传

宋代，文翁礼殿还在，在益州（今成都市）的孔庙中。庆历年间（1041—1048年），有个叫蒋堂（字希鲁）的，以枢密直学士知益州，曾扩建此庙（《宋史·蒋堂传》、《续资治通鉴长编》卷一五三）。宋范镇说，礼殿图是被蒋堂涂盖（《东斋记事》卷四）。但明何宇度说，这些画像，“至唐已漫灭。宋嘉祐中，重为摹写，增至一百七十三人。今学宫止有孔门诸弟子石刻，不知仍是故物否，其余不可见矣”（《益部谈资》卷中）。他们两个，说法不一样。中国古代建筑，经常翻修，这些画，不断被涂盖，不断被重绘，不是不可想象。而且值得注意的是，这里，何宇度说，孔门弟子像，明代仍有石刻。

文翁礼殿的画像，隋唐以来，有图绘的复制本流传。[1]

北宋宣和后，据说宫廷收藏，仍有“西蜀文翁礼殿之绘像”（宋蔡絛《铁围山丛谈》卷四），后来被掠到北京（清朱彝尊《日下旧闻考》卷十九引《两京求旧录》）。

清代，1775年，乾隆皇帝问四川督臣，成都府学礼殿画像还在不在，回答是“今成都府学宫礼殿已非旧，画亦早湮”（清陈康祺《郎潜纪闻初笔》卷九）。可惜的是，原物和图绘的复制本都没留下来。

[1] 如《隋书·经籍志》有《蜀文翁学堂像题记》二卷，《旧唐书·经籍志》和《新唐书·艺文志》有《益州文翁学堂图》一卷。《史记索隐》引用过《文翁孔庙图》、《七十子图》和《文翁图》，名字不一样，当是同一种图。

宋以来的孔子像

古代祭孔，唐以前，情况不太清楚。唐开元八年（720 年）以前，只有孔子和颜回是塑像，十哲是画像。这以后，才一律改为塑像，而且都是坐像。宋元祭孔，改四配（颜回、曾参、孔伋、孟轲）加十哲（去颜回，补颛孙师），也是塑像，也是坐像。但明代有人说，佛寺才用塑像，塑像的彩画容易剥落，大不敬。嘉靖九年（1530 年），孔庙改制，毁塑像，改用木主，和以前大不一样。

宋以来的孔子像，小一点的雕像，倒是有一点，都不太好，有些还显得很滑稽。主要流行的还是平面的彩绘画像或石刻画像。

这些像，有几幅到处用，大家比较熟悉，但说实话，形象并不怎么好。比如明代彩绘的《孔子燕居像》，露齿豁牙，耷拉着眉毛，一脸呆气；明代彩绘的《孔子为鲁司寇像》，头上着冠，豹眼环睁，一脸杀气。没准儿，作者以为，孔子在家，比较放松，神情不妨呆滞一点；当司寇的那阵儿，要杀人，应该凶一点。这两幅画，不太好。明嘉靖九年改制，别的地方把像废了，但曲阜孔庙还有。“文革”，曲阜孔庙的孔子像被捣毁，现在的像是 1988 年重塑。他的两眼特别大，形象也不太雅观。

当然，这类画像也有比较顺眼的。如现在印得最多、几乎被视为标准像的，是清雍正十三年（1735 年）孔广棨立的《先师孔子行教像》。这幅画，好就好在，它还真有点山东人的味道，也许就是照哪个山东人画的，让我们有一种亲近感。

山东人有什么特点？第一，大个子比较多。古人说，孔子高九尺六寸，也许夸大，但肯定比较高。古代有些地方，人确实比较高。比如孔子说的长狄，个子就很高（《国语・鲁语下》）。今鲁西南、苏北和皖北，自古来往密切，就是出大个子的地方。东北人，很多都是山东人的后代，大个子也比较多。第二，脑袋比较圆，脸盘比较大。

考古学家严文明先生说："山东史前居民（如属大汶口文化者）和中原史前居民（如属仰韶文化者）的体质特征虽都接近于现代蒙古人种的东亚类型，但仍有不少区别。例如前者面部较宽，梨状孔稍窄，后者反是。前者呈中鼻型，后者有阔鼻倾向。前者男子平均身高 1.72 米，后者仅 1.68 米。"[1]山东人的体质特征，在考古学上也能找到证据。

我们要注意，画面上的孔子，大圆脑袋，宽脸盘，正是这一地区的特色。另外，还有一点不容忽略，画上的孔子，腰间佩剑，两手当心，哈点腰，身体略向前倾，是弯着的。有人可能会说了，这就是古人讲的"龟背"，孔子是驼背。但我宁愿相信，这是表现他的恭敬如仪。画上的姿势，古人叫"磬折"，好像奏乐的石磬，当中有个弯儿，《论语》叫做"鞠躬如也"（《乡党》10.4），[2]它和背手撅肚子趾高气扬正好相反，是表示温良恭俭让。孔子见老子的画像石，他俩就是这样。

我对孔子的想象，到此为止。

[1] 严文明《东夷文化的探索》，收入《严文明史前考古论集》，北京：科学出版社，1998 年，319—333 页。

[2] 贾谊《新书・容经》提到"子赣由其家来，谒于孔子。孔子正颜，举杖磬折而立"，"子路见孔子之背，磬折举褏"。

鲁迅说孔子像

想象的力量是无穷的。

中国的人物像，大多雷同。给人留下深刻印象的，不多。除瓦刀脸的朱元璋，圆脸小胡子的成吉思汗，大多记不住。现在的历史人物像，也是如此，除腰里别把剑，酷似老农。

前中国历史博物馆（现在属中国国家博物馆）的通史展，有很多像。有些是早先留下来的，有些是请名家画。我们都是受这类教育长大，习惯了。孔子像，古人画了很多，刻了很多，今人添油加醋，也创作了很多。《红楼梦》上的话，这不过是“从敬爱上穿凿出来”的游戏（第五十一回）。既然是游戏，萝卜白菜，各有所爱，没人可以发号施令，非得接受哪一幅。然而，现在不同，有人非拿孔子当崇拜对象，像的问题，就成了“黑白定于一尊”的大问题。

近来有“孔子标准像风波”，媒体要我发表意见，我一言未发，觉得很无聊，就像外国人争007该什么样一样无聊。其实，这个问题，七十多年前，就有人谈过。

1935年，日本汤岛的孔子庙落成，何键送了幅孔子像。鲁迅说，孔子什么样，中国的百姓几乎毫无所知，虽然自古以来，几乎县县都有文庙，庙里却一般没有像。中国人，凡是为应该尊崇的人物立像，一般都大于常人，唯独孔子，立像却好像是亵渎，不如没有。孔子没留下相片，无法一睹真颜，“若是从新雕塑的话，则除了任凭雕塑者的空想而外，毫无办法，更加放心不下。于是儒者们也终于只好采取‘全部，或全无’的勃兰特式的态度了”（《在现代中国的孔夫子》）。[1]“全部”是全有，随便画。“全无”是根本不画。都是任你“空想”。

空想，还不许随便，非得服从命令听指挥，傻不傻？

[1]《鲁迅全集》，第6卷，北京：人民文学出版社，1958年，248—254页。“全部，或全无”，即All or nothing。

三　孔子的“祖国”和“父母之邦”

孔子生活于春秋晚期。这个时期，礼坏乐崩，贵族传统大崩溃，但贵族传统还在。我们研究当时的人物，一定要了解他们的出身。研究孔子，我们也不要忘记他的出身，他的“祖国”是宋国，[1]“父母之邦”是鲁国。[2]我们先说宋，再说鲁，带大家旅游一下，让大家对《论语》中的很多说话地点，有一点空间感受。

[1] 安土重迁的传统社会，祖籍、出生地和居住地，三者往往统一。但即使古代，人口也有流动。这里的“祖国”，是指祖先世代居住的国家。现代汉语也有“祖国”一词，则是以国籍认定为标准。

[2] 《微子》18.2：“柳下惠为士师，三黜。人曰：‘子未可以去乎?’曰：‘直道而事人，焉往而不三黜? 枉道而事人，何必去父母之邦?’”孔子的爸爸家和妈妈家（姥姥家）都是鲁国，可以这么叫。英语的 fatherland 和 motherland，是指爸爸、妈妈或祖先的国家。

宋国的孔氏：孔父嘉

宋是商王的后代。周武王克商，占领东方，在商王朝的核心地区封了宋、卫（在今河南省的东北部），在它的后方即东夷之地封了齐、鲁（在今山东省）。孔子的一生，和鲁、卫关系最大，齐国和宋国，他也去过。

宋是商遗民的保留地，和商的关系最密切。当时人对商的知识，主要靠宋。

宋是孔子的“祖国”，他祖先的国家。

据《世本》记载，孔子在宋国的先人是：

宋湣公（名共，约西周中期）——弗甫何——宋父周——世子胜——正考父——孔父嘉（名嘉，字孔父，前？—前720—前710年）——木金父——睾夷（字祁父）——孔防叔。

孔子以孔为氏，是出自孔父嘉。孔父嘉，就是《左传》桓公元年和二年提到的孔父。他的名字，是属于名、字连称，他的名（出生时取的小名）是嘉，字（成人后取的大号）是孔父，不是姓孔名父嘉。[1]孔子以孔为氏，是属于“以王父字为氏”，即以他爷爷的字为氏名（家族的名称）。他这一支，按照古代命氏（给家族起名字）的惯例，其实是用睾夷爷爷的字作家族名称。他们这一支，是从睾夷这一代才开始立族，从此称为孔氏。

孔父这一支，是西周中期从宋湣公分出，追根溯源，是成汤的后代。孔子在鲁国被人另眼相待，最初就是沾祖上的光。鲁国大贵族孟僖子说，孔子是“圣人之后”（《左传》昭公七年），主要就是指他血统高贵。古人说的“圣人”都是上古贤君，不是一般人。[2]

孔父在宋国任大司马，是宋穆公托孤寄后的顾命大臣，地位很高。他的太太，长得很漂亮。有一天，在路上，被宋国的太宰华父督撞见。华父督“目逆而送之，曰‘美而艳’”（《左传》桓公元年），看上了孔子的祖奶奶。当时，宋国跟郑国交恶，十年有十一场战争，老百姓怨声载道。华父督趁机煽动，说灾难都是出自这位负责军事的大司马，竟然把孔子的老祖宗杀掉，把他的祖奶

[1] 古代以嘉为名，以孔为字的人很多。

[2]《左传》昭公七年，孟僖子说孔子是“圣人之后”，臧孙纥说“圣人有明德者，若不当世，其后必有达人”，他们说的“圣人”，旧注说是商汤，杜预注和《孔子家语·观周》引“圣人有明德者”，作“圣人之后有明德者”，王引之不取旧注，认为传文“圣人”是指弗父何。弗父何是宋湣公子，有明德，让宋厉公，没有继承君位。他说，这种圣人，只是“明德之通称，不专指大圣”（《经义述闻·春秋左传下》）。他所谓“大圣”，古书多见，皆指圣王。如此说成立，则让出君位的有德者，也可称为“圣人”。

奶霸占。宋国国君不满，也被杀（《左传》桓公二年）。

孔父死后，家道中衰。他的后代，[1]"畏华氏之逼而奔鲁"（《孔子家语·本姓解》）。宋都在今河南商丘，离曲阜不远。他家是从商丘北上，搬到鲁国。

[1] 或说木金父，或说孔防叔，都是猜测。

商丘是成汤所居，比河南淇县的朝歌早，比河南安阳的殷墟早。已故的张光直教授，过去一直有个梦，就是希望找到成汤所居的"商"，把它亲手挖出来。他组织的中美联合考古队在河南商丘挖了很多年，"商"没挖到，但挖到了东周的宋城。[2]宋、卫一带，是著名的黄泛区，古城多被黄沙淤埋，完全在地下，从现在的地面挖下去十几米，才能接触到东周宋城的地面。商代、西周的遗址还在下面。

[2] 中国社会科学院考古研究所、美国哈佛大学皮保德博物馆中美联合考古队《河南商丘县东周城址勘查简报》，《考古》1998年12期，18—27页。

宋朝以宋为号。宋徽宗崇宁三年（1104年），当地出土过宋公成钟，曾被视为祥瑞。但直到现在，当地还很少有东周时期的发现。

宋人的特点：死心眼，认老礼儿

孔子是在鲁国长大，但有一段话，据说是他讲的。他说，"丘少居鲁，衣逢掖之衣；长居宋，冠章甫之冠"（《礼记·儒行》）。如果这话可靠，他年轻时，一度回过宋国。

孔子60岁那年，周游列国，途经宋国，险些被宋国的司马桓魋杀害，留下的印象并不好。孔子晚年有个学生，叫司马牛，就是司马桓魋的弟弟。他家也是宋国的司马。

在《论语》一书中，我们可以读到这样的词句：

子曰："述而不作，信而好古，窃比于我老彭。"（《述而》7.1）

子曰："南人有言曰：'人而无恒，不可以作巫医。'善夫！不恒其德，或承之羞。"子曰："不占而已矣。"（《子路》13.22）

商人的特点是守旧。老彭就是保守分子。孔子说，他只继承，不创造，信古好古，和老彭一个样。老彭不是两个人，老子加彭祖，而是一个人，专指彭祖。老指老寿，传说活了八百岁。他是彭城（今江苏徐州）人，为彭姓始祖，故名彭祖，名字叫铿。《列仙传》、《神仙传》说，他教商王学地仙之术，吃喝玩乐搞女人，是商代有名的养生家。汉晋流行《彭祖经》，是所谓"房中七经"之一。[1]王夫之说，彭祖是"一淫邪之方士"（《四书稗疏》），但孔子引他为同类，骂他等于骂孔子。

商人还有个特点，是酷爱占卜。考古发现可以证明这一点。"南人"，孔注说是"南国之人"，不能确指哪一国。上博简和郭店简的《缁衣》都作"宋人"，才揭开谜底。宋在鲁的西南。所谓"南人"，其实是宋人。孔子的意思是说，人贵有恒，就像占卜：一次不灵，可以再占；这种不行，就换另一种。[2]他说自己，人不太聪明，但"学而不厌，诲人不倦"（《述而》7.2），是个持之以恒的人。喜欢占卜的人就有这种劲头。孔子特别强调"有恒"，反对半途而废。他对自己的勉励，对学生的教诲，到处贯穿着这种精神。从好了说，是执着；从坏了说，是顽固。

[1]《论语》此章很重要。马王堆帛书、张家山汉简、上博楚简都提到彭祖，说明他是古代的名人。但古书提到他，还是以《论语》为最早。

[2]"人而无恒，不可以作巫医"，《缁衣》说，是"古之遗言"。"巫医"，《缁衣》篇的各个本子都是作"卜筮"。卜筮是数术，巫医是方技，不一样。这里，还是以作"卜筮"更好。

宋人在西周是遗老遗少。他们特别认老礼儿，性格很倔。

我们都知道，孔子以前，宋国有个怪人，宋襄公。公元前638年，宋、楚战于泓（今河南柘县北）。宋人摆好阵势，楚人还在渡河，他不肯趁楚人没有摆好阵势就发动攻击，结果大败，大腿受伤。战后，国人都骂，他却辩解说，这是古人的规矩，君子的规矩，我是“亡国之余”（商人的后代），不能打没有摆好阵势的敌人，第二年，伤重不治，白白丢了命。毛泽东称之为“蠢猪式的仁义道德”（《论持久战》）。[1]

[1]《毛泽东选集》（一卷本），北京：人民出版社，1966年，482页。

堂吉诃德，好古，跟风车开战。研究文学史的说，宋襄公是中国的堂吉诃德。

孔子，有个鲁国看城门的人（石门晨门）说，他的特点是“知其不可而为之”（《宪问》14.38）。明明不行还要干，可见很倔。在孔子身上，我们还能看到其先祖的性格。

孔子是堂吉诃德。

堂吉诃德是个可笑也可爱的人物。

鲁国的孔氏：孔子的爷爷和爸爸

孔子的祖上是“国防部长”，后来家道中衰，被迫移民鲁国，地位大不如前。他这一支是庶支的庶支。

据《世本》记载，孔子在鲁国的先人有三代：

孔防叔——孔伯夏——叔梁纥——孔丘（字仲尼）。

孔防叔是孔子的曾祖，孔伯夏是孔子的爷爷。他爸爸叔梁纥，叔梁是字，纥是名，也是名字连称，和孔父嘉是一种叫法。纥可读为仡，有壮武之义，梁者强梁，与名相应，正如其人。他是鲁国的郰邑宰（郰邑的长官），力气很大，偪阳之役，曾力托悬门（《左传》襄公十年），传说身高十尺（合2.31米），比孔子还高（《孔子家语·本姓解》）。

《论语》提到过孔子的爸爸：

> 子入太庙，每事问。或曰："孰谓鄹人之子知礼乎？入太庙，每事问。"子闻之，曰："是礼也。"（《八佾》3.15）

"鄹人"，当时的意思，不是说住在郰邑的人，而是指郰邑的长官。文中的"鄹人"就是孔子的爸爸。

孔子是军人世家，前辈都是赳赳武夫，身材高大，拜先祖之赐，有遗传优势。他爸爸是大个子，他也是大个子。孔子的七世孙孔腾，据司马迁说，和孔子一般高，也是大个子（《史记·孔子世家》）。

孔子的爸爸叔梁纥，《左传》襄公十年称"郰人纥"，十七年称"郰叔纥"。他只是个"县级干部"，地位不太高。司马迁说，"纥与颜氏女野合而生孔子"（《史记·孔子世家》），颜氏是孔子的妈妈，下面还要讲。

"野合"什么意思？前人吵得不亦乐乎。孔子是圣人，怎么能在野外行事，很多人宁愿相信，这是说，孔子的父母年龄悬殊，婚姻不够正式，手续不够齐全。其实，野合并没有这种复杂含义。司马迁对孔子崇拜得五体投地，他也不会故意污蔑圣人。

我们都知道，孔子是个苦孩子，三岁上就死了爹，他对他爸没什么印象，他妈好像也没跟他讲过多少他爸的事。为什么不讲，可能就和野合有关，不是正式配偶。后来，孔子他妈死了，他把她的棺材停在五父之衢，到处跟人打听，他爸埋在哪里，打听出来，才把父母合葬。

这说明什么？说明他对自己的身世不清楚。

我理解，古人讲这类故事，主要强调的是，孔子身世不明，从小受人歧视，和一般人不一样。忍辱负重，是圣人故事常有的铺垫。

鲁国的颜氏：孔子的妈妈

一个小孩，他是父母双全还是来自单亲家庭，是跟爹长大，还是跟娘长大，很重要。孔子是由妈妈拉扯大。对他来说，妈妈更重要。

关于孔子的出生，有另一种传说，叔梁纥身体好，生育力极强，他和施氏（正室），一口气生了九个闺女，就是没有男孩，好不容易娶个妾，生下个男孩，叫孟皮，还是瘸子（可能是患小儿麻痹症）。孔子他爸，娶了两个太太，都没生下健康的男孩。他不甘心，又到颜家求婚。颜家有三个女儿。当爹的怕这些年轻女孩嫌他太老，特意解释说，孔子他爸是“圣王之裔”，“身长十尺，武力绝伦”（比孔子还高），出身高贵，身体没问题。但老大、老二不干，只有老三同意。这个老三叫颜徵在，就是孔子他妈（《孔子家语·本姓解》）。[1]

[1]《史记·孔子世家》索隐、正义引《孔子家语》并云，“梁纥娶鲁之施氏，生九女，其妾生孟皮，孟皮病足，乃求婚于颜氏，徵在从父命为婚”，今本《孔子家语·本姓解》缺施氏。

这个故事，是正式求婚，和司马迁的说法不一样，也许是一种补救之说，可以消除野合说的不良影响。

孔子他姥姥家是颜氏。鲁国的颜氏，有姬姓之颜和曹姓之颜，[1]她是哪个颜？还不能肯定。颜氏寻根问祖，都说自己是颜回的后代，再往上追，则说出自曹姓，即邾国的分支小邾国。小邾国，有个墓地在今山东枣庄市山亭区东江村，2002 年发现，六座墓，被人盗了三座半，剩下两座半，2003 年发掘。我去过这个墓地，那里有块碑，说这是颜氏的祖坟，就是颜氏后人赶去磕头，特意立的。

孔门弟子有八人出自颜氏，[2]最出名的学生是颜回。孔、颜两家是姻戚，儿女亲家，有通家之好。这些学生，都是从他姥姥家带出来的。

叔梁纥想要一个健康的男孩，颜徵在也想。传说，颜徵在曾到郰邑附近的尼丘山（在今山东曲阜市的东南）祷神求子。孔子为什么叫丘，有两种说法，一说和他的颅形有关（《史记·孔子世家》），一说和他出生于这座山有关（《孔子家语·本姓解》），所以孔子名丘，字仲尼。尼丘山，本来叫尼丘山，因为孔子的私名是丘，丘字要避讳，所以现在只叫尼山。

仲尼是行辈加字，古人称字是对他的尊称。孔子死了，鲁哀公的悼词称他为“尼父”（《左传·哀公十六年》），“尼父”就是他的字（古人称字，男子往往加父字，女子往往加母字）。

孔子排行老二，吴虞管他叫“孔二先生”，有戏谑之义。五四运动和“文革”时期，大家对孔子往往直呼其名，如赵纪彬的

[1] 鲁国的颜氏有两支，一支是小邾之颜，即邾武公（名夷父，字颜）子友别封于郳的颜氏，为曹姓（《左传》庄公五年疏引《世本》和杜预《春秋世族谱》，又《潜夫论·志氏姓》）；一支是鲁伯禽的支庶，食采于颜，为姬姓（王俭《姓谱》）。《左传》襄公十九年，齐灵公娶鲁女曰颜懿姬，即颜氏姬姓女。孔子之母也可能是姬姓。

[2] 颜无繇、颜回、颜幸、颜高、颜相、颜之仆、颜哙、颜何。案：孔在卫国曾住在颜浊邹家，此颜或与鲁颜有关。又言偃的“言”和颜回的“颜”，上博楚简，写法一样。

书，就只呼“孔丘”，不叫“孔子”（但孔子的学生，他反而称字）。而最难听的叫法，是“孔老二”。[1]“孔丘”的“丘”，清朝要缺笔，不能直呼其名，叫名已经不礼貌，“老二”更是侮辱性的词汇。

[1] 这种叫法是谁发明，不知道，有关考证，俟诸高明。1929年，孔氏族人控告山东省立第二师范上演《子见南子》剧，其联名上告山东教育厅的呈文，已经提到该校标语有“打倒孔老二”之语。参看：鲁迅《关于〈子见南子〉》，《鲁迅全集》，第7卷，北京：人民文学出版社，1958年，550—570页。

孔子的出生地

孟子说，“孔子之去齐，接淅而行。去鲁，曰：‘迟迟吾行也，去父母国之道也。’可以速而速，可以久而久，可以处而处，可以仕而仕，孔子也”（《孟子·万章下》，类似的话也见于《孟子·尽心下》）。柳下惠为士师，三次被贬官，有人劝他离开卫国，他说，“直道而事人，焉往而不三黜？枉道而事人，何必去父母之邦”（《微子》18.2）。古人都很看重自己的“父母之邦”。

鲁国是孔子的出生地和居住地，爸爸是鲁国人，妈妈也是鲁国人，对他来说，是名符其实的“父母之邦”。他离开齐，巴不得马上就走。离开鲁，却十步九回头，迟迟不忍去。原因很简单，齐是外国，鲁是祖国。

孔子有两个家，一个是爸爸家，一个是妈妈家（或姥姥家）。

孔子的出生地在曲阜鲁故城的东南，即尼山附近。那个地方是在城外，属于郊野之外的小城镇。

司马迁说，孔子生于鲁昌平乡陬邑（《孔子世家》）。陬与邹古音相同，郦道元以为是同一地方，[2]但许慎以为是两个地方。[3]

邹即邾，是鲁国南边的小国，在今山东邹城市南的峄山脚

[2] 《水经注》卷二五《泗水》：“漷水又迳鲁国邹山东南而西南流，《春秋左传》所谓峄山也，邾文公之所迁。今城在邹山之阳，依岩阻以墉固，故邾娄之国，曹姓也。叔梁纥之邑也，孔子生于此。”

[3] 《说文·邑部》：“邹，鲁县，古邾娄国，帝颛顼之后所封。”《说文·阜部》：“陬，鲁下邑，孔子之乡。”

下，俗称“纪王城”。秦统一天下，“邾”改称“驺”，如当地出土的秦陶量，除用十印打出始皇诏书，还有一印记制造地点，字正作“驺”，汉代古书也把它写成“邹”。邹、鲁是出儒家的地方，古人说的“邹、鲁缙绅之士”，就是这两个地方的特产。鲁是孔子的老家，邹是孟子的老家。孔子不是邾人或邹人。郰和邹，不能混为一谈。

孔子的老家，他爸爸家，据司马迁说，是鲁昌平乡郰邑，西汉的鲁是个王国，当时有这么个地方，司马迁很可能去过。后人说，这个地点就是尼山西五里的鲁源村（《阙里志·尼山》）。康有为尊孔，特意在村口立块碑，前面已经谈到。

孔子的爸爸是郰邑的长官。他在郰邑出生，很自然。

孔子的出生地，有两种说法。一种是尼山夫子洞。现在的尼山，半山腰有座庙，是尼山孔庙。庙的下面，山脚处，有个洞，是所谓夫子洞，传说孔子就生在这个洞里。另一种，是女陵山的空窦（《水经注》卷二五、《史记·孔子世家》正义），空窦即孔窦。汉《建宁元年史晨碑》提到“孔渎、颜母井”，“孔渎”即孔窦。这是另一个夫子洞。[1]

尼山附近，还有颜母庄，传说是颜徵在的娘家。

孔子的居住地

孔子的居住地在曲阜，我很怀疑，曲阜才是他姥姥家。

孔子三岁，他爸爸就死了。孔母年轻守寡，没有名分地位，

[1]《史记·孔子世家》正义引《括地志》：“女陵山在曲阜县南二十八里。”又引干宝《三日纪》：“徵在生孔子空桑之地，今名空窦，在鲁南山之空窦中。无水，当祭时洒扫以告，辄有清泉自石门出，足以周用，祭讫泉枯。今俗名女陵山。”《鲁国之图碑》上有“女陵山”，位置在尼山西南，旁边是“白陵山”、“孟子墓”、“孟子庙”和“四基山”，似乎已入今邹城市的北境。

不久，就带他搬到曲阜去了。

颜徵在，从曲阜城外搬到曲阜城里，投奔谁？我想一定是她娘家的人。颜回贫居陋巷的陋巷，就在这一带。可见这里住着颜家的人。

孔子住的地方，一直叫阙里。阙里是个古地名。这个里名为什么叫阙里，是因为靠近鲁宫城的阙门。鲁宫城的阙门，就是孔子杀少正卯的两观，郦道元叫双石阙（《水经注》卷二五）。《论语》有“阙党童子”（《宪问》14.44），就是住在阙里的年轻人。后世的孔庙、孔府都在阙里。

曲阜鲁故城，1977—1978年发掘，有发掘报告。[1]旧曲阜县城，包括孔庙、孔府，是在鲁故城的西南角。这一带是平民区，和过去北京南城的宣武区一样，是穷人住的地方。孔子在穷街陋巷长大，知道清贫是什么滋味。他老把“仁”和“贫”捆在一块儿。他夸颜回，“贤哉回也！一箪食，一瓢饮，在陋巷”（《雍也》6.11）。后世所谓陋巷，在孔庙的东边，是一条南北向的小巷，巷子的北边是宋以后的颜庙。这一带，后来阔得很，何陋之有！

[1] 山东省文物考古研究所等编《曲阜鲁国故城》，济南：齐鲁书社，1982年。

鲁故城有12座城门，东南西北，每面三座门，南边靠西的门，离今孔庙、孔府最近，叫雩门，雩门外，有个祈雨的台子，叫舞雩台。孔子和他的学生经常上那儿散步，《论语》提到过两次（《先进》11.26、《颜渊》12.21）。今曲阜南门外，有一土堆，原来立有明嘉靖四十五年（1566年）的石碑，就是后人凭吊的舞雩台。

《论语》两次提到“子入太庙”（《八佾》3.15、《乡党》10.19）。

所谓太庙，就是周公庙。今周公庙，在鲁故城的中心而偏东，和明清北京城的太庙，位置差不多。

孔子死后，葬于城北的泗水之上，后来成为孔家的族墓，即现在的孔林。

孔子生于鲁国，长于鲁国，死于鲁国。

他爱母亲，所以爱曲阜阙里；爱阙里，所以爱鲁国；爱鲁国，所以爱周公；爱周公，所以爱西周。爱西周，所以爱西周之礼。

这是孔子的爱国主义。

四　七十自述

《论语》中有段话非常有名，我叫“七十自述”：

> 子曰：“吾十有五而志于学，三十而立，四十而不惑，五十而知天命，六十而耳顺，七十而从心所欲，不逾矩。”（《为政》2.4）

这段话，谁都往自己头上安，其实跟谁都无关，只跟孔子有关。我们要注意，它的头一字是“吾”。既然是“吾”，可见是讲自己，不是讲别人。他没说别人能活多长，活到多少岁会怎么样，该怎么样。他这一辈子，活了 73 岁，比一般人长。

73 岁，现在很一般，过去不得了。[1]因为营养，因为医疗条件，还有各种意外原因，很多人都活不到这个岁数，四五十岁就赶紧收摊，活得像压缩饼干，哪像现在，老大不小，还在那儿玩，一直上幼儿园。[2]孔子曾这样说，“四十、五十而无闻焉，亦不足畏也已”（《子罕》9.23），“年四十而见恶焉，其终也已”（《阳货》17.26）。在他看来，四五十岁还没出息，讨人嫌，这一辈子也就完了。

[1] 1949 年，我国平均寿命才 35 岁，世界人均寿命才 47 岁。现在，我国的平均寿命是 72 岁。

[2] 例子很多，如王国维，贡献那么大，才活了 52 岁；杰克・伦敦，活 40 岁，写 50 卷书。

“七十自述”，是孔子70岁后，回顾自己的一生，总结出来的几句话，除头一句，都是掐整数，十年一截、十年一截，每句话是他生命的一个片断。前人说，它是孔子的“一生年谱”（明顾宪成《四书讲义》）或“一生学历”（程树德《论语集释》），我们不妨借他自己的回顾，概括他的一生。

孔子一生，很不得志，我把它粗分为六段，用他的生平来注解这段话：[1]

[1]《圣迹图》图解孔子生平，主要是用来宣传孔子的神圣经历，很多所谓传记也是演义小说，它们通俗固然通俗，但史料既无甄别，次序也很混乱，有很多添油加醋的渲染和想象，千万不可当真。这里所述，是经过甄别的基本史实。阅读此章，可参看第十九章。我把有关的地理考证放在那里讲，这里只讲过程，不讲地理。

1—33岁（前551—前519年），孔子居鲁

孔子生于前551年（《史记·孔子世家》），或说比这早一年（《公羊》、《穀梁》襄公二十一年）。孔子出生时，爸爸70岁，妈妈20岁，是老阳少阴所生。他爸，军人世家，大高个儿。孔子的个儿也挺大，但爱文不爱武。司马迁说，孔子打小就不一般，他玩游戏，都是演礼，“常陈俎豆，设礼容”（《史记·孔子世家》）。我看，这是跟他妈，受鲁文化影响。

孔子是有名的大孝子。他3岁丧父，17岁丧母。父母死了，是他一人发送，合葬于防山。防山在今曲阜东，俗称笔架山。他父母的葬地，后人凭吊，有个地方，在防山下，叫梁公林。梁公即叔梁纥。前面已经谈到。

孔子，母亲死后，要服三年之丧（17—19岁）。司马迁说，服丧期间，孔子腰上扎着麻绳（腰绖），一副丧服打扮，到鲁国的权臣季平子家赴宴，被他的大管家阳货轰了出来（《史记·孔子

世家》）。这事比较怪。崔述说，服丧期间，不该喝酒吃肉，孔子谙礼，怎么可能赴宴（崔述《洙泗考信录》卷一），难道他是成心捣乱？我想，史公的描写只是当时传说，含有文学渲染。它要渲染的是，孔子出身卑贱，从小受歧视，不一定真有其事。

孔子服完丧，乃操办人生大事，赶紧传宗接代，别让过世的父母在地下遗憾。他 19 岁娶妻，20 岁生子，搁现在，是早婚早育，搁古代也不算晚。他的老婆是宋国的姑娘，叫并官氏；儿子叫孔鲤，字伯鱼（《孔子家语·本姓解》）。青年时代，孔子很坎坷，干过很多社会底层的工作，如看仓库、喂牲口（《孟子·万章下》、《史记·孔子世家》），但 30 岁，他开始有点名气。齐景公和晏婴到鲁国访问，曾问礼孔子（《史记·孔子世家》、《孔子家语·贤君》）。

“七十自述”，孔子自称，他是“十有五而志于学”。15 岁，古人叫“成童”，是小学毕业该上大学，正式学礼乐的年龄。我国古代，没有中学，上完小学，就上大学。孔子少年老成，在这个年龄上，立志要做学问，起步比较早。孔子学问大，他的学问从哪儿来？是自学的结果，还是有名师传授？不清楚。孔子死后，卫公孙朝问子贡，你老师是跟谁学的？子贡说，“文武之道”，散落民间，他是跟很多人学，没有固定的老师（《子张》19.22）。孔子自己也说，“三人行，必有我师焉”（《述而》7.22）。要说老师，可以说一个没有，也可以说很多。我们只知道，孔子 27 岁，曾向郯国的国君请教（《左传》昭公十七年）。还有，他跟鲁国的乐官师襄子学过音乐（《孔子家语·辨乐》）。[1]师襄子，是鲁国的乐官，即《微子》18.9 的“击磬襄”。其他，还有一些，不一定

[1] 《辨乐》说，孔子跟师襄子学鼓瑟，但师襄子真正擅长的是击磬。《论语》中，孔子不仅鼓瑟（如《阳货》17.20 孔子“取瑟而歌，使之闻之”），而且击磬（如《宪问》14.39“子击磬于卫”），估计都是跟他学的。

见过面，很多是死人。[1]

“七十自述”，孔子自称，他是“三十而立”。什么叫“立”？不是说，行过冠礼（男子20岁，行戴帽子礼），娶妻生子，就叫“立”。孔子说，立不立，关键是知礼。“不学礼，无以立”（《季氏》16.13），“不知礼，无以立也”（《尧曰》20.3）。

上面说，孔子是30岁以知礼出名。学者推测，他授徒设教，招收第一批学生，可能就在此前后。

34—35岁（前518—前517年），孔子适周适齐

前518年，孟僖子临死，嘱其二子何忌（孟懿子）与阅（南宫敬叔）向孔子问礼（《左传》昭公七年）。后来，南宫敬叔陪孔子，上周朝的图书馆问礼老子，“一乘车，两马，一竖子俱”，去过洛阳（《礼记·曾子问》、《史记·孔子世家》、《孔子家语·观周》）。今河南洛阳市老城的东关（瀍河区东关大街），有块碑，是清雍正五年（1727年）立的，上面刻着“孔子至周问礼乐至此”，就是附会此事。后人想象，孔子从山东来，一定是从城的东门入城。

孔子见没见老子，有学者怀疑，还可以讨论，但前517年，孔子去过齐国，此事见于《论语》记载，则绝无可疑。孔子到齐国，是去找工作。齐景公不用，还在那儿兜圈子，先谈待遇，说像季氏一样的工资我不能给，要给，也就是“季、孟之间”；后来又拿年龄说事，说“吾老矣，不能用也”（《微子》18.3）。当

[1] 司马迁说，“孔子之所严事：于周则老子；于卫，蘧伯玉；于齐，晏平仲；于楚，老莱子；于郑，子产；于鲁，孟公绰。数称臧文仲、柳下惠、铜鞮伯华、介山子然，孔子皆后之，不并世”（《史记·仲尼弟子列传》）。这十个人，六人见于《论语》，四人不见于《论语》。见于《论语》，他最夸奖，是蘧伯玉、晏平仲、子产、柳下惠，孟公绰也还可以，但臧文仲是他批评的对象。不见于《论语》，是老子、老莱子、铜鞮伯华、介山子然。

时，齐景公也就55岁。[1]

孔子在齐国，最大收获是听古典音乐，“闻《韶》，三月不知肉味”（《述而》7.14）。今山东淄博市临淄古城东南有个韶院村，据说，清嘉庆年间出土过一块古碑，上面刻着“孔子闻韶处”，同时还出土了石磬数枚。后来，这块碑丢了，清宣统三年（1911年）又仿刻了一块。当然，这也是附会。[2]

[1] 古人说，这是晏婴的主意（《墨子·非儒下》、《晏子春秋》外篇下第一章、《史记·孔子世家》），晏婴好像白衣秀士王伦，但它们说的事（如白公之乱），从时间上考虑，根本不可能。

[2] 1983年，韶院村一位农民把他保存了30年的一枚石磬捐献给齐国故城遗址博物馆。石磬有铭文二字，作“乐磬（？）”，见张龙海《临淄韶院村出土铭文石磬》，收入所著《临淄拾贝》（淄博：临淄中轩印务有限责任公司，2001年），115页。

36—50岁（前516—前502年），孔子返鲁

孔子从齐国回来，没官做，只好退修诗书礼乐，教书育人做学问，自娱自乐。这一段是他做学问的黄金时代。学问做得好，当然不糊涂。“七十自述”，孔子自称，他是“四十而不惑”。孔子献身学术20年，教书育人10年，心里越来越明白：当官的资本，我有了；事在人为的人为，我已做到，就看天命如何了。

孔子这个人，一心想当官，但不是当官的命。1—10岁，鲁襄公在位，他还是小孩，谈不上当官。11—42岁，鲁昭公在位，执政大臣是季平子。42岁，孔子老大不小，按孔子的说法，再不出名，就没机会了，但他们就是不请他出来当官。问题何在？我想是阳货挡着他的道。当时的鲁国，是陪臣执国命，纲常倒转。阳货是季氏的陪臣，季氏是鲁国的执政。阳货控制着季氏，季氏控制着鲁君。阳货让他当，他才能当；阳货不让他当，就没法当。

前509年，鲁定公即位。前505年，季桓子执政，阳货把他扣起来，逼他答应他的各种条件，然后才放了他。当时，阳货的

权力很大。有一天，阳货主动，抱着个小猪见孔子，孔子不见，但按当时的规矩，应该回拜。孔子趁他不在，上他家，不想在路上撞个正着。阳货责问他，国家这么乱，你不管，这能叫仁能叫智吗？岁数不饶人呀，还不出山等什么。孔子说，是是，我是该出来做官，但没马上出来当官（《阳货》17.1）。当时，阳货看上孔子，孔子可没看上他。他还在观望。这是他47岁上的事。

47岁，我们觉得还年轻，但照古人的感觉，一只脚已迈进老年的门槛，快收摊了。司马迁说，孔子晚年喜《易》，[1]读《易》太用功，把竹简的编绳都读断了好几回（《史记·孔子世家》）。我们别以为司马迁说的“晚”一定是孔子自卫返鲁之后。孔子说，“加（假）我数年，五十以学《易》，可以无大过矣”（《述而》7.17）。他的“七十自述”也说，“五十而知天命”。两个数字，不是巧合。孔子读《易》，是给自己算命。当官就是他的“天命”。孔子周游列国，无功而返，还算什么劲儿？

[1] 马王堆帛书《要》也有“夫子老而好《易》的说法”，可见这是汉代流行的说法。

孔子说，“不知命，无以为君子也”（《尧曰》20.3）。

“五十而知天命”，其实是读《易》知天命。他是从47岁，花四年的工夫读《易》，读到50岁上，才知道是时候了，该出来当官了。所以第二年，他就出来当官。这时的他，真是“书生老去，机会方来”（刘克庄《沁园春·梦孚若》）。

51—54岁（前501—前498年），孔子仕鲁

前501年（51岁），阳货奔齐奔晋，是鲁国的大事。接着，

公山弗扰以费叛，孔子欲往而止（《论语·阳货》）。接着，孔子出任中都宰。

前500年（52岁），孔子出任鲁司空，继任大司寇（《史记·孔子世家》、《孔子家语·相鲁》），并于夹谷之会相鲁定公（《左传》定公十年）。

前498年（54岁），仲由为季桓子宰。孔子派他堕三都，先堕郈，次堕费，堕成不克（《左传》定公十二年、《史记·孔子世家》）。[1]公山弗扰攻鲁定公，被孔子挫败，奔齐奔吴。孔子以鲁大司寇摄行相事，诛少正卯（《荀子·宥坐》、《史记·孔子世家》）。[2]

[1] 三都，是三桓的封邑。郈是叔孙氏的封邑，费是季孙氏的封邑，成是孟孙氏的封邑。堕是毁坏城郭的意思。

[2] 《系年》否定（上册，25—26页），《孔子传》删，理由不足，参看：赵纪彬《关于孔子诛少正卯问题》，北京：人民出版社，1973年。孔子杀少正卯，据说是在鲁国宫城南门的门阙之下，《水经注·泗水》叫"双石阙"，《鲁国之图碑》上叫"两观"，都指这个古迹。

当时，鲁国的统治者都很无礼，鲁君无礼，三桓（季孙氏、叔孙氏和孟孙氏，世代为鲁卿）无礼，阳货和公山弗扰（季氏的家臣）也无礼。孔子的内心矛盾是，三拨之中，他该支持哪一拨。他的选择是维护鲁君，没问题，但另外两拨，怎么办？打击阳货和公山弗扰，会助长三桓；打击三桓，会助长阳货和公山弗扰，都不利于公室。公山弗扰以费叛，他欲往而止，是想打击三桓，但很犹豫（支持陪臣叛主君，不合于礼）；堕三都，也是打击三桓。但公山弗扰攻鲁定公，他得维护公室，所以坚决打击，平定了他的叛乱。公山弗扰之乱后，鲁政仍掌握在季桓子的手里，情况并无改观。由于齐国施压，孔子被迫出国。

55—68岁（前497—前484年），孔子周游列国

孔子周游列国，主要是在卫国和陈国当官。我分三段讲：

（甲）55—59岁（前497—前493年），去鲁适卫，事卫灵公。

前497年（55岁），齐人送女乐给季桓子，季桓子受之，三日不朝，孔子大怒，离开鲁国（《微子》18.4）。他的弟子仲由、颜回、冉求等人随行。孔子对国内政治不撒手，命冉雍代替仲由为季氏宰，高柴为费宰，把他们留在国内（《史记》的《十二诸侯年表》、《卫康叔世家》、《孔子世家》）。

前496年（56岁），孔子去卫西行，过匡被围，经蒲返卫（《庄子·秋水》和《孔子世家》）。此事见于《子罕》9.5、《先进》11.23。

前495—前493年（57—59岁），事卫灵公，凡3年（《孔子世家》）。

前494年（58岁），鲁哀公即位。

前493年（59岁），卫灵公卒，孔子去卫（同上）。

（乙）60—63岁（前492—前489年），去卫适陈，事陈湣公。

前492年（60岁），季康子执政。冉有返鲁，代替仲弓为季氏宰。孔子经曹、宋、郑至陈，途中险遭宋司马桓魋杀害，换装逃跑（《述而》7.23、《孟子·万章上》、《史记·孔子世家》）。“七十自述”，他自称“六十而耳顺”。这话什么意思？不好懂。我猜，主要是讲他周游列国这一段，孔子60岁前后，正在周游列国。他一路颠簸，不顺心，但很虚心，楚狂接舆、长沮、桀溺、荷蓧丈人，沿途碰见的怪人，冷嘲热讽，什么难听话，他都听得进去（《微子》18.5—18.7），就连郑人说他“累累若丧家之狗”，他也点头称是（《史记·孔子世家》）。我想，60来岁的人，阅世既久，毁誉置之度外，爱怎么着怎么着，无所谓，没什么脸红，没什么不好意思，这可能就是“耳顺”吧？

前491—前489年（61—63岁），孔子事陈湣公，凡3年。

前489年，孔子去陈适蔡，绝粮于陈、蔡之间，并由陈、蔡到达楚叶县，见楚叶公，求用于楚昭王，不成功，自叶返卫。[1]

[1] 司马迁说，冉求返鲁后（约前492年），孔子是“自陈迁蔡”、“自蔡如叶”（《史记·孔子世家》），本来很明确。但崔适却说，孔子既没到过州来之蔡，也没去过叶县，而是在负函见叶公（《洙泗考信录》卷三《孔子无至州来及叶之事》，收入《崔东壁遗书》，上海古籍出版社，1983年，300页）。此说不可信，说详第十九章。

（丙）64—67岁（前488—前485年），去陈适卫，事卫出公。

前488—前485年（64—67岁），孔子事卫出公，凡4年。

前484年（68岁），孔子应季康子召，回到鲁国。季康子请他回来，主要是起用他的学生，而不是他这个老头子。他自己，还是无官可做。

这次出游，孔子到过卫、曹、宋、郑、陈、蔡六国和楚的边境。当时，除仕卫、陈，哪个国家都不肯重用他。

69—73岁（前483—前479年），孔子返鲁

前483年（69岁），孔子的儿子孔鲤卒，薄葬，“有棺而无椁”（《先进》11.8）。

前482年（70岁），孔子步入他生命的最后几年。这些年，孔子心情大坏，但在“七十自述”里，孔子说，他是“七十而从心所欲，不逾矩”，达到最高境界。这话什么意思？一向号为难解。我猜，他是说，他不但置外界的毁誉于度外，别人爱说啥说

啥；自己的内心也大解放，想说什么说什么，想干什么干什么，处处得体，一点不坏规矩。这话有点怪，他把自由跟规矩搁一块儿，简直像悖论。小孩倒是从心所欲，但大了，就不许撒泼打滚。孙悟空也是这样。大闹天宫，倒是从心所欲，但没有规矩；西天取经，不听话，有紧箍咒，从心所欲又没处摆。人活着，就有规矩管着；死了，才彻底自由。孔子把两者搁一块儿，分寸最难拿。

孔子的规矩是礼，他的自由是合乎礼，跟美国似的，守法即自由。

前481年（71岁），是鲁哀公十四年。孔子根据鲁国的史记，改编成《春秋》一书，从鲁隐公元年一直续写到这一年。此年，哀公获麟。麟是一种神化的动物，其实是一种鹿。孔子以为仁兽。看到仁兽被捕，想到的是自己的命运，他伤透了心，大哭一场，从此绝笔《春秋》（杜预《春秋左传》序）。颜回也死于此年，让他更伤心，又是大哭一场。

前480年（72岁），子路死于卫国的内乱，结缨而死，壮烈，但砍成肉泥，惨（《左传》哀公十五年），孔子闻之，大哭，让家人把厨房的肉酱倒掉，唯恐联想到子路的死（《礼记·檀弓上》）。

前479年（73岁），孔子卒（《春秋》经传哀公十六年）。大概在此前后吧，孔子说，我太老了，很久都梦不见周公了（《述而》7.5）。据说，孔子病重，端沐赐来看他，他唱了一首歌，“泰山其颓乎！梁木其坏乎！哲人其萎乎”，他对子贡说，你来得怎么这么晚呀，我都快死了（《礼记·檀弓上》）。司马迁说，孔子说完还哭了，对子贡说，“天下无道久矣，莫能宗予”（《史记·孔子世家》），埋怨没人听他讲。七天后，他果然死了。孔子是含泪告别世界。

他死后，埋葬在曲阜鲁城北面，后世叫孔林。[1]墓前立着两块碑，前面是明碑，后面是元碑。

[1] 司马迁说，“孔子葬鲁城北泗上”（《史记·孔子世家》）。古人说某水之上，一般是指水之北。如闵子骞说“善为我辞焉。如有复我者，则吾必在汶上”（《雍也》6.9），所谓“汶上”就是指汶水之北，但今孔林却在泗水之南，洙水之北。

孔子的后代

孔子的儿子叫孔鲤（字伯鱼，前532—前483年），孙子叫孔伋（字子思，前483—前402年）。《论语》三次提到孔鲤（《先进》11.8、《阳货》17.10和《季氏》16.13），没提到孔伋。

孔鲤不是孔子的学生。他听他爸爸教导，即所谓“庭闻”，只有12个字，“不学诗，无以言”；“不学礼，无以立”（《季氏》16.13）。

孔伋也不是孔子的学生。孔子死时，孔伋五岁，除非是神童，不可能跟孔子学什么。孔伋就是著名的子思。战国晚期，有所谓儒家八派，其中有子思之儒和孟氏之儒（《韩非子·显学》），孟子“受业子思之门人”（《史记·孟子荀卿列传》），他们有学术传承的关系。但宋儒所谓道统，把七十子简化为曾子一人，儒家八派简化为思孟之学，并把曾子和子思、孟子扯在一起，构成直线传播的所谓道统，这是后儒伪造的儒学传统，我们在第六章还会讨论。

《皇览·冢墓记》说，“伯鱼冢，孔子冢东边，与孔子并，大小相望。子思冢，在孔子冢南，亦大小相望”（《太平御览》卷五六〇引）。现在的孔林，有孔鲤、孔伋的墓，就是这样排列。墓碑也分前后两块，前面是明碑，后面是元碑。

五　七十子之徒

讲完孔子，我们要谈的是孔子的学生。孔子的学生，《论语》有很多不同叫法，如“二三子”、“弟子”、“小子”、“门人”。[1]

[1] 此章所述，大体同于《丧家狗》的16—24页。这里是撮述大义，并有修改。

研究孔门弟子，我们要心中有数

孔子的学生有多少？据说非常多，他有3000个学生，其中72人最优秀，俗话说，“三千弟子，七十二贤人”。“三千弟子”是谁？不知道，谁都没讲，但他的70多个弟子，却有名有姓。后者有另一种说法，是77人。不管72人还是77人，习惯上是叫“七十子”。“七十子”的说法，最早是见于《孟子·公孙丑上》，汉代很流行。这是孔子直接教过的学生。

古书记载“七十子”，最早的材料是《史记·仲尼弟子列传》。司马迁有两种说法。

一种是“弟子盖三千焉，身通六艺者七十有二人”（《史记·

孔子世家》），即孔子的学生大约有3000人，其中把诗、书、礼、乐、易、春秋六门都学通学透的有72人。

另一种是“孔子曰：‘受业身通者七十有七人。’”（《史记·仲尼弟子列传》）它没提“三千弟子”，只说“受业身通者七十有七人”。“受业”是得到老师亲自传授，不但入门，而且登堂，不但登堂，而且入室，可以和老师坐在一个屋子里，当面向他请教。“身通”是“身通六艺”的省略。它是说，孔子门下，把诗、书、礼、乐、易、春秋六门都学通学透的有77人，传中的弟子也正好是77人。

这两种说法，数字不一样。《史记》的特点是兼存异说，两种说法，各有来历：

前一种说法，是附会古代的五行时令，取其吉祥之意，不是正好这么多。古代时令分两种：一种是四时时令，即把一年360天，按春、夏、秋、冬四时，每时各90天划分，配二十四节气，一直流行到现在；一种是五行时令，即把一年360天，按木、火、土、金、水五行，每行各72天划分，配三十节气，后世不太流行。72是吉祥数，不是真实数字，但古人喜欢这个数。比如古人说，自古封禅泰山有72代之君，汉高祖背上长着72颗黑痣，就是附会这个数字。

后一种说法，不一样，它是根据孔门弟子的花名册。司马迁写《仲尼弟子列传》，曾参考过一本书，叫《孔子弟子籍》。这本书是用古文即战国文字抄写，很有来头。《仲尼弟子列传》是记孔门的在籍弟子，每个都有名有姓。这才是真实数字。

司马迁之后，西汉成、哀之际，《汉书·艺文志·六艺略》论语类有《孔子家语》二十七卷、《孔子徒人图法》二卷。东汉时期，有郑玄《论语孔子弟子目录》（《史记·仲尼弟子列传》三家注引，今佚）；魏晋以来，有《孔子家语·七十二弟子解》（《史记·仲尼弟子列传》三家注引，并有今本），这类说法，流传有绪。郑玄《目录》和《七十二弟子解》，与《仲尼弟子列传》比较，细节有出入，但校除重复，大体相同。《七十二弟子解》，题目是“七十二弟子”，实际人数还是77人。

可见，“七十子”就是孔子的77个学生。

孔子的弟子这么多，可信吗？

我们都知道，中国近代废科举，立学校，中国才有“班级授课制”。“班级授课制”是17世纪捷克人夸美纽斯所创，不是几个学生，个别辅导，而是把学生分为年级编成班，一个老师带一大堆学生，坐在同一个教室里上课。

孔子的时代不是这样。读《论语》，我们都知道，孔子给学生上课，不是这样上。所谓上课，只是让学生陪他聊天，大家在一起讨论，很随便。他们或者坐屋里，东拉西扯；或者在户外，边走边聊。如果坐屋里，一般情况下，是孔子在当中，弟子在两旁，或立或坐（跪坐）。站着叫“侍”（《公冶长》5.26），坐着叫“侍坐”（《先进》11.26），坐立不肯定，叫“侍侧”（《先进》11.13）。孔门的核心弟子，没多少人，他叫“二三子”。谈话，主要是这些人，一般只有两三个学生，顶多四个人，加个弹琴的，如《公冶长》5.26讲“四子言志”，就是如此。孔子重乐教，他教《诗经》，总是配乐而歌，琴不离手，即使说话，也是一边弹琴，一边说话，跟崔永元的“实话实说”一样。孔子教学，有一大特点，就是“弦歌一堂”。

谈话，是有讲究的。我认为，真正的交流，人不能多，最好是两个人，一壶茶（或一壶酒），促膝谈心，面对面谈。要谈，就谈透，哪怕竟夕长谈，一直谈到无话可说，才各自睡觉。三人也行，两人说，一人听，插着说或轮着说。三人以上，太乱。

上课，道理是一样的。讨论课，不能超过十个人，五六个就差不多了。我很羡慕孔子时代的教学。可是，他这么带学生，怎么会有三千人？即使今天，一个教授，带三千个本科生，七十个研究生，那也不得了。

司马迁的话是真是假？我们可以讨论一下。

比如，我们拿汉代的情况作一比较。吕思勉说，汉代的大师，教授之弟子甚多，如《后汉书·儒林传》“精庐暂建，赢粮动有千百；其耆名高义，开门授徒者，编牒不下万人”，我们从有关记载看，当时的大师，及门弟子上千，编牒弟子上万，是很普通的事。[1]这是东汉时候的情形。西汉的规模，即使没这么大，也该八九不离十。

这等于说，一个教授，可以教一所大学。

读吕先生的书，我们可以明白，孔子的学生，比起汉代，并不算多，完全在合理的范围之内。

[1] 吕思勉《讲学者不亲授》，收入《吕思勉读史札记》，上海古籍出版社，1982年，上册，675—678页。

孔子的学生太多，他怎么教？

别担心，他是把学生分成很多层，大徒弟带小徒弟，传帮带。

孔子的学生分两大类：

(1)“编牒”的弟子。只是慕名前往、登记在册的学生。注册者，也叫“著录”或“在籍”，其中有核心弟子，但外围学生居多。外围的学生，很可怜，大师，一般情况下，根本见不着。

(2)“及门”的弟子。是入了老师门的弟子。这种弟子，又分两种：一种是及门而未入室，到了老师的门，没进老师的屋，未尝亲炙师教，顶多在院子里蹓跶；一种是入室，可以进老师的客厅，旁无杂人，听老师亲授。比如董仲舒，西汉大师，“下帷讲诵”，“三年不窥园”(《汉书·董仲舒传》)，院子里的人，自然见不着面。马融，东汉大师，及门弟子有四百多人，登堂入室的只有五十多人，郑玄出其门下，三年都见不着一面(《后汉书·郑玄传》)。

见不着面的学生怎么办？很简单，可以让学生带学生，受业早的教受业晚的，学哪门的教哪门，转相传授，这叫“闻道有先后，术业有专攻”(韩愈《进学解》)。读《论语》，我们不难发现，很多情况下，都是大徒弟在屋里和孔子谈话，其他学生，只能在门外候着，孔子走了，才追着大徒弟问，刚才老师都讲了什么(如《里仁》4.15)。孔子的学生，既然徒弟带徒弟，其中就有再传弟子，大徒弟也是老师。如陈亢，就是端木赐的学生；阳肤，就是曾参的学生。澹台灭明，也是言偃任武城宰时发现的人材。陈亢和澹台灭明，都是77弟子中的人。普通弟子，《论语》叫“门人”、“门弟子”和“门人小子”的，很多人恐怕都是学生的学生。如“子夏之门人”（《子张》19.3）和“子夏之门人小子”（《子张》19.12），就是子夏的学生。我们从子路给孔子办丧事的故事看（《子罕》9.12），他们和“二三子”是不一样的。大徒弟和小徒弟，核心弟子和外围弟子，他们的关系，好像传销，一传一大片，人数很多，但不管哪个辈分，大家说起来，还是出自同一个师门。

古代大师，有很多“仰慕虚名、借资声气”的追随者，远道前来，建舍赁屋，为的只是一睹风采，并不一定见过老师，更不一定得过什么具体指点。

《论语》中的学生，他们的辈分

司马迁讲的77个学生，见于《论语》，有29人。这些弟子，有“先进”和“后进”之分（《先进》11.1）。“先进”是早期弟子，“后进”是晚期弟子。我按他们的年龄，对照孔子的生平，粗分为三期四组，每一组按年龄排序：[1]

[1] 这里只是按年龄段大致分组，不一定反映每个弟子的从学先后。

（甲）第一期

孔子的第一批学生，主要是他早年居鲁时（1—35岁）招收的学生，共5人。

（1）颜无繇（字季路，前545—前？年）。鲁人，颜回的爸爸，比孔子小6岁。颜氏是孔子他姥姥家的人。颜回死，颜无繇请孔子卖掉自己的车，为颜回置棺椁，被孔子拒绝（《先进》11.8）。孔子最疼颜回，不是没有原因。孔门有八个学生以颜为氏，估计就是由他带进门。孔门有两子路。古人同名的很多，他的名、字和子路一样（“繇”通“由”）。

（2）冉耕（字伯牛，生卒不详）。鲁人，是有名的道德先生。孔府《圣门志》和《阙里广志》说冉耕比孔子小7岁，暂时排在这里。据说，他是得恶疾（麻风病）而死。孔子探望他，连声叹息说，这么好的人，怎么得了这种病，觉得非常可惜（《雍也》6.10）。冉氏也是孔门的生力军。孔子有五个学生出自冉氏，除这里的冉耕，还有冉雍和冉求，都是孔子最有名的学生。

（3）仲由（字子路或季路，前542—前480年）。鲁卞邑（在今山东泗水东卞桥镇）人，比孔子小9岁，有治国用兵之才，是孔门中最早做官的学生，也是他最重要的学生。孔子仕鲁定公，他任季桓子宰（前498年）。孔子周游列国，他追随左右。返鲁之前，还任卫蒲邑宰（前488年）。孔子回到鲁国，他与冉有共事季康子，并往来于鲁、卫之间。前480年，死于卫乱（《左传》哀公十五年）。卞邑出过个勇士，叫卞庄子。子路也是卞人，好勇过人。他性子急，脾气大，常挨孔子骂，不像颜回讨老师喜欢。他在《论语》中，出现次数最多（42次）。

（4）漆彫启（字子开，前540—前？年）。鲁人（或说蔡人），比孔子小11岁，他是个受过刑的残疾人，孔子鼓励他出去做官，他说他信心不足，孔子很高兴（《公冶长》5.6）。孔门有3

人出自漆彫氏。

（5）闵损（字子骞，前536—前 ? 年）。鲁人，比孔子小15岁，以德行称，是有名的大孝子，闵家的人全都夸他（《先进》11.5）。

（乙）第二期

孔子的第二批学生，主要是他自齐返鲁后（36—54岁）招收的学生，共8人。

（1）冉雍（字仲弓，前522—前 ? 年）。鲁人，比孔子小29岁，以德行称，并长于政事。他这个人不爱说话（《公冶长》5.5），孔子夸他，"雍也可使南面"（《雍也》6.1）。前497—前493年，他接替子路为季桓子宰，《论语》提到这事，只说"仲弓为季氏宰"（《子路》13.2），上博楚简《仲弓》也提到这事，作"季桓子使仲弓为宰"。

（2）冉求（字子有，前522—前472—前 ? 年）。鲁人，比孔子小29岁，以政事称。前492年，他接替冉雍为季康子宰。前472年，他仍在鲁国（《左传》哀公二十三年）。他在《论语》中，出现次数也比较多（16次），两称"冉子"（《雍也》6.4、《子路》13.14）。

（3）宰予（字子我，生卒不详）。鲁人，以言语称。《大成通志·先贤列传上》说他比孔子小29岁，暂时排在这里。古人说，"宰予之辞，雅而文也"，但孔子和他相处久了，却发现他"智不充其辨"，因而说"以言取人乎，失之宰予"（《韩非子·显学》）。有一次，孔子骂他，"朽木不可雕也，粪土之墙不可杇也"（《公冶长》5.10），但他却是孔子最优秀的学生。他人很倔，孔子讲三年之丧，他公然反对，把老师气得够呛（《阳货》17.21）。孔子死后，他还在。端沐赐树孔子为圣人，他是支持者。

（4）颜回（字子渊，前521—前481年）。鲁人，比孔子小30岁，以德行称，经常受老师表扬，是孔子最得意的门生。《庄子·田子方》说，颜回对孔子是亦步亦趋，“夫子步亦步，夫子趋亦趋，夫子驰亦驰；夫子奔逸绝尘，而回瞠若乎后矣”，自称紧跟紧跟还是跟不上。他在《论语》中，出现次数也比较多（21次）。

（5）巫马施（字子期或子旗，前521—前489—前？年）。鲁人，比孔子小30岁。他当过鲁单父宰（《吕氏春秋·察贤》、《韩诗外传》第二十六章、《淮南子·泰族》、《说苑·政理》、《孔子家语·屈节解》）。孔子仕陈湣公（前491—前489年），和陈司败谈话，他正好在陈国（《述而》7.31），故一说他是陈人。

（6）高柴（字子羔或季羔，前521—前478—前？年，或前511—前478—前？年）。齐人，[1]比孔子小30岁（或40岁），据说个子很矮（不足五尺），相貌丑陋。他也是有政事才能的弟子。前498年，子路使子羔为费宰，[2]孔子骂子路，“贼夫人之子”，认为他是害了子羔（《先进》11.25）。约前488—前480年之间，他仕卫出公，《孔子家语·致思》说是当士师，故一说他是卫人。前480年，蒯聩入卫，他逃卫返鲁，而子路死于难（《左传》哀公十五年）。前478年，他还在鲁国（《左传》哀公十七年）。

（7）宓不齐（字子贱，前521—前？年，或前502—前？年）。鲁人，比孔子小30岁或49岁，曾任单父宰（《史记·仲尼弟

[1]《孔子家语·七十二弟子解》。《世本》佚文说高柴出齐高氏，见《世本八种》，上海：商务印书馆，1957年，秦嘉谟辑补本，182页。

[2]“费宰”，《史记·仲尼弟子列传》引作“费、郈宰”。《礼记·檀弓下》说他当过成宰，《孔子家语·七十二弟子解》说他当过武城宰。

子列传》)，孔子夸他是鲁国的君子(《公冶长》5.3)。

(8) 端沐赐(字子贡，前520—前468—前 ? 年)。原本是卫国的商人，以言语称，比孔子小31岁。从年龄上讲，他跟这一期的学生更接近，但拜师是在孔子去鲁适卫，到达卫国的前497年之后。古人说，他在卫当过信阳令或信阳宰(《说苑·政理》、《孔子家语·辨政》)。孔子周游列国，他也参加了。孔子返鲁，他仕于鲁，从事外交活动。孔子死，他是掌门人。弟子服丧三年，相率去，只有他庐守六年，是孔门晚期最重要的人物。“叔孙武叔毁仲尼”，是他捍卫了老师的声誉。树孔子，当圣人，也是他发动。前468年，他还在鲁国(《左传》哀公二十七年)，最后死在齐国(《史记·儒林列传》)。他在《论语》中，出现次数仅次于仲由(38次)。

(丙) 第三期

孔子的第三批学生，主要是他周游列国和晚期居鲁时(55—68岁)招收的学生，共11人。

(1) 原宪(字子思，前515—前 ? 年)。鲁人(或说宋人)，比孔子小36岁。他当过孔子的管家(《雍也》6.5)。战国秦汉的古书，常拿他和端沐赐作对比，端沐赐很阔，他很穷。

(2) 樊须(字子迟，前515—前484—前 ? 年)。齐人(或说鲁人)，比孔子小36岁。此人喜欢种庄稼，是个重农派，孔子骂他是小人(《子路》13.4)。前484年，他还在鲁国(《左传》哀公十一年)。

(3) 澹台灭明(字子羽，前512—前 ? 年，或前502—前 ?

年）。鲁武城（今山东平邑南）人，比孔子小 49 岁或 39 岁。他是孔子晚年居鲁（前 484 — 前 479 年），言偃当武城宰时，在当地发现的人才（《雍也》6.14），❶后来到楚国发展，有弟子 300 人，很有名气。古人说他有"君子之容"，但孔子和他相处久了，却发现他"行不称其貌"，因而说"以人取容乎，失之子羽"（《韩非子·显学》）。司马迁作"以貌取人，失之子羽"（《史记·仲尼弟子列传》），❷后来成为成语。

❶《左传》哀公八年提到"澹台灭明之父"。

❷ 但司马迁说他"状貌甚恶"，正好相反。

（4）陈亢（字子亢或子禽，前 511 — 前 ？ 年）。陈人，比孔子小 40 岁。此人大概是子贡的学生，《论语》三见，两次都是向子贡问教（《学而》1.10、《子张》19.25）。

（5）公西赤（字子华，前 509 — 前 ？ 年）。鲁人，比孔子小 42 岁，好礼，有外交才能。

（6）有若（字子有，前 518 — 前 ？ 年，或前 508 — 前 ？ 年）。鲁人，比孔子小 43 岁或 33 岁，据说长相酷似孔子。孔子死后，他还在。端沐赐树孔子当圣人，他是支持者。言偃、卜商和颛孙师曾公推有若代替孔子，受弟子拜，遭曾参反对。《论语》四次提到他，三称"有子"（《学而》1.2、1.12、1.13），一称"有若"（《颜渊》12.9），从未提到他的字。

（7）卜商（字子夏，前 507 — 前 ？ 年）。卫国温县（温县在今河南温县西南）人，比孔子小 44 岁，以文学称，曾任莒父宰（《子路》13.17），老年讲学西河，魏文侯、田子方、段干木、李克、吴起师事之，对三晋的法术之学很有影响。子夏传《诗》和《春秋》，在经艺传授上很有名。孔子死后，他还在。他在《论语》中，出现次数也比较多（21 次）。

（8）言偃（字子游，前 516 — 前 ？年，或前 506 — 前 ？年）。吴人（或说鲁人），比孔子小 45 岁或 35 岁，曾任武城宰（《雍也》6.14）。他也以文学称，经常与子夏并举，孔子死后，他还在。

（9）曾参（字子舆，前 505—前 432 年）。鲁南武城（今山东费县西）人，比孔子小 46 岁。他在《论语》中，出现次数也比较多（15 次），多半称为“曾子”。

（10）颛孙师（字子张，前 503—前 ？年）。陈人（今河南淮阳），或说阳城人（今河南登封东南），或说鲁人，比孔子小 48 岁，曾从孔子游于陈、蔡。他个性比较强，有点类似子路。他在《论语》中，出现次数也比较多（18 次）。

（11）司马耕（字子牛，前 ？— 前 481 年）。宋司马桓魋（见第八章）的弟弟。《论语》三见，在一块儿，都称“司马牛”（《颜渊》12.3—12.5）。此人多言而躁，比较情绪化，孔子叫他说话要忍着点，朝不忧不惧努力。他说谁都有兄弟，就我没有，不认自己的兄弟，子夏安慰他，说“四海之内，皆兄弟也”。前 481 年，司马桓魋作乱，他的兄弟都参加，只有他一人拒绝，流亡在外，最后，死在鲁国（《左传》哀公十四年）。

（丁）其他

还有一批，是年代不可考的学生，共 5 人。

（1）公冶长（字子长，生卒不详）。齐人（或说鲁人），此人蹲过监狱，孔子认为很无辜，所以把女儿嫁给他（《公冶长》5.1）。

（2）南宫括（字子容，生卒不详）。鲁人，此人谨小慎微，很会保护自己，孔子喜欢这样的学生，所以把他哥哥（孟皮）的女儿嫁给了他（《公冶长》5.2）。

（3）曾点（字子皙，生卒不详）。曾参的爸爸，鲁人。据说，他喜欢吃羊枣（一种小柿子），在孔子眼中是个“狂士”（《孟子·尽心下》）。《论语》讲四子侍坐，四子各言其志，孔子独与曾点，爱其陶然忘机（《先进》11.26）。

（4）公伯寮（字子周，生卒不详）。鲁人，他曾到季孙氏那里搬弄是非，诽谤子路，出卖孔子（《宪问》14.36），后人想不通，孔门怎么会有这样的学生，怀疑司马迁搞错了，明嘉靖年间，把他开除出孔庙。但孔门也会出叛徒，有什么奇怪。他是孔门中的“犹大”。

（5）琴牢（字子开或子张，生卒不详）。卫人，古书多称“琴张”，是他的字（《左传》昭公二十年、《孟子·尽心下》、《庄子·大宗师》），《论语》呼名，曰“牢”（《子罕》9.7）。

六　孔门十三贤

孔子，学生太多。但三千弟子，除七十子，全不可考。七十子，也只有一小半可考。司马迁讲的学生，77 人，其中只有 35 人，有年龄，有姓名，有跟孔子学习的经历（《史记·仲尼弟子列传》）；其他 42 人，司马迁已说不清，光剩名字。《论语》提到的人更少，只有 29 人，都在司马迁讲的 35 人之内，即上一章所讲。照理说，我们只要把这 29 人记住，读《论语》就容易了。

其实，在我看来，《论语》的 29 人，还有点多，仍可浓缩，聚焦于 13 人。这 13 人，才是《论语》中最重要的人物（除了孔子）。现在，我们就来讨论这 13 人。

“四科十哲”

《论语》有段话，非常有名：

德行：颜渊、闵子骞、冉伯牛、仲弓。言语：宰我、子贡。政事：冉有、季路。文学：子游、子夏。（《先进》11.3）❶

❶ 这段话，现在的各个本子，都没有“子曰”。它们是不是孔子所说，前人有争论。有人说，它和它上面的一章（“子曰：‘从我于陈、蔡者，皆不及门也。’”）应该连起来读，都是孔子的话，不对。其实，从文意看，这两章应分开读。此章的十个人既然以字称，可见不是孔子本人的话，而是后人的总结。即使是老师的想法，语气也是后人的语气。

这里，“德行”、“言语”、“政事”、“文学”，习惯上叫“四科”。它们是孔门教学的四个科目。这里只讲十个人，其他学生也可按此分类。

这种分类法，对后世也有影响。如王莽时代，就是凭这四科来选拔人材（《后汉书·景丹传》）。魏晋时期，流行品评人物，《世说新语》的前四篇，以四科为题，四科也是品评人物的分类法。

颜渊等人，上面讲的这十个人，习惯上是叫“十哲”。一般认为，他们是孔子最得意的学生。唐开元八年，定祭孔之礼，就是以十哲配享（《旧唐书·礼仪志四》）。他们最重要。

德行科的四大弟子

“德行”是个人修养，孔子最重这一科。它的主要标志是安贫乐道。人，看上去，呆头呆脑，笨嘴拙舌，但埋头苦干，勤学好问，而且多半是大孝子。

颜渊（颜回）、闵子骞（闵损）、冉伯牛（冉耕）、仲弓（冉雍），都是苦出身，为这一科的代表人物。他们四个，冉伯牛最大（比孔子小7岁），闵子骞次之（比孔子小15岁），仲弓又次之（比孔子小29岁），颜渊最小（比孔子小30岁）。但颜渊反而排第一。颜渊是孔子姥姥家的人，孔子最心疼。他的特点是，从不多说，从不顶嘴，从不怠惰，特能琢磨老师的想法，老师最喜欢。闵子骞，也不爱说话，但“夫人不言，言必有中”（《先进》11.14），孔子也很欣赏。他是有名的大孝子，闵家的人，谁都夸他，没一个不说好（《先进》11.5）。这里排第二。冉伯牛有什么美德，不知道。《论语》提到他，就一件事，只说他有恶疾（麻风病），临死，怪可怜的，孔子去看他，拉着他的手，惋惜得不得了（《雍也》6.10）。这里排第三。仲弓最后。孔子夸他，“雍也可使南面”（《雍也》6.1），有人君之相。他的特长，本来在政事，似乎应入政事科，但他有一大美德，曰“不佞”（《公冶长》5.5），很合格。他也是一不爱说话的主儿。

孔子认为道德好，学问好，应该做官，但这几位，只有仲弓，接替子路，做过季氏宰（《子路》13.2）。闵子骞，太清高，季氏派他当费邑宰，他撒腿就跑，一口气跑到汶水的北边（《雍也》6.9）。颜渊、冉伯牛，也没当官的记录。孔子说，“天下有道则见，无道则隐”（《泰伯》8.13）。他生活的时代，分明无道，当学生的该怎么办？是躲家里，枕着胳膊喝凉水，还是死乞白赖找官做，管他干净不干净，先参与一把？孔子很矛盾。安贫乐道躲家里，道德肯定最高，但高尚的结果，是无所作为，和隐者没什么两样，孔子又不乐意。

孔子喜欢老实巴交，“讷于言而敏于行”（《里仁》4.24），“刚、毅、木、讷，近仁”（《子路》13.27）。人，一定要“木讷”，面无表情，不善言辞。但春秋晚期，人处乱世，老实是无用之别名。战国更是。他把老实巴交的学生搁家里，感动身边的人；有本事的学生撒外边儿，说服外边的人，各有各的用。但在他的心目中，后三科比不了第一科。

他明白，要想冰清玉洁，就得待家里，隐士的道德才最高尚。

言语科的两大弟子

“言语”，是口才好，善于主持仪式，处理场面上的事，属于政治才能或外交才能。孔子讨厌“佞”，不喜欢能说会道的人，但“言语”是说话的本领。战国时期，诸子游说，全凭一张嘴，笨嘴拙舌怎么行？孔子周游列国，到处劝说统治者，游说的风气，恰好是孔子提倡起来的。微生亩对孔子说，你干吗非这样忙忙碌碌到处跑，这不是卖弄口舌吗？孔子赶紧解释说，不是我爱卖弄口舌，而是他们太顽固（《宪问》14.32）。

宰我（宰予）、子贡（端沐赐）是言语科的代表，他们都能说会道。这两位，和颜渊是一辈，宰我比颜渊大一岁，子贡（端沐赐）比颜渊小一岁。孔子离不开能说会道的人，但能说会道，他又讨厌。能说会道，有两大坏处：一是食言自肥，说了做不到，丢人；二是说话不得体，把事办砸，得罪人。如宰予昼寝，孔子破口大骂，“朽木不可雕也，粪土之墙不可杇也”，俗话说，狗屎上不了墙，话非常难听。他挨骂，不是因为白天睡大觉，而是说话不算话。他肯定发过誓，决不在白天睡大觉（《公冶长》5.10）。光看这条，不看其他，你根本想不到，他居然也是孔子的得意门生。宰我性格倔，老师讲三年之丧，他抬杠，说时间这么长，礼必坏，乐必崩，没必要。老师说，服丧期间，吃好的，穿好的，你心里踏实吗？他说踏实，偏不顺着老师的心意。孔子说，宰予不仁，真是没良心的东西，谁不是爹娘养，爹娘养你三年，才能脱离怀抱，难道不要回报，他怎么能说这话（《阳货》17.21）。子贡也是言语科，不但会做买卖，有政治、外交方面的才能，本事相当大，对孔子，也是忠心耿耿，一点不比子路差。孔子回到鲁国后，他在鲁国的政界，影响特别大，三桓中的叔孙武叔说，子贡比他的老师还高明（《子张》19.23）。特别是颜渊、子路死后，在孔门弟子中，他地位最高。但孔子对他，评价并不高，说跟颜渊比，他差远了（《公冶长》5.9）。子贡有本事，顶多是个器。什么器，曰瑚琏之器（《公冶长》5.4）。瑚琏是什么器？古代盛饭的家伙。孔子说，他修养不够，还做不到恕（《公冶长》5.12）；与人攀比，也是坏毛病（《宪问》14.29）。

总之，能说会道的学生，孔子不喜欢。

政事科的两大弟子

“政事”，是管理才能。冉有（冉求）、季路（仲由，即子路），两人都当过季氏宰。宰是什么？是贵族雇佣的大管家，他们是大臣的臣，古人叫“陪臣”。孔门弟子找工作，主要就是找这种差事。他们当中，有三人当过季氏宰。子路最早最短（前498年），仲弓其次早其次短（前497—前493年），冉有最晚也最长（前492—前 ？年）。《论语》中，孔门弟子称子，只有三人：冉子、有子和曾子。冉有是其中之一。

冉有长于理财。怎么理？主要是劫贫济富，“损不足而奉有余”（《老子》第79章）。他帮孔子管家，这么管；帮季氏管家，也这么管。人才是人才，太势利眼。公西赤出差，“乘肥马，衣轻裘”，他使劲儿给他妈送米，孔子不乐意（《雍也》6.4）。季氏比周公阔，他还帮他搜刮，孔子叫学生“鸣鼓而攻之”（《先进》11.17）。

季路和他不一样。冉有能治一城，他能治一国，志气大，本事也大（《公冶长》5.8、《先进》11.26），但他对老师特忠诚，门里的事高于门外的事，总是鞍前马后，替老师张罗。

季路比孔子小9岁，是孔门的大师兄，冉有和宰我同岁，是晚辈。但这里把冉有摆在季路前。冉有，当季氏宰时间最长，孔子死后继续当，在官场陷得最深。孔子死后，似与师门无来往，谁也不知道他在干什么。

文学科的两大弟子

“文学”，不是今天说的文学，作诗、写小说。文学是对方术而言。方术是古代的自然科学（外加各种占卜和迷信），文学是古代的人文学术（六艺、诸子、诗赋）。孔子说，“行有余力，则以学文”（《学而》1.6）。所谓“学文”，就是学这种东西。文学，不是口头传授的东西，而是写在简帛上的东西。

文学科的学生，特点是好读书，长于经艺。经是经书，艺是礼乐，要说这方面，本事最大，是两个年龄最小的学生。子夏比孔子小44岁，子游比孔子小45岁，在孔门十哲中，是最小的一辈儿。他俩，岁数差不多，兴趣差不多，但处理问题，两种风格。

子夏的特点，是热衷小道，追求细节（《子张》19.4），[1]捡了

[1] 子夏说，“虽小道，必有可观者焉，致远恐泥，是以君子不为也”（《子张》19.4），当是孔子针对他的弱点而讲。

芝麻，丢了西瓜。子游对他颇有微词，说他光注意“洒扫、应对、进退”，舍本逐末，不识大体，他反唇相讥，认为没有小，哪有大（《子张》19.12）。一个重小，一个重大。子夏泥于小，导致行动迟缓，作风与子张也不一样。孔子说，子张的毛病是“过”，大刀阔斧，干什么都容易过梭；子夏的毛病是“不及”，干什么老赶不上趟（《先进》11.16）。

孔门四科，哪种对后世影响最大？不是德行，不是言语，不是政事，主要是文学。儒学靠书本传世，他俩对儒家经典的传授贡献最大，尤其是子夏（当然，他也搞政治，很多学生都是政治家）。战国和汉代，子夏很有名。

古代取仕，选举方法不断变，但大体不出这四科。学生，能说会道是言语科，理财管人是政事科，知书达理是文学科，都比德行科低一截儿。孔子认为，不爱说话，不能干，像颜渊那样，很好；能干，不爱说话，像仲弓那样，也行；最最不能容忍，是像子路那样，多嘴多舌，抬杠，抢风头。能说会道，肯定入不了德行门。

孔子死后的七大弟子

孔门十哲，德行科的四人、政事科的两人，这六个人，年龄比较大。颜渊、子路、冉伯牛，都没活过孔子；闵子骞、仲弓和冉有，孔子死后，我们知道，冉有还在，可能忙于季氏家的事，不大听说，其他两位，不清楚。真正留下来，还有点故事，主要是四个人，言语科的宰我、子贡，文学科的子游、子夏。

孔子死后，有七个学生最有名，就是这里讲的“七大弟子”，他们是宰予（宰我）、端沐赐（子贡）、有若（子有）、卜商（子夏）、言偃（子游）、曾参（子舆）、颛孙师（子张）。他们当中，有四人是孔门十哲留下来的，即刚才说的四个人。多出三个人，是有若、曾参、颛孙师。这七个人，宰予、端沐赐是大师兄，孔子死时，宰予 44 岁，端沐赐 42 岁。有若、卜商、言偃、曾参、颛孙师是小师弟，孔子死时，有若 30 岁，卜商 29 岁，言偃 28 岁，曾参 27 岁，颛孙师 25 岁。有若和曾参，可能属于德行门。颛孙师，性格激烈似仲由，是个小子路，可能属于政事门。

七大弟子，后世有书，只有曾参。有书没书，就是不一样。颜回道德高，没事迹，没著作，光一虚名，没法学；仲由本事大，有事迹，没著作，也没法学；端沐赐，孔子死后，地位最高，没书，同样没法学。七十子，《汉书·艺文志·诸子略》只有《子思》、《曾子》、《漆雕子》（漆雕启后的书）和《宓子》（宓不齐的书）。这些书，大多失传，只有曾参的东西留下来，比较多（除《孝经》，传说与他有关，多散见于大小戴《记》）。

古人说，“大上有立德，其次有立功，其次有立言”（《左传》襄公二十四年），是所谓“三不朽”。颜渊有德，德散得最快；仲由有功，当时能记得，死后也被遗忘。知识分子，后世得大名，有书没书，就是不一样。曾子，唐以来，名气上升；宋以来，地位很高。宋儒突出曾子，孔门七十子，全都不讲，光突出他一个，就是因为他有东西。

但老实讲，孔子死后，曾子的地位不如有若。有若和两位老大哥，共树孔子为圣人（《孟子·公孙丑上》），于光大师门有功。可能是两位老大哥的主意，有若成为接班人。有若不但熟悉孔子的想法（《礼记·檀弓上》），长相也酷似孔子（《孟子·公孙丑上》）。当时，他的三个小同学，卜商、言偃、颛孙师，才华出众，各有一帮学生，谁也不服谁，唯独对他没意见。大家一致推举有若，代替孔子，受弟子拜。只有曾参不服（《孟子·滕文公上》）。当时，他是晚辈，心里不平衡。有若，他不服。子张，他也羞与为伍，“堂堂乎张也，难与并为仁矣”（《子张》19.16）。他是十足的少数派，绝非主流。

孔门十哲，加上有若、曾参和颛孙师，就是我们说的“孔门十三贤”。

历代祭孔，有各种配享从祀的制度，从汉代到清代，主要就是祭这 13 人。

道统之谬

历代祭孔，配享从祀，有谁没谁，谁站哪儿，很有讲究。就跟“文革”那阵儿，天安门上怎么站，第二天见报，谁在谁不在，哪个上去，哪个下来，很敏感。

清代的孔庙，孔子坐当间，弟子在两边，有所谓“四配十二哲”。“四配”是四个二等圣人：颜回是复圣、曾参是宗圣、孔伋（子思）是述圣、孟轲是亚圣。“十二哲”是十哲去颜回（已升四配），加颛孙师、有若和朱熹。除去七十子之外的孔伋、孟轲、朱熹，正好是 13 人，就是我们说的“十三贤”。这套制度是慢慢形成的，我把过程讲一下。

汉代，文翁学宫、鸿都学宫，有壁画，上面有很多人物，不仅孔子和七十子，还有汉代的名儒，但怎么排，不知道，画像石上有，比较随意，不能当根据。

祀孔，魏正始五年（244 年）以来，是以颜渊配享（《三国志·魏书·齐王芳纪》）。东魏兴和三年（541 年），有十哲配享的立像，儒冠，青襟青领（李仲璇《修孔子庙碑》）。

唐代，开元八年（720 年）以前，只有颜回称亚圣，为塑像，立侍，在孔子旁，十哲是画像，刊于两壁。是年，李元瓘奏，把颜回像改为坐像，十哲像改为塑像，十哲缺颜回（升孔子旁），补进曾参，在庙堂的东西两侧，也是坐像，七十子和何休、范甯等二十二贤则画于两壁（《旧唐书·礼仪志四》）。

南宋，端平二年（1235 年），升曾参配孔子，孔子有了左膀右臂。十哲的空位由孔伋补上（《宋史·理宗本纪》）。咸淳三年（1267 年），又升孔伋配孔子，加上孟轲，与颜回、曾参，构成“四配”，十哲的空位由颛孙师补上（《宋史·度宗本纪》）。四配，孔子传曾参，曾参传子思，子思传孟子，就是宋儒树立的道统，有如佛教的传灯。宋代的四书，《论语》、《孟子》、《大学》、《中庸》就是对应于四配。

元代，至顺元年（1330 年），封颜回为复圣公，曾参为宗圣公，孔伋为述圣公，孟轲为亚圣公（《元史·文宗本纪》），都带“圣”字。他们是二等圣人，地位在十哲之上。

明代，有人说，孔子和神佛不同，不应立像，塑像的彩画容易剥落，反而不敬，嘉靖九年（1530 年），孔庙改制，毁塑像，用木主（《明史·礼志四》）。

清代，康熙五十一年（1712 年），升朱熹为第十一哲，乾隆三年（1738 年），升有若为第十二哲（《清史稿·礼志三》），从此形成“四配十二哲”。

四配十二哲，加一起，一共 16 人，多出三个人。

多出的三个人，子思、孟子和朱熹，根本不是孔子的学生。孔子死时，子思才五岁，孟子还没出生，差着一百多年，朱熹更是一千六百多年后的人。宋儒把子思、孟子塞进来，摆在十哲之上，很可笑（北京话，迈辈儿了）。清代把朱熹塞进来，就更可笑。孔颜之道变孔孟之道，孔孟之道变孔朱之道。这种后来居上，是儒学传统的最大断裂。

宋以来，讲道统。道统是对治统而言。治统是政治合法性，道统是思想正统性。汉代所谓阳儒阴法，就是这两样的结合。

宋儒所谓道统，是四科独尊德行，七十子独尊曾子。他们从孟子上溯子思，从子思上溯曾子，从曾子上溯孔子，说孔子是一脉单传。这不仅是以偏概全，也是凭空虚构，对研究孔子是大破坏。

为什么我说破坏，道理很简单。

第一，七十子不止曾子一人，凭什么只讲曾子，而且还是一脉单传。

第二，七十子分四门，不止德行一门，德行四哲无曾子。

第三，孔子活着，德行四哲，近于隐士，多半不中用，捍卫师门，传播主张，远不如其他六人；孔子死后，真正光大师门，主要是后一类学生。

第四，孔子死后，曾子不是主流派，主流派是言语、文学两科的学生，即使讲德行，有若也比他地位高。他是七十子中辈分最小的学生，在孔子死后的七大弟子中不是主流派。

第五，子思、孟子的派别只是儒家八派的两派（《韩非子·显学》），八派只讲两派，也不像话。

第六，先秦儒籍多失传，但《荀子》还在，汉代的四大传记没有《荀子》，宋代的“四书”也没有，《大学》、《中庸》只是《礼记》的两篇，大小戴《记》还有不少儒书，包括曾子的东西，都没有包括在内。孔、曾、思、孟，《论》、《孟》、《学》、《庸》，根本不是儒家全貌。出土发现也证明，我们要讲孔门弟子，起码也得有13人。

《论语》的文学特点

《论语》这书是语录，选得好，也编得好。好在哪儿？主要是坦荡直率不虚伪。书中人物，夫子也好，十哲也好，孔子死后的七大弟子也好，喜怒笑骂，毫不遮掩，寥寥数语，写意传神，让你觉得，生活中的事，本来就该是这么个样子。后人崇圣，再怎么曲里拐弯，美化之，神化之，都遮不住这种优点。谁说伟大导师就得高大全，圣门子弟就得身披光芒？比如子路，他跟老师没大没小，老师对他说骂就骂，一点面子都不给。冉求惹他生气，他叫学生“鸣鼓而攻之”（《先进》11.17）。他们师生在一块儿，学生顶老师，老师骂学生，都被记下来。

孔子周游列国，跟隐士打交道，被他们讽刺、挖苦，也被记下来。

孔子对学生说，我没有什么要瞒着你们的，“二三子以我为隐乎？吾无隐乎尔。吾无行而不与二三子者，是丘也”（《述而》7.24）。

孔门十三贤，早期主要是六人：闵子骞、冉耕、颜回、冉雍、仲由、冉求；晚期主要是七人：宰予、端沐赐、有若、卜商、言偃、曾参、颛孙师。

孔子最喜欢颜回，但颜回的描写很失败，不如仲由，也不如端沐赐。

四大道德先生，死后默默无闻，有闻也是虚名而已，还不如仲由。仲由，就像《三国》的张飞，《水浒》的李逵，比刘备、宋江写得好，给大家留下的印象深。比如，同样是讲富贵观，大家可以对比这两段话：

> 子曰：“贤哉回也！一箪食，一瓢饮，在陋巷，人不堪其忧，回也不改其乐，贤哉回也！”（《雍也》6.11）
>
> 子曰：“衣敝缊袍，与衣狐貉者立，而不耻者，其由也与（欤）。‘不忮不求，何用不臧？’”子路终身诵之。子曰：“是道也，何足以臧？”（《子罕》9.27）

我们看电影，好人经常记不住，记住的都是坏人和有毛病的人，道理就在这里。老师都喜欢好孩子，但很多小孩不想当好孩子。

七　孔子品人录（上）：古昔圣贤及其他

俗话说，“谁人背后无人说，那个人前不说人”（《增广贤文》）。[1]议论人和被人议论，很正常，比如孔子就爱议论人。战国时期，处士横议，横议的结果，是流行诸子百家语，谈古论今，论政论人，什么都批评。语类的作品，品评人物，很常见。《论语》的语，《世说新语》的语，都是如此。

有人以为，口不臧否人物，那是修养到家，非道德高尚不能为，这是误解。“口不臧否人物”，是阮籍的话。阮籍是魏晋名士，竹林七贤之一。他说，他是裤裆中的虱子，“逃乎深缝，匿乎坏絮，自以为吉宅”。他能做到“喜怒不形于色”、“口不臧否人物”，根本不是道德修养太高，而是叫乱世给吓的。古人说，阮籍“本有济世志”，“魏、晋之际，天下多故，名士少有全者”，他成天喝酒装糊涂，目的是为了保全性命（《晋书》本传）。

《论语》中的人物，除去孔子，除去孔子的儿子和他的学生，有125人。我把这些孔门外的人物讲一下。

这里先讲孔子以前的人物，他们一共有42人，约占1/3。

[1] 这话因刘少奇的书而非常有名。他说，“中国有两句谚语：‘谁人背后无人说，那个人前不说人？’‘任从风浪起，稳坐钓鱼船。’世界上完全不被别人误会的人是没有的，而误会迟早都是可以弄清楚的”（刘少奇《论共产党员的修养》，北京：人民出版社，1962年，84—85页）。

唐虞时期的人物

古人所谓唐虞，不是两个朝代。唐虞禅让，只是两个个人之间的关系，时间很短。传说唐在今山西临汾市，虞在今山西永济市，都是小地方。唐尧和虞舜，后世以为富有天下的一统君王，其实只是两个小部落的首长。孔子时代，传贤不传子，是上古美谈，先秦诸子都喜欢讲，不止孔子。“仲尼祖述尧舜”（《礼记·中庸》），是拿这两个人当人品的顶点，只要提到他们的名字，总是使用“巍巍乎”这样的字眼（《泰伯》8.18—8.19），认为高不可攀。尧的美德是按天道行事（《泰伯》8.19），舜的美德是无为而治（《卫灵公》15.5）。这些印象不是凭空杜撰，而是来自《尚书》的《尧典》和《舜典》。

《论语》提到“舜有臣五人而天下治”（《泰伯》8.20）。这五个大臣是谁？估计即《舜典》提到的禹（司工）、弃（后稷）、契（司徒）、皋陶（李）和伯益（虞），但书中只提到皋陶和后稷（《颜渊》12.22、《宪问》14.5）。

•

夏商周三代的人物

孔子对三代，评价不如唐虞。三代，除禹是得自禅让，其他都是用暴力革命取天下，易姓而王，传子不传贤。

（1）夏代

夏的开国之君禹，也是孔子推崇的人物。他是传说上古禅让的最后一人，常与尧、舜并举，和后来的三代之君不一样。孔子对他也极尽赞美。孔子夸他，有两条：一是夸他无为而治，和舜一样（《泰伯》8.18）；二是夸他治水有功，勤劳节俭（《泰伯》8.21）。这些印象也来自《尚书》，即其中的《禹贡》篇。

夏代的暴君是桀，《论语》未见。它只提到羿、奡。羿是有穷之君，奡是过国之君。这两人都很厉害，但“强梁者不得其死”（《老子》第四十二章）。有一次，南宫适问孔子，“羿善射，奡荡舟，俱不得其死然。禹、稷躬稼而有天下”，这个评价怎么样？孔子不回答，等他走了才夸，“君子哉若人！尚德哉若人”（《宪问》14.5）。孔子为什么不答？我猜，“羿善射，奡荡舟，俱不得其死然”，孔子赞同，禹、稷躬稼，谦抑自得，孔子也欣赏，但孔子不喜欢种庄稼，他对“禹、稷躬稼而有天下”，还是有所保留。

（2）商代

商的开国之君汤（《颜渊》12.22），自称是“履”（《尧曰》20.1）。履是汤的私名。伊尹是辅佐他取天下的名臣。汤从天下之众中把他发现，选拔出来，放在一般人之上，在《论语》中是作为选贤举能的榜样。

商的最后一代国君纣，此人有恶名，怎么骂，似乎都不过分，就像污水坑，谁都可以泼脏水。但子贡说，“纣之不善，不如是之甚也”（《子张》19.20），就是坏人，也得公正客观有尺度，反对墙倒众人推，坏人随便骂。他的话，似乎和孔子死后的某些谣言有关。

纣是暴君，但他的三个大臣：微子、箕子、比干，在古人心目中，却是有名的好人。微子，是纣的庶兄；箕子、比干，是纣的叔父，他们都反对纣的暴政，但方式不一样，微子选择逃跑，箕子选择佯狂，比干宁肯强谏而死。孔子说“殷有三仁”（《微子》18.1），对他们非常欣赏。他们是孔子所谓的逸民，古代的不合作者。《论语》讲这类人，主要都在《微子》篇。

另外，孔子自比于古代的老彭，说自己“述而不作，信而好古”（《述而》7.1）。老彭是什么人？就是古书中的彭祖（祝融八姓中的彭姓之祖）。战国以来，古书盛称，他是有名的老寿星和养生家，据考，也是商代初年的人物。

（3）先周

孔子崇拜周。武王克商以前，与商并存，还有一段历史，一般叫先周。传说周太王的长子泰伯（也作太伯），次子仲雍，知道爸爸喜欢小弟弟季历，故意断发文身，跑到吴国，把王位让给小弟弟季历，季历的儿子就是后来的周文王。泰伯是吴国的始祖，他是周文王的大伯。司马迁讲列国史，是从西周讲起，吴泰伯辈分最大。《史记》的三十世家，第一篇就是写他。

古代禅让，传贤不传子，体现的是原始民主制。这种精神，三代已经灭绝，只在边远的小国可能还有残余。泰伯让弟，是兄弟相让，并非贤与贤让，但不管怎么让，总比当时的各国，兄弟争政，自相残杀好多了。孔子喜欢讲让，对泰伯让弟极尽赞美。他说，“泰伯，其可谓至德也已矣。三以天下让，民无得而称焉”(《泰伯》8.1)。

周文王，也属于先周时期的人物。他被称为“文王”，是以仁爱著称，和后来的“武王”相反，他的谥号是“文”。武王凭暴力革命取天下，讲的是硬道理，他讲的是软道理。他是以善养老，倡谦让，为虞芮两国调解边界纠纷而著称（《史记·周本纪》)。他以“文”为谥号，体现的是仁恩慈爱。孔子“宪章文武”(《礼记·中庸》)，好像“文武之道”，都是他要传的道，但暴力革命，他没有兴趣，他要传的，主要还是文王的道。他甚至以为，这是天降大任，义不容辞，自己的使命就是传这种道。如孔子围于匡，大难临头，他不怕自己死，怕的是文王的道从此断绝(《子罕》9.5)。

传说文王受命有周，身边有八个贤臣，即“周有八士”：伯达、伯适、仲突、仲忽、叔夜、叔夏、季随、季騧（《微子》18.11)。这八个人，大概分属于两个家族。他们可能是投靠文王的殷臣，也属于孔子所谓的逸民。

(4) 西周

孔子的叙事模式，商周君臣是模仿唐虞君臣——明君必有贤臣。商代的贤臣，是辅佐商汤取天下的伊尹。周武王取天下，也有一批贤臣。孔子提到武王身边有“乱臣十人”(《泰伯》8.20)。这十人，书中未列人名，马融注说，他们是文母（即文王妻太姒)、周公、召公、太公、毕公、荣公、大颠、闳夭、散宜生、南宫适。文母是女人，其他是男人。

西周名臣，名气最大，是太公和周公。太公是辅佐周武王马上取天下的名臣，周公是辅佐周成王马下治天下的名臣。《论语》没提到太公，只提到周公。

孔子爱周公，做梦都是做周公之梦。这不仅因为他是治国的能臣，而且因为他是鲁国的始祖。鲁国的第一代国君，鲁公伯禽，就是周公旦的后代。

《论语》三次提到周公旦。《述而》7.5 是讲孔子晚年的心境。他说，“甚矣吾衰也！久矣吾不复梦见周公”，这可能是他临死前的话。《泰伯》8.11 提到“周公之才之美”。《微子》18.10 提到周公旦封伯禽于鲁的命辞，“君子不施（弛）其亲，不使大臣怨乎不以。故旧无大故，则不弃也。无求备于一人”，他书未见，很珍贵。

西周人物，除去明君贤臣，还有几个古逸民。一是饿死首阳山的孤竹君二子：伯夷、叔齐（《公冶长》5.23、《述而》7.15、《季氏》16.12、《微子》18.8），二是吴仲雍之后，虞国的始封之君虞仲（《微子》18.8）。虞仲是武王从民间访求而得，属于“举逸民”（《尧曰》20.1）的“逸民”。[1]

[1] 《微子》18.8 是把虞仲、夷逸列为“隐居放言，身中清，废中权”一类。夷逸，年代国别不详。后面还有朱张，不知属于哪一类，年代国别也不详。

伯夷、叔齐是两个非暴力主义者，他们既反对殷纣的暴政，也反对武王的革命。这两位怪人，脾气太好，对别人的伤害，从不记仇，对自己的遭遇，毫无怨言，但性格特别倔，属于“不降其志，不辱其身”的一类，宁肯饿死，也不放弃自己的信念（《公冶长》5.23）。孔子认为，他们是“求仁得仁”，已经达到古代仁人的标准，四次提到，都是夸赞。他们是古代的道德楷模，《史记》的七十列传，就是以《伯夷叔齐列传》为第一篇。

东周各国的人物

主要是春秋早期和中期的人物，国别包括齐、晋、鲁、卫和楚。他最关注的国家，其实是齐、鲁和卫。

（1）齐国

孔子生活在春秋晚期。在他之前，春秋早期和中期，最显赫的政治人物是齐桓公和晋文公。他们是春秋五霸的代表人物。

齐桓公是春秋早期的大名人。孔子对他评价极高，比晋文公高。主要原因是他还讲点王道，不全是霸道。讲霸道，也还是在王道的前提下。他尊王攘夷，以王命号令天下，团结中原诸夏，抵御戎狄入侵，干事讲合法性，堂堂正正，不搞歪的邪的（《宪问》14.15）。

孔子看重齐桓公，但对齐桓公本人，还不如管仲说得多。管仲是帮助齐桓公取威定霸的能臣。孔子对管仲很佩服，但并不是全面肯定，像伊尹、周公那么高。他对管仲的看法很复杂，一方面很坏，一方面很好。

他不喜欢管仲，主要是因为他权力大，器量小，作风骄奢，不知礼（《八佾》3.22）；喜欢管仲，则是因为他辅佐桓公，尊王攘夷，有大功，挽救了中原诸夏，挽救了周。孔子对春秋人物，评价很苛，他很少以仁许人，但对管仲，评价极高，认为他也算得上是一位仁人。

管仲本来是齐桓公的敌人。他和召忽辅佐流亡在鲁的齐公子纠，与流亡在莒的齐公子小白争政。小白一方，是鲍叔牙佐之。管仲射中小白的带钩，令小白恨，必欲得而杀之。小白立为桓公，杀公子纠，召忽自杀，管仲不能尽节，受鲍叔牙推荐，反而受到桓公重用，委以国政。孔子说他是仁人，他的学生想不通。

有一次，子路问孔子，“桓公杀公子纠，召忽死之，管仲不死”，从为臣之道讲，这不能算仁吧？但孔子说，“桓公九合诸侯，不以兵车，管仲之力也。如其仁！如其仁！”（《宪问》14.16）还是肯定他是仁人。

还有一次，子贡也用同样的问题问孔子，“管仲非仁者与(欤)？桓公杀公子纠，不能死，又相之”。孔子说，“管仲相桓公，霸诸侯，一匡天下，民到于今受其赐。微管仲，吾其被发左衽矣。岂若匹夫匹妇之为谅也，自经于沟渎而莫之知也”（《宪问》14.17）。孔子认为，如果没有管仲帮助齐桓公赶走夷狄，我们就会披头散发，穿衣襟向左的胡服，他要挽救的东周早就完蛋了。管仲，肩上有大任，怎么能像普通老百姓，为了守点小信，随随便便就自杀。

孔子维护管仲，认为他大节好，小节可以忽略不计。

另外，《论语》还提到一位伯氏，是评管仲时顺便说起。此人于史无考，唯见此书。有一次，某人和孔子谈话，议论起春秋时期的执政大臣，一是郑国的子产，二是楚国的令尹子西，三是齐国的管仲。孔子对这三个人的评价是，子产政宽，泽及于民，是个“惠人”，比较好；令尹子西，两度让政，徒有虚名，不听叶公之劝，引发白公之乱，死于难，“彼哉彼哉”，不值得提；管仲手段最猛，反而体现的是仁。他对管仲的评价是，“人（仁）也。夺伯氏骈邑三百，饭疏食，没齿无怨言”（《宪问》14.9）。管仲剥夺了伯氏的食邑，把伯氏降为平民，过贫困生活，但伯氏到死都没有怨言，对他的惩罚心悦诚服，可见管仲很有权威性。孔子认为，乱世用重典，一个政治家，不知宽猛相济，是谈不上“仁”的。他对管仲的权威主义非常欣赏。

（2）晋国

晋国的大名人是晋文公。孔子拿他和齐桓公对比，评价是，“晋文公谲而不正，齐桓公正而不谲”（《宪问》14.15），对晋文公的评价非常负面。

齐桓公和晋文公都是霸，他们都讲霸道。但齐桓公，“九合诸侯，一匡天下”，是以王命行事，霸道出于王道，这是“正而不谲”。晋文公不一样，他是挟天子以令诸侯，不太讲规矩，践土之盟，竟然对周天子发号施令，召周天子到河阳赴会，被孔子批评。孔子说，“以臣召君，不可以训”（《左传》襄公二十八年）。

“正”是合法性，堂堂正正。“谲”是出邪招，玩诡诈，不合于正。

（3）鲁国

鲁国是孔子的母国。他生于鲁襄公二十二年，鲁昭公继位，只有10岁。他对鲁襄公没有多少印象。《论语》没提到鲁襄公。早一点的鲁臣，他只提到三个人，臧文仲、柳下惠（展禽）和季文子（季孙意如）。

臧文仲，历事庄、闵、僖、文四公，比孔子早很多。臧氏出自鲁孝公，是鲁国的老牌贵族。鲁孝公是西周末年的鲁君，臧氏比三桓早得多。司马迁说，孔子数称臧文仲（《史记·孔子世家》），其实《论语》只提到两次，全是负面评价。一次是批评他给占卜用的大蔡之龟盖房子，雕梁画栋，奢侈到愚蠢的地步（《公冶长》5.18）；一次骂他是"窃位者"，明知柳下惠贤，却不肯让位给他（《卫灵公》15.14）。

柳下惠，与臧文仲大略同时，与臧文仲形成鲜明对比。司马迁说，孔子数称柳下惠（《史记·孔子世家》），其实《论语》只提到三次。一次是和臧文仲对比，即上面那段话。一次是讲他任士师，三次遭到贬黜，别人劝他离开鲁国，他不走。他说，我要凭良心办事，"直道而事人"，到哪儿不是这个下场；我要昧着良心办事，"枉道而事人"，又何必离开"父母之邦"（《微子》18.2）。还有一次，是把柳下惠列入古逸民（《微子》18.8）。[1]

[1]《微子》18.8是把柳下惠和少连列为"降志辱身"一类。少连，年代国别不详。

孟子讲柳下惠，次数很多。他说，柳下惠和伯夷都是道德高尚的人，但处世之道正好相反。伯夷嫉恶如仇，"非其君，不事；非其友，不友"，决不肯将就妥协，比较倔。他呢，非常随和，只要自己行得端，立得正，对外界无所求，不嫌君主坏，不怕官位小，不管周围的人对自己怎么样，你是你，我是我，分得一清二楚（《孟子》的《公孙丑上》、《万章下》、《告子下》、《尽心上》）。照他描写，柳下惠是个出污泥而不染的人。

孔子说，伯夷是"古之贤人也"，"求仁而得仁"（《述而》7.15），是个仁人；柳下惠是古"逸民"中能够"降志辱身"的一类（《微子》18.8）。他们都不是圣人。但孟子却说，他们是"圣人，百世之师也”（《孟子·尽心下》）。

孟子所谓的圣人和孔子所谓的圣人有根本不同。他的圣人，概念比较滥，只要学着圣人的样子做，谁都可以当圣人。他说，“伯夷，圣之清者也；伊尹，圣之任者也；柳下惠，圣之和者也；孔子，圣之时者也”（《孟子·万章下》），这些都是他乱讲的圣人。按孔子的标准要求，全都不对头。“圣之和者也”是什么样的人？看上文可知，就是性格随和的圣人。柳下惠是这种圣人。他的特点，是忍辱负重，不怕受委屈。

季文子是鲁桓公之子季友的孙子，年龄比前两位小一点，历事文、宣、成、襄四公。桓公之后有孟孙、叔孙和季孙三支，号称三桓，是鲁国的新贵族，也叫孟氏、叔氏和季氏。季文子是季氏的第一代，政声比较好，他死时，“无衣帛之妾，无食粟之马，无藏金玉，无重器备。君子是以知季文子之忠于公室也。相三君矣，而无私积，可不谓忠乎”（《左传》襄公七年）。这个人，办事比较谨慎，“三思而后行”，孔子说，其实想两遍也就够了（《公冶长》5.20）。

（4）卫国

只提到一个人，即宁武子。宁武子，名俞，是卫国的正卿，春秋中期人。这个人很会保护自己。孔子对他的评价是，“邦有道，则知（智）；邦无道，则愚。其知（智）可及也，其愚不可及也”（《公冶长》5.21）。乱世装糊涂，他的本事最大。

（5）楚国

令尹子文，是楚成王的令尹，出于斗氏，名谷於菟，字子文，春秋中期人。当时，楚有三大贵族，斗氏是其中之一。

子文是个忠于职守的人。有一次，子张问孔子，他三次当令尹，脸上看不出高兴；三次被免职，脸上看不出不高兴，“旧令尹之政，必以告新令尹”，他这个人怎么样？孔子对他的评价是“忠”，但还够不上“仁”(《公冶长》5.19)。

上面这些人，主要是好人。好人中的极品是圣人，其次是仁人。好人多生活于古代，对孔子来说，他们都是死人。孔子说的圣人和仁人，都是生活于古代。[1]

[1]《论语》中，还有一个叫周任的人(《季氏》16.1)，见于《左传》隐公六年，年代国别不详，可能比较早。

八 孔子品人录（下）：今之从政者和隐逸之士

孔子当世的人物，[1]见于《论语》，只有两类：仕与不仕，做官还是不做官。一类是上流君子，当官玩政治；一类是弃官不做，隐逸山林。他们一共有 83 人，是剩下的 2/3。

我们先谈前一类。这类人物，在《论语》中有个固定叫法，是“今之从政者”，[2]翻成白话，就是“现在当官的”。孔子对这类人，批评居多，夸的少。

周 王 室

孔子是东方之人。他到过的最西边的地方是周都洛阳。在洛阳，他拜见过在国家图书馆当差的老子，但《论语》没有提到老子。[3]周王室的人，它只提到一位年代很晚的周公（《先进》11.17）。这位周公是谁？当然不是孔子经常梦见的周公，即周公旦，而是周公旦传了很多代的一位后人。他的确切身份，我们已无从查

❶ 包括他幼年还在世的人物。

❷ 如子贡问孔子，“今之从政者何如”，孔子说，“噫！斗筲之人，何足算也”（《子路》13.20）；又楚狂接舆歌而过孔子，曰：“凤兮凤兮，何德之衰！往者不可谏，来者犹可追。已而已而！今之从政者殆而”（《微子》18.5）。他们都对当时的在位者表示轻蔑。

❸《述而》7.1 的老彭是彭祖，不是老子和彭祖，参看李零《丧家狗》，142 页。

考，但可以估计其大致年代。《先进》11.17提到的“季氏”是冉求所事的季氏，肯定是季康子，可见该章应在鲁哀公三年（前492年）之后，即孔子60岁以后。当时的季氏比周公还阔，周公的地位已大不如前。[1]

[1]《左传》定公元年：“周巩简公弃其子弟，而好用远人。”定公二年：“二年夏四月辛酉，巩氏之群子弟贼简公。”两年的传文应连读。杜预注：“简公，周卿士。”我很怀疑，此人是一代周公，而以巩（恭）、简为谥，与季康子时的周公年代相近。案：东周流行双字谥，参看拙作《楚景平王与古多字谥》，《传统文化与现代化》1996年6期，23—27页。

齐　国

齐国是与鲁国关系最密切的大国，经常欺负鲁国，鲁国的动乱往往与齐国有关。

孔子生活的时代，主要是齐景公当政的时代（前547—前490年）。齐景公在位，时间很长，长达58年。孔子5岁，他即位；62岁，他去世。前面只有4年，是齐庄公；后面只有11年，是晏孺子、齐悼公、齐简公、齐平公。《论语》只提到齐庄公、齐景公和齐简公。

子张问孔子，提到齐庄公、崔杼和陈文子（《公冶长》5.19）。庄公淫乱无道，引发崔杼之乱。崔杼弑庄公，立庄公异母弟为景公，陈文子逃亡在外。这是孔子幼年的事（前547年）。

陈文子，名须无，是陈完的曾孙。陈氏是齐国的新贵族，后来势力越来越大，终于取姜齐而代之。他历事灵、庄、景三公。崔杼之乱，陈文子拒绝合作，在外流亡，用孔子的标准看，是个不错的大臣。子张说，陈文子流亡，每到一个国家，都很失望，说这些当政者怎么和崔杼一模一样。孔子欣赏陈文子，认为他有操守，可以称得上“清”，但还不配称“仁”。

齐景公，《论语》提到三次，两次是讲孔子到齐国找工作，一次是说景公之死。孔子初到齐国，景公问政，孔子答以“君君臣臣，父父子子”，景公表示赞赏（《颜渊》12.11），这是开头。后来，景公说没有合适的位子，自己年纪太大，婉言谢绝孔子，这是结束（《微子》18.3）。齐景公，也算得上是一位能干的君主，但孔子对他的评价不怎么高。他说，“齐景公有马千驷，死之日，民无德（得）而称焉”（《季氏》16.12）。

晏婴，是齐景公的著名大臣，他在《论语》中只出现过一次。孔子说：“晏平仲善与人交，久而敬之”（《公冶长》5.17），对他很欣赏。司马迁说，“孔子之所严事”（孔子奉为自己学习的榜样），有六个人，他是其中之一（《史记·孔子世家》）。

《论语》提到陈成子弑齐简公（前481年），孔子告于哀公，请讨之，哀公让他请示三桓，三桓拒绝了他（《宪问》14.21）。这是春秋末年最著名的历史事件：“田氏代齐”（其实是“陈氏代齐”）。齐简公，是孔子晚年回到鲁国后，短暂在位的齐君（《宪问》14.21）。陈成子，名恒。陈氏传到这一代，势力达到顶峰。在孔子看来，他是个乱臣贼子。

晋　国

孔子时代，晋国是北方大国，南与楚抗衡，东与齐抗衡，对国际局势，影响很大，中原小国多受其控制。当时的晋国，六卿强，公室卑，如同三桓控制鲁国。而六卿中，又以赵简子最强，类似鲁国的季氏。鲁国有难，叛臣往往逃齐逃晋，如阳货失败后，就是先逃齐，后逃晋，投奔赵简子，在赵简子手下做事。

《论语》很少提到晋国，它只提到一个小人物，晋中牟宰佛肸。按孔子的标准，这也是个乱臣贼子。前490年，赵简子围中牟（今河南鹤壁市西），佛肸以中牟叛，佛肸召孔子前往，孔子一度动心，遭到子路反对（《阳货》17.7）。

鲁 国

《论语》提到的鲁君是昭、定、哀三公。孔子在世，主要生活在这一段。襄公时，他还小。他的童年（1—10岁）是襄公的晚期。他对这些鲁君不满意，但从不直接批评鲁君，很给领导留面子。

鲁昭公，是孔子47岁前的鲁君。他的夫人叫吴孟子。这两位，《论语》只提到过一次（《述而》7.31）。鲁昭公娶于吴，吴、鲁都是姬姓，违反同姓不婚的礼俗。古代女子称谓，一定要有姓，他的夫人和自己同姓，不好意思，故只称吴孟子。孔子流亡陈国，陈司败问，“昭公知礼乎”，他说，“知礼”，有意为昭公讳。孔子退，陈司败对孔子的学生巫马期说，“吾闻君子不党，君子亦党乎？君取于吴为同姓，谓之吴孟子。君而知礼，孰不知礼”，对孔子不满。巫马期把他的话转告孔子。孔子说，“丘也幸，苟有过，人必知之”，承认陈司败的批评是对的。但他撒谎，是为自己的国君遮丑。在他看来，别国的国君可以批评，自己的国君不行。

鲁定公，是孔子48—58岁时的鲁君。《论语》提到两次，都是向孔子问政，讨论君臣之道（《八佾》3.19、《子路》13.15）。

鲁哀公，是孔子59岁以后的鲁君。《论语》提到他，次数较多，有些是问孔子，有些是问孔子的弟子（《为政》2.19、《八佾》3.21、《雍也》6.3、《颜渊》12.9、《宪问》14.21）。

鲁国的大臣，几乎都是世袭贵族。一是老贵族臧氏，二是新贵族三桓：季氏、叔氏和孟氏。

臧氏，有臧武仲，即臧孙纥，他是臧文仲的孙子，历事成、襄二公，孔子小时候，恐怕就死了。此人很聪明，但不得不逃亡齐国。《论语》两次提到他，一次，孔子讲“成人”（完人），举了四个人，其中有“臧武仲之知（智）”（《宪问》14.12）；一次，孔子说“臧武仲以防求为后于鲁，虽曰不要君，吾不信也”（《宪问》14.14），认为他把防邑（臧氏的私邑）交出来，请鲁襄公不废其后，带有要挟的成分。这两段话，可参看《左传》襄公二十三年。传文说“臧纥致防以奔齐”，最后有孔子语“知之难也。有臧武仲之知，而不容于鲁国，抑有由也，作不顺而施不恕也。《夏书》曰：‘念兹在兹’，顺事，恕施也”。孔子认为，他这么聪明，还逃亡在外，原因是他继承不合法，又参与季氏的废立，既得罪季氏，也得罪孟氏，聪明反被聪明误。

季氏，是鲁国的世卿，世世为鲁国的大司徒，在三桓中，势力最大。孔子时代，所谓季氏，主要是季平子（名意如）、季桓子（名斯）和季康子（名肥）。他们三位，大体上是每人各事一公，季平子事鲁昭公，季桓子事鲁定公，季康子事鲁哀公（从哀公三年起）。《论语》中的“季氏”，所指不一：《八佾》3.1、《微子》18.3的“季氏”是季平子，《子路》13.2的“季氏”是季桓子，《先进》11.17、《季氏》16.1的“季氏”是季康子。“季平子”，《论语》未见。“季桓子”，见《微子》18.4。《论语》提到最多，是“季康子”，一共六条（《为政》2.20、《雍也》6.8、《先进》11.7、《颜渊》12.17—12.19）。《宪问》14.36还提到过“季孙”，不知是季桓子，还是季康子。

《先进》11.24的季子然，是季康子派来，向孔子调查仲由、冉求的人，孔注以为季氏的子弟。司马迁引此，则作“季氏”（《史记·孔子世家》）。

《论语》还提到季氏的家臣，季氏宰阳货和费宰公山弗扰。按孔子的标准，他们也都是乱臣贼子。阳货见《阳货》17.1，公山弗扰见《阳货》17.5。他们都召孔子出仕，孔子动过心。季氏势力最大，孔子很重视，但很不满。

叔氏，也是鲁国的世卿，世世为鲁国的大司马。孔子时代的叔氏，是叔孙武叔。叔孙武叔，名州仇，历事定、哀二公。孔子死后，在朝中毁谤孔子，说子贡比孔子贤的就是他（《子张》19.23—19.24）。看来，孔子和叔氏，关系并不好。

孟氏，也是鲁国的世卿，世世为鲁国的大司空。孔子时代的孟氏有四位：孟庄子（仲孙速）、孟孝伯（仲孙羯）、孟僖子（仲孙貜）和孟懿子（仲孙何忌）。襄公末年的孟氏是孟庄子和孟孝伯。孔子出生后一年，孟庄子就死了。《论语》提到孟庄子，说他是位大孝子，其父（孟献子）死后，他能“不改父之臣与父之政”（《子张》19.18），但没提到孟孝伯。孟孝伯谥孝，应当也是大孝子。昭公时的孟氏是孟僖子。孟僖子亦好礼。他卒于昭公二十四年（前518年），临死前把他的两个儿子，孟懿子和南宫敬叔，托付给身边的大夫，让他们拜孔子为师，但《论语》没提到孟僖子。孔子时代的孟氏主要是孟懿子。他活得比较长，孔子34—71岁，他一直在。孟氏重孝，孟懿子问孝，孔子答曰“无违”（《为政》2.5）。他的儿子是孟武伯（仲孙彘），估计与孔鲤、颜回年龄相近。《论语》两次提到孟武伯，一次是问孝（《为政》2.6），一次是问子路、冉求、公西赤是否算仁人（《公冶长》5.8）。孟武伯的儿子是孟敬子（仲孙捷），他是曾子的学生。《论语》提到曾子有疾，孟敬子问之（《泰伯》8.4）。曾子在孔门弟子中年龄最小，此事可能在孔子死后。孔子和孟氏，关系最好。

《论语》还提到几位孟氏家族的成员。一是孟公绰（《宪问》14.11—14.12），此人见于《左传》襄公二十五年，是一位孔子的前辈。司马迁说，他也是“孔子之所严事”（《史记·仲尼弟子列传》），其特点是“无欲”。二是孟之反（《雍也》6.15），此人即《左传》哀公十一年的孟之侧，年代比较晚。三是子服景伯（《宪问》14.36、《子张》19.23）。子服氏是孟氏的一个分支，他的年代也比较晚。此人和孔门关系非常好，如公伯寮向季氏告密，说子路的坏话，他要杀掉公伯寮；孔子死后，叔孙武叔在朝中散布谣言，说子贡贤于孔子，他也马上报告子贡。[1]

孟氏是三桓中的弱者，与孔门关系最好。

[1] 《论语》中的鲁人还有：林放（《八佾》3.4、3.6）、左丘明（《公冶长》5.25）、孺悲（《阳货》17.20）、阳肤（《子张》19.19）、微生亩（《宪问》14.32）、原壤（《宪问》14.43）、师冕（《卫灵公》15.42）、太宰（《子罕》9.6）、石门晨门（《宪问》14.38）、互乡难与言童子（《述而》7.29）、达巷党人（《子罕》9.2）和阙党童子（《宪问》14.44）。

卫 国

孔子周游列国，主要仕于卫。孔子对卫国感兴趣，是因为“鲁、卫之政，兄弟也”（《子路》13.7），卫国富庶（《子路》13.9），“卫多君子”（《左传》襄公二十九年）。

《论语》提到两位卫君，一位是卫灵公，一位是卫出公，皆孔子所仕。

卫灵公，在位达42年（前534—前493年），是个老朽昏聩的家伙。孔子仕卫，是在他最后的三年。《论语》两次提到他，都不是什么好话。一次，是孔子回到鲁国后，孔子跟季康子说，卫灵公无道。季康子问，那他为什么没有完蛋呢？孔子说，那是因为“仲叔圉治宾客，祝鮀治宗庙，王孙贾治军旅”，他有一批能干的大臣帮他撑着（《宪问》14.19）。还有一次，大约在卫灵公死前，他很担心，死后将有兵祸（晋国将用武力送太子蒯聩入卫），因而问陈于孔子，孔子说，“俎豆之事，则尝闻之矣；军旅之事，未之学也”，第二天就离开了卫国（《卫灵公》15.1）。

卫灵公时，卫国有一批不错的大臣。如吴季札赞美的六君子：蘧瑗、史狗、史䲡、公子荆、公叔发、公子朝（《左传》襄公二十九年）。这六个人，年代偏早，孔子仕卫灵公，有些已经不在。

蘧瑗，即蘧伯玉。司马迁说，蘧伯玉也是“孔子之所严事”，孔子适卫，曾住过他家（《史记·孔子世家》）。他是个爱惜羽毛的人，特爱检讨，认为自己的一生，几乎都是错误（《庄子·则阳》、《淮南子·原道》）。有一次，他派人看孔子，孔子问使者，老先生干什么呢？使者说，“夫子欲寡其过而未能也”（《宪问》14.25），就是这么股劲儿。孔子说，“君子哉蘧伯玉！邦有道则仕，邦无道则可卷而怀之”（《卫灵公》15.7），夸他是君子。

史鳅，即史鱼。孔子夸他为人正直，“直哉史鱼！邦有道如矢，邦无道如矢”（《卫灵公》15.7）。

公子荆，即卫公子荆，孔子夸他追求简朴，生活上，能凑合就凑合，“子谓卫公子荆善居室，始有，曰苟合矣；少有，曰苟完矣；富有，曰苟美矣”（《子路》13.8）。

公叔发，即公叔文子。孔子曾经向公明贾打听公叔文子，看来他是个不苟言笑、不义不取的人（《宪问》14.13）。他死后是以文为谥。公叔文子手下有个大夫叫僎，受他推荐，和他一起在朝中做官，孔子说，“可以为‘文’矣”（《宪问》14.18）。孔子对他很欣赏，认为他当得起这个谥号。

另外，上面提到的“仲叔圉治宾客，祝鮀治宗庙，王孙贾治军旅”，这三个人，也是卫国的能臣，虽然孔子不喜欢祝鮀。

仲叔圉，即孔文子，负责宾客接待，死后以文为谥。有一次，子贡问孔子，孔文子为什么以文为谥，孔子说，“敏而好学，不耻下问，是以谓之‘文’也”（《公冶长》5.15）。孔子对他也很欣赏，认为他当得起这个谥号。

祝鮀，负责宗庙祭祀。这个人，能说会道，孔子用“佞”字形容他（《雍也》6.16）。

王孙贾，可能是卫国的大司马。当时，有句俗话，“与其媚于奥，宁媚于灶”，即与其给奥神拍马屁（奥是室内的西南角），不如给灶神拍马屁，类似今语“县官不如现管”。王孙贾问孔子，这话是什么意思，孔子说，这话不对，如果得罪了上天，求什么神也没用（《八佾》3.13）。

卫国的坏人，《论语》提到，主要是卫灵公的夫人南子和宋朝。

南子，是美女。子见南子，见《雍也》6.28，子路对孔子不满，孔子对天发誓，说如果我有非礼的想法和举动，就让老天抛弃我。

宋朝，是美男，通于南子。太子蒯聩丑之，欲杀南子，事败奔晋，为卫灵公死后的乱局埋下祸根。孔子讨厌以口才和美色取悦于人，他说，“不有祝鮀之佞，而有宋朝之美，难乎免于今之世矣”（《雍也》6.16）。

卫灵公死，晋赵简子用武力送太子蒯聩入卫，卫立蒯聩子，为出公，形成父子争政的乱局。冉有曾拿伯夷、叔齐的故事试探孔子（伯夷、叔齐嫉恶如仇，非其君不事），看他是否打算留在卫国，结果证明，孔子不愿留在这个乱邦之中（《述而》7.15）。后来，孔子再度返回卫国，仕卫出公，在他看来，大局已定。这时，子路问孔子，他的施政纲领是什么？孔子说是正名（《子路》13.3）。[1]

[1] 《论语》中的卫人还有：棘子成（《颜渊》12.8）、公明贾（《宪问》14.13）、卫公孙朝（《子张》19.22）、仪封人（《八佾》3.24）、荷蒉而过孔氏之门者（《宪问》14.39）。

宋国

孔子60岁，途经宋国，险遭司马桓魋杀害，事见《述而》

7.23。孔子遭此大难，说“天生德于予，桓魋其如予何”，这是他的精神胜利法。司马桓魋，是司马牛的兄弟。司马牛是孔子的学生。前481年，司马桓魋作乱，司马牛的兄弟，除他，全都参加作乱，让他觉得很丢脸。他说，谁都有兄弟，就我没有，子夏安慰他，说“四海之内，皆兄弟也”（《颜渊》12.5）。

郑　国

郑国的大臣，要属子产名气最大。司马迁说，子产也是“孔子之所严事”（《史记·孔子世家》）。孔子60岁，途经郑国，子产已经去世。子产，即公孙侨，历事简、灵二公。子产当政，有四臣襄助：冯简子、子大叔、公孙挥和裨灶（《左传》襄公三十一年）。孔子说，郑国的命令，是由四个人起草，“裨谌草创之，世叔讨论之，行人子羽修饰之，东里子产润色之”（《宪问》14.8）。世叔即子大叔，行人子羽即公孙挥，裨谌即裨灶。孔子说，子产是“惠人”（《宪问》14.9），他“有君子之道四焉：其行己也恭，其事上也敬，其养民也惠，其使民也义”（《公冶长》5.16）。子产之政宽，惠民是子产的特点。

陈　国

孔子61—63岁，曾仕陈湣公。他提到一位陈司败（相当其他国家的司寇），见《述而》7.31，前面讲鲁昭公，我们已经提到。

楚 国

孔子评价各国政要，曾拿子产、子西和管仲作比较（《宪问》14.9）。他提到的子西是楚昭王的令尹，即楚公子申，令尹子西。孔子对他的评价不好，前面讲管仲，我们已经提到。

孔子63岁，到过楚国边境的叶县，见过沈诸梁，即叶公子高。他在《论语》中出现过三次：一次是叶公向子路打听孔子的为人，当时孔子还未和叶公见面，他先见的是子路（《述而》7.19）；两次是叶公直接和孔子谈话，一次是问政（《子路》13.16），一次是论直（《子路》13.18）。

下面，我们再讲一下“隐逸之士”。

隐者躲藏，逸者逃避，都是政治上的不合作者。不合作，以死抗争，不值，要么隐逸山林，躬耕垄亩，要么佯狂避世，隐于市，隐于朝。这类人物，主要集中在《微子》篇，其他各篇也有。孔子对他们很敬佩，但他们对孔子看不起。他们是知其不可而逃之，孔子是“知其不可而为之”（《宪问》14.38）。“知其不可”是共同点，为不为，分歧就大了。不过，尽管如此，孔子对他们很敬佩，因为这是古风，微子、箕子、比干、伯夷、叔齐，这些合格的仁人，就是他的好榜样。

隐 士

长沮、桀溺，见《微子》18.6，是孔子周游列国时碰到的两位隐者，“长沮、桀溺耦而耕”，他们都是靠种地为生，孔子使子路问津，受到他们的嘲笑。

荷蓧丈人，见《微子》18.7，也是孔子在路上碰着的。他是个种地的老头，孔子向他致敬，他也嘲笑孔子。

逸 民

《微子》篇的逸民，多半是孔子以前的人物，已经收入第七章。[1]只有《微子》18.9讲的八个乐师，“大师挚适齐，亚饭干适楚，三饭缭适蔡，四饭缺适秦，鼓方叔入于河，播鼗武入于汉，少师阳、击磬襄入于海”，属于这一时期。这些乐师，都是鲁乐师，他们的四处逃散，正是“礼坏乐崩”的象征。其中大师挚，就是《泰伯》8.15的“师挚”；击磬襄，就是孔子的音乐老师师襄子（《孔子家语·辨乐》）。

[1] 《微子》18.1的微子、箕子、比干是殷末的不合作者，《微子》18.11的周八士估计也是投靠周文王的殷臣，《微子》18.8的伯夷、叔齐、虞仲、夷逸、朱张、柳下惠、少连也是两周时期的不合作者。这些人物，我们在第七章已做过讨论。

狂人和怪人

楚狂接舆，是孔子在楚国碰见的狂人，见《微子》18.5。他也嘲笑孔子。

子桑伯子，是个凡事求简的狂人，见《雍也》6.2。据说，孔子见子桑伯子，他是光着身子，简到衣服都不穿（《说苑·修文》）。

原壤，是个不拘礼节的人，见《宪问》14.43。孔子上他家，他很无礼，两腿平伸，屁股坐在地上，用所谓“箕踞”的坐姿待客。孔子跟他打小就认识，认为他从小就没教养，老了还如此放肆，气得不得了，使劲用棍子打他的腿。[1]

[1] 前人也把《八佾》3.24的仪封人（卫人）、《宪问》14.38的石门晨门（鲁人）、《宪问》14.39的荷蒉而过孔氏之门者（卫人）列入隐逸之士。但我们从原文看不出这一点，前两人还是小吏。又《论语》中的微生高（《公冶长》5.24）和卞庄子（《宪问》14.12），年代不详。后者为鲁卞邑大夫，以勇出名。

孔子品评人物，特点是厚古薄今：好人，古代多；坏人，现在多。现在的人，今之从政者坏人多，道德反而在隐逸之士。隐逸之士，好是好，但他不效仿，他的活动圈子，还是官场。他才不走与工农兵相结合的道路。

九　孔子是怎么变成圣人的

孔子不是圣人，不是古人所说本来意义上的圣人。他老人家活着，不是圣，只是人；死了，才变成圣人，一摞摞高帽往头上扣，圣得吓人。后人说的圣人和孔子说的圣人，根本不是一回事。

历史上的孔子有两个，一个是《论语》中的，有血有肉，活生生；一个是孔庙中的，泥塑木胎，供人烧香磕头。前者是真孔子，后者是假孔子，哪个更可爱？

五四运动，表面上是批孔子，其实是救孔子。孔子安然，孔子无恙。很多人不理解，批孔子怎么救孔子。我说，去其神圣外衣，还其本来面目，就是救孔子。去掉假孔子，留下真孔子，有什么不好？这是我们帮他恢复做人的尊严，这是我们对他的人文关怀。

孔子多变，两千多年，形象不断变。孔子从一普通人变成圣人，这是个历史过程。很多读《论语》的根本不思考，孔子的圣人头衔是怎么来的。他们还以为，这是天经地义。

下面，我把这个变形记讲一下。说实话，这是我读《论语》的主要收获。

圣人是什么意思？

“圣人”这个词，孔子时代谁都说。《墨子》也好，《老子》也好，其他子书也好，所有古书都用这个概念。我把古书的说法归纳一下，让大家看看，圣人的本义是什么。

（1）圣人是无所不知、无所不晓的聪明人。[1]

[1] 参看宗福邦等主编《故训汇纂》，北京：商务印书馆，2003年，1835—1836页。

朱骏声说，“春秋以前所谓圣人者，通人也”（《说文通训定声·鼎部第十七》）。圣人是无所不知、无所不晓的聪明人。

古人所谓聪明，聪是耳聪，明是目明。古文字，圣和听、声二字同源。圣是聪明，但特别指聪，即耳朵灵。俗话说，眼见为实，耳听为虚，但耳朵比眼睛，得到的消息更多，了解的范围更广。古人有个说法，“闻而知之谓之圣”（《素问·至真要大论》，林亿等新校正引《难经》）。这是圣字的本义。

当圣人，一定要聪明，耳顺很重要（孔子是60岁才达到耳顺）。但年纪再大一些，耳又聋来眼又花，看不见人也听不见话，就该让位了。上博楚简《容成氏》讲尧、舜禅让，说他们老了，“视不明，圣（听）不聪”，可见原来是聪明人，不聪不明了，才让位给另外的聪明人。这是上古禅让的本义。

古人说，圣人治理天下，“参于天地，并于鬼神”（《礼记·礼运》），但他们只是天地之间的人，不同于鬼神。圣人是人，但不是一般人，而是聪明人；不是一般的聪明人，而是特别聪明的人。孔子心目中的圣人，是这种聪明人。我们要知道，古代贵族制，只有贵族，才是聪明人。天生聪明，绝顶聪明，是贵族血统论的概念，全世界如此。

圣人是人中极品。孔子品题人物，这是最高一级。古人说"万人曰杰，万杰曰圣"（《白虎通义·圣人》引《礼别名记》），那都是出类拔萃的人物。

（2）圣人是南面听治、统治天下、安定万民的人，古代的用法实与圣王同义，没有权位不能当圣人。

"天地养万物，圣人养贤以及万民"（《易·颐》的彖辞），"天地感而万物化生，圣人感人心而天下和平"（《易·咸》的彖辞）。圣人的责任是养万民，治天下。所谓圣人，都是南面听政的人。听即圣也。

圣人本来是王者，古书绝无异词。如：

> 圣人南面而听天下……（《易·说卦》、《礼记·大传》）
>
> 是故圣人南面而立，而天下大治。（《礼记·礼器》）
>
> 圣人以治天下为事者也……（《墨子·兼爱上》，三次出现）
>
> 圣人无心，以百姓心为心……圣人在天下，怵怵；为天下，浑其心。（《老子》第49章）
>
> 夫贵为天子，富有天下，名为圣人。（《荀子·王霸》）

（3）圣人是各种发明的集大成者，不是自己发明，也是臣下发明。

《世本·作》把上古发明归之于上古帝王。这些帝王，就是所谓圣人：

百工之事，皆圣人之作也。（《周礼·冬官·考工记》）

是故古者圣王制为节用之法……

古者圣王制为饮食之法……

古者圣（人）〔王〕制为衣服之法……

古者圣（人）〔王〕为猛禽狡兽暴人害民，于是教民以兵行……

古者圣王为大川广谷之不可济，于是利为舟楫，足以将之，则止……

古者圣王制为节葬之法……

古者人之始生、未有宫室之时，因陵丘堀穴而处焉……（《墨子·节用中》）

（4）古人说的圣人是尧、舜一类上古帝王，都是死了很久的人。

古人说的圣人，首先是唐、虞之君，其次是三代之王，都是孔子以前的人。《礼记·中庸》："仲尼祖述尧舜，宪章文武。"尧、舜、禹、汤、文、武，是先秦时代大家公认的六大圣人。尧、舜、禹是"禅让圣人"，地位最高；汤、文、武是"革命圣人"，低一点。古人认为，革命不如禅让，孔子也这么看。他心中的圣人，首先是尧、舜：

子贡曰："如有博施于民而能济众，何如？可谓仁乎？"子曰："何事于仁，必也圣乎！尧、舜其犹病诸！夫仁者，己欲立而立人，己欲达而达人。能近取譬，可谓仁之方也

已。”（《雍也》6.30）

子路问君子。子曰：“修己以敬。”曰：“如斯而已乎？”曰：“修己以安人。”曰：“如斯而已乎？”曰：“修己以安百姓。修己以安百姓，尧、舜其犹病诸。”（《宪问》14.42）

圣人的特点是安民济众。孔子说，这样的圣人，他是见不着的：

子曰：“圣人，吾不得而见之矣；得见君子者，斯可矣。”子曰：“善人，吾不得而见之矣；得见有恒者，斯可矣。亡而为有，虚而为盈，约而为泰，难乎有恒矣。”（《述而》7.26）

《礼记·中庸》引孔子的话，也说舜是圣人：

子曰：“舜其大孝也与！德为圣人，尊为天子，富有四海之内……”

孔子活着的时候，子贡就想树孔子为圣人，当即被孔子否认

孔子是“圣人之后”。[1]但他不会自称圣人。他说尧、舜是巍巍乎高不可攀的圣人（《泰伯》8.18—8.19），绝不会自比尧、舜，更不会说，自己比尧、舜还伟大。

孔子不是上述意义的圣人，原因很简单。

第一，他不认为自己特别聪明。他把人按智力分为四等，第一等为“上智”，是“生而知之”的聪明人；第二等为“中人”

[1] 柳若说，子思是“圣人之后”（《礼记·檀弓上》）。《左传》昭公七年，孟僖子说孔子是“圣人之后”，王引之认为“圣人”是指弗父何（《经义述闻·春秋左传下》）。如此说成立，让出君位的贤君，也可称为“圣人”。

之上等，是“学而知之”的普通人；第三等为“中人”之下等，是“困而学之”的普通人；第四类为“下愚”，是“困而不学”的傻瓜。圣人是其中的第一等。我们从他的自我评价看，他绝不是第一等，肯定是第二等。他常说，“吾犹人也”（《述而》7.33、《颜渊》12.13），自己也就是个普通人。

第二，他没有权位，不可能像尧、舜那样，做到“博施于民而能济众”，或“修己以安百姓”，当全国人民的大救星。

后人有崇圣之心，孔子有自知之明，他比后人老实得多。

孔门弟子树孔子为圣人，子贡是第一人。《子罕》9.6提到一件事：

> 太宰问于子贡曰：“夫子圣者与（欤）？何其多能也？”子贡曰：“固天纵之将圣，又多能也。”子闻之，曰：“太宰知我乎？吾少也贱，故多能鄙事。君子多乎哉？不多也！”

文中的“太宰”，不知是谁，估计是鲁太宰。他问子贡说，孔子难道是圣人吗？他的本事怎么这么多？子贡说，我的老师当然是圣人，天生的大圣人，他的本事非常多。孔子听说这事，当即予以否认。他说，太宰了解我吗（他怎么知道我的经历）？我是因为年轻时地位低贱，才会干各种下贱活。本事多是本事多，这跟圣人有什么关系？你看看当今的君子，那些有贵族身份的人，他们有这么多本事吗？没有呀。

显然，他并不接受子贡的恭维。

乱世，本来是圣人死光光，因而没有圣人的时代。但越是乱世，人们越盼救世主，这是规律。前面讲“丧家狗”，就是反映这一现象。值得注意的是，这个故事，恰恰就和子贡有关。故事里，孔子也不承认自己是圣人。他的态度很明确。

孔子死后，子贡、宰我、有若继续树孔子为圣人

读《论语》，我们不难发现，它的很多章都是记孔子晚年的事。孔子晚年，子贡已经成为孔子的主要助手。孔子死后，七大弟子，子贡的地位最突出。特别是，《子张》篇的最后六章（19.20—19.25）讲子贡捍卫老师。这一背景很重要。

孔子死后，孔子受到各种质疑，比如他的学历，还有不少流言和诽谤（《子张》19.20—19.22）。特别是“叔孙武叔毁仲尼”事件（《子张》19.23—19.24），叔孙武叔是三桓之一，地位很高，他在鲁国的上流社会散布流言，说孔子不如子贡贤，对孔子很不利。这种说法越吵越凶，就连子贡的学生子禽（他也可以算孔子的学生）也跑来跟老师说，您也太客气了，孔子哪里比您强。子贡为了捍卫老师，说老师如日月在天，高不可攀，自己和老师没法比（《子张》19.25）。

为了捍卫老师，团结孔门弟子，子贡一定要树立孔子的绝对权威，刻不容缓。他必须扫除老师本人设下的障碍，对圣人的标准做巧妙的修正。

圣人是聪明人，他们是各种发明的集大成者，多才多艺。上面说过，这是圣人的基本特点。子贡心里想，现在的贵族都很

笨，我老师，学问大，谁人能比？起码聪明这一点，他总够了吧？怎么不是圣人？上面，他跟太宰的谈话，就是以孔子的多才多艺作突破口。他的想法是，多才多艺，什么都会，难道不就是“圣”字的本来含义吗？老师谦虚，不肯当圣人，我们不能不管。

孟子说，子贡和孔子有一段对话。子贡问孔子，老师达到“圣”了吗？孔子说，“圣则吾不能”，我能做到的只是“学不厌，而教不倦也”。子贡说，“学不厌”是“智”，“教不倦”是“仁”，您既然已经做到了“仁”和“智”，当然是“圣”而无疑了（《孟子·公孙丑上》）。

子贡的说法是钻空子。读《论语》，我们都知道，孔子说的圣，和仁、智不一样，绝对不一样。

圣比仁高，只有尧、舜一类王者才能叫圣人。仁人是道德高尚者，但不是王者。孔子说的仁人，如微子、比干、箕子、伯夷、叔齐、管仲，都不是王者。他们不是圣人。

圣人是聪明人，没错，但绝不是一般的智者。孔子说，“若圣与仁，则吾岂敢”，我也不过就是“为之不厌，诲人不倦”罢了（《述而》7.34），“为之不厌，诲人不倦”，也作“学而不厌，诲人不倦”（《述而》7.2）。“学而不厌，诲人不倦”是好学者，按孔子的概念，只能算“学而知之者”或“有恒者”。“学而知之者”或“有恒者”是中人之智的上等，根本够不上圣人。孔子自我评价，是这种人。子贡很聪明，他是量体裁衣，就着孔子，打造圣人，和老师的说法相去甚远。

上文提到，孔子明明说，圣人和善人，他见不着，见着的只是有恒者，子贡却说，只要做到“学而不厌，诲人不倦”，就达到了“圣”的标准，这是他的巧妙修正。

孔门弟子树孔子，不只是子贡，还有同样是言语科的宰我，以及他们护佑的小师弟，长相酷似老师的有若。

孟子说，宰我、子贡、有若，“智足以知圣人，汙不至阿其所好”，即他们对老师的价值太了解，绝不是给孔子拍马屁：

宰我曰：“以予观于夫子，贤于尧、舜远矣。”

子贡曰：“见其礼而知其政，闻其乐而知其德，由百世之后，等百世之王，莫之能违也。自生民以来，未有夫子也。”

有若曰：“岂惟民哉？麒麟之于走兽，凤凰之于飞鸟，泰山之于丘垤，河海之于行潦，类也。圣人之于民，亦类也。出于其类，拔乎其萃，自生民以来，未有盛于孔子也。”（《孟子·公孙丑上》）

宰我说，孔子比尧、舜强多了，就像林彪大树毛主席，说他超过了马、恩、列、斯。[1]子贡、有若也说，自有人类以来，没人比得上我老师。老师之于人类，就像兽中麒麟，鸟中凤凰，无人能比。[2]

这些话，孔子做梦也想不到，怎么不是拍马屁？[3]

宰我、子贡、有若之后，圣人的概念乱了套

圣人是乱世的产物，圣人是苦难的产物。

❶“文革”时，有个“伊林·涤西事件”，两个农大附中的学生，就是因为反对这一说法，差点被他的同学塞进冰窟窿。

❷这让我想到了现在的笑话。凤凰台“一虎一席谈”，有好辩狂徒说，孔子“上管五千年，下管五千年”，下管且不说，上管怎么管？都管到新石器时代去了。

❸明《孔子为鲁司寇像》，上面也有“贤于尧舜，日月其誉”等语。

尧、舜既没，圣人之道衰，暴君代作。（《孟子·滕文公下》）

孔子适楚，楚狂接舆游其门曰："凤兮凤兮，何如德之衰也！来世不可待，往世不可追也。天下有道，圣人成焉；天下无道，圣人生焉……"（《庄子·人间世》）

孟子说，尧、舜死后是没有圣人只有暴君的时代。但越是没有圣人，才越需要圣人，没有也得有，甭管真和假。这是造圣的普遍心理（参看本书的题辞）。

孔子死后，不仅孔门弟子说孔子是圣人，墨子的学生也管墨子叫圣人。

我在《丧家狗》中说，老师是靠学生出名，古代和现代一样，学生经常拍老师。有些崇圣卫道者，对我破口大骂，主要就是攻击这一点。他们说，墨子也有很多学生，他怎么没当圣人？还是孔子威望高。我请他们注意下面的话：

子墨子有疾，跌鼻进而问曰："先生以鬼神为明，能为祸福，为善者赏之，为不善者罚之。今先生，圣人也，何故有疾？意者先生之言有不善乎？鬼神不明知乎？"子墨子曰："虽使我有病，何遽不明？人之所得于病者多方，有得之寒暑，有得之劳苦。百门而闭一门焉，则盗何遽无从入？"（《墨子·公孟》）

相里勤之弟子五侯之徒，南方之墨者苦获、已齿、邓陵子之属，俱诵《墨经》，而倍谲不同，相谓别墨；以坚白同异之辩相訾，以觭偶不仵之辞相应；以巨子为圣人，皆愿为

之尸，冀得为其后世，至今不决。（《庄子·杂篇·天下》）

事实上，孔子的学生既然可以把孔子捧成圣人，墨子的学生怎么不会？墨子的学生，脑筋很迷信，他们以为，得病都是不积德（东汉道教讲命算，就是这种想法）。老师既然是圣人，圣人做好事，鬼神该知道，怎么会让老师得病？老师不会得病。

孟子的时代，孔子已经是天经地义的圣人。他对孔子的称呼是"圣之时者也"（《孟子·万章下》），其实也就是当代圣人。鲁迅说，翻成现代话，就是"摩登圣人"。[1]孔子说，圣人都是死人，孟子却说，孔子就是活圣人。这个修正，很重要。从此，圣人的尺度很宽松。不只舜是圣人，文王、周公是圣人，伊尹、伯夷、柳下惠是圣人（《公孙丑上》、《公孙丑下》、《离娄下》、《万章下》、《尽心下》），谁都有可能当圣人。

[1] 鲁迅《在现代中国的孔夫子》，收入《鲁迅全集》第6卷，北京：人民文学出版社，1958年，248—254页。

老师当圣人，这是第一步。老师不当圣人，学生怎么当？孟子既然称孔子为圣人，他的学生就要想，我的老师是不是也可以算个圣人。比如公孙丑就问孟子，您是不是也可以算是圣人了呢？孟子的回答很有意思，他把孔子拒绝子贡的故事照演一遍。孟子板起面孔，对公孙丑说，嘿，你这叫什么话？"圣"这个头衔，孔子都不敢当，你这叫什么话（《孟子·公孙丑上》）？但公孙丑的问题，实在太合理，和子贡当年没什么不同。孟子当圣人，那是早晚的事。后来，孟子果然当了圣人，四配，颜、曾、思、孟，他是其中之一，站在孔子身边，号称"亚圣"。虽然年代晚了点，宋人封的，毕竟是二等圣人（四配是二等圣人）。

其次，不要忘了，诸子拍马屁，还有君王。圣人，老师可以当，领导也可以当。比如神农派的许行，他见滕文公，就说“闻君行圣人之政，是亦圣人也”（《孟子·滕文公上》），当面就拍，一点不脸红。后世帝王都爱“圣”字，谁都往自己脸上贴。

最后，还没完。人都可当圣人吗？这是下一步推论。有一次，曹交问孟子，“人皆可以为尧、舜”，有这种说法吗？孟子说，有呀，只要你穿尧的衣服，背尧的话，按尧的榜样行事，你就是尧（《孟子·告子下》），舜也一样。这和“阿弥陀佛，往生净土”，在道理上是一样的。

谁都可以当圣人，太妙！毛泽东说，“六亿神州尽舜尧”。

孔子死后，圣人的概念乱了套。不仅儒家乱了套，墨家乱了套，道家的说法更逗，干脆拿圣人开涮。

比如《庄子》，公然骂圣人。它说，圣人比君子高，但圣人之外，还有天人、神人和至人（《天下》）；圣人之前，另有一批帝王，如容成氏、赫胥氏等等，比圣人高。[1]圣人，别说尧、舜、禹、汤、文、武，就连三皇五帝都“无耻”（《天运》）。[2]他们都是“已死”之人，“圣人之言”是“古人之糟魄（粕）”（《天道》）。“天下之善人少而不善人多，则圣人之利天下也少而害天下也多”，“圣人不死，大盗不止”（《胠箧》）。上博楚简《容成氏》的开头就是讲这批比圣人还早还高的人。

战国末年，万事俱备，只欠东风。孔子立下的标准，只有一条没修正，等着荀子。孔子说，我没权势，不可能安民济众，当全国人民的大救星，但荀子说，没关系，孔子、子弓都是圣人。他们和舜、禹的区别很小，舜、禹是“圣人之得埶（势）者”，

[1] 《马蹄》：“夫赫胥氏之时，民居不知所为，行不知所之，含哺而熙，鼓腹而游，民能以此矣。及至圣人，屈折礼乐以匡天下之形，县跂仁义以慰天下之心，而民乃始踶跂好知，争归于利，不可止也。此亦圣人之过也。”《胠箧》：“昔者容成氏、大庭氏、伯皇氏、中央氏、栗陆氏、骊畜氏、轩辕氏、赫胥氏、尊卢氏、祝融氏、伏牺氏、神农氏，当是时也，民结绳而用之，甘其食，美其服，乐其俗，安其居，邻国相望，鸡狗之音相闻，民至老死而不相往来。若此之时，则至治已。今遂至使民延颈举踵曰，‘某所有贤者’，赢粮而趣之，则内弃其亲而外去其主之事，足迹接乎诸侯之境，车轨结乎千里之外。则是上好知之过也。”

[2] 子贡树孔子为圣人，给后世留下深刻印象。这段话，故意借老聃的嘴，教训子贡，很有讽刺性。

而孔子、子弓是“圣人之不得埶（势）者”（《荀子·非十二子》）。不得势，照样当圣人，后人叫“素王”，就像斋饭中的素鸡素鸭，当了王，也是个素的，其实是代用品。它相当耶稣，基督教叫“万王之王”，我们叫“大成至圣文宣王”。

班固说，“昔仲尼没而微言绝，七十子丧而大义乖”（《汉书·艺文志》序）。孔子和他的学生死后，“圣人”的概念，真可谓地覆天翻。

朱骏声说得好，“战国以后所谓圣人，则尊崇之虚名也”（《说文通训定声·鼎部第十七》）。

十　“丧家狗”解

读过《史记·孔子世家》的人，谁都知道，“丧家狗”是古书上的典故，它是描述孔子的无所遇，不得志。这个典故，不是一个人讲，而是见于五部古书，讲话人都是非常崇拜孔子的人。我一直认为，这个故事很有深意，它回答了子贡的大问题：孔子是不是圣人？孔子的回答很明确，我不是圣人，要说我像丧家狗，倒是很对很对。

乱世盼望救世主，古今都一样。仪封人不是预言过吗？“天下之无道也久矣，天将以夫子为木铎”（《八佾》3.24）。《韩诗外传》讲这个故事，也很有意思。孔子说，他生活的世界太坏，大家都在盼望救世主，因而一定要拉他出来，当这个救世主。但孔子的回答是“丘何敢当”，他说他不当。

这个故事，绝不是侮辱孔子，如果侮辱孔子，孔庙圣迹殿里的《圣迹图》不会有表现这个故事的绘画。

孔庙《圣迹图》的第79石，是讲这个故事。题目是“微服过宋”。这个题目不对，其实讲的是孔子到郑国，而不是到宋国。画面上，孔子立在郑国郭城的东门外。这个东门，现在还在。今河南新郑市的郑韩故城，高大的城墙还立在地面：西边是内城，东边是郭城。郭城的东墙，有个缺口，就是郭城的东门（现在修了个门），孔子离开宋国，从东边来，就是先到这个门。它的位置，是在一个新修的公园，即郑风苑内。我去过那里，很有感受。

孔府收藏的彩绘本《圣迹图》，它的题目比较原始。这个题目，很有意思，是作“累累说圣图”。“累累”，就是“累累若丧家之狗”的“累累”，代指“丧家之狗”，“说圣”是解释圣人。[1]其实，他是以“丧家之狗”自况，用这个比喻解释，他为什么拒绝“圣人”的称号。

[1]《老子》第20章“累兮如无所归”是类似说法。

我在北大讲《论语》，把讲义印成书，是以“丧家狗”为题，原因很简单，因为他是夫子自道，最能反映孔子的真实遭遇。

有些人，不看书，也不看我印在封面上的话，上来就骂。

他们骂错了地方。

他们说，你为什么要标新立异，我说，请你读读《史记》，看看《圣迹图》，我没有任何发明。

他们说，你为什么要把古人讲的“丧家之犬”改成“丧家之狗”，我说，请你读读古书的原文，原文就是“丧家狗”。

他们说，你为什么要把“丧家之狗”的“之”字去掉，我说，请你读读古书的原文，原文既有“丧家之狗”，也有“丧家狗”。

他们说，“丧家之狗”或“丧家狗”的“丧”字应读平声，意思不是无家可归的狗，而是死了人，正在办丧事的人家的狗，我说，不对，就算对，又怎么样？办丧事的人家，主子没了，无人喂养，不一样是这种狗吗？你就是再挖空心思，也没法提升这个词的含义，把它说成圣人吧。

刘苏里先生曾汇集网上的讨论，希望我能和读者交流一下，我写过一封信，不妨抄在这里。

苏里兄：

昨天在电话上，你问，网上对“丧家狗”一词有争论，我是什么看法。你知道，我是不大看网的，我没有注意他们在吵什么。那天开会，责编黄海龙倒是问起，因为旁边有人在谈别的事，我没来得及跟他讨论这个问题。

你也知道，孔子不是一般人，《论语》不是一般书，是个很容易引起争论的话题。那天的会，这个词是引起争论的话题，各种观点有各种解释，好像行为艺术，挨骂是不可免的。

既然问起，我把我的理解讲一下，供读者参考。

第一，我不是什么考据权威，和大家一样，只是普通读者。捧我骂我，都不必拿此说事儿。讨论应该是平等的。

现在的争论并不复杂。我在书里已经把“丧家狗”的出处做了交待，即下面五段话：

> (1) 孔子适郑，与弟子相失，孔子独立郭东门。郑人或谓子贡曰：“东门有人，其颡似尧，其项类皋陶，其肩类子产，然自要（腰）以下，不及禹三寸。累累若丧家之

狗。”子贡以实告孔子。孔子欣然笑曰：“形状，末也。而谓似丧家之狗，然哉！然哉！”（《史记·孔子世家》）

（2）夫子过郑，与弟子相失，独立郭门外。或谓子贡曰：“东门有一人，其头似尧，其颈似皋繇，其肩似子产，然自腰以下，不及禹三寸，傴傴如丧家之狗。”子贡以告孔子，孔子喟然而笑曰：“形状末也。如丧家之狗，然哉乎！然哉乎！”（《白虎通义·寿命》）

（3）孔子适郑，与弟子相失，孔子独立郑东门。郑人或问子贡曰：“东门有人，其头似尧，其项若皋陶，〔其〕肩类子产。然自腰以下，不及禹三寸，儽儽若丧家之狗。”子贡以告孔子，孔子欣然笑曰：“形状，末也。如丧家狗，然哉！然哉！”（《论衡·骨相》）

（4）孔子适郑，与弟子相失，独立东郭门外。或人谓子贡曰：“东门外有一人焉，其长九尺有六寸，河目隆颡，其头似尧，其颈似皋陶，其肩似子产，然自腰已下，不及禹者三寸，累然如丧家之狗。”子贡以告，孔子欣然而叹曰：“形状，末也。如丧家之狗，然乎哉！然乎哉！”（《孔子家语·困誓》）

（5）孔子出（卫）〔郑〕之东门，逆姑布子卿，曰：“二三子使车避。有人将来，必相我者也。志之。”姑布子卿亦曰：“二三子引车避，有圣人将来。”孔子下步，姑布子卿迎而视之五十步，从而望之五十五步，顾子贡曰：“是何为者也？”子贡曰：“赐之师也，所谓鲁孔丘也。”姑布子卿曰：

"是鲁孔丘欤？吾固闻之。"子贡曰："赐之师何如？"姑布子卿曰："得尧之颡，舜之目，禹之颈，皋陶之喙。从前视之，盎盎乎似有（王）〔土〕者；从后视之，高肩弱脊，循循固得之转广一尺四寸，此惟不及四圣者也。"子贡吁然。姑布子卿曰："子何患焉？汙面而不恶，葭（豭）喙而不藉，远而望之，羸（累）乎若丧家之狗，子何患焉？"子贡以告孔子。孔子无所辞，独辞丧家狗耳，曰："丘何敢乎？"子贡曰："汙面而不恶，葭（豭）喙而不藉，赐以（已）知之矣。不知丧家狗，何足辞也？"子曰："赐，汝独不见夫丧家之狗欤？既敛而椁，布（器）〔席〕而祭，顾望无人，意欲施之。上无明王，下无贤（士）方伯。王道衰，政教失，强陵弱，众暴寡，百姓纵心，莫之纲纪。"是人固以丘为欲当之者也。丘何敢乎？"（《韩诗外传》卷九第十八章）

最后这一条，我是参考许维遹《韩诗外传集释》校订的本子。

这五段话，前四种是一个说法，最后一种是一个说法。我们要注意，这里的第一、二条和第四、五条都作"丧家之狗"，但第三条和第五条还提到"丧家狗"（下划线处），可见"丧家狗"不是我的发明，古人就这么用。大家说，少了"之"字，意思全变，这两条是过硬的反证。

其实，这里问题的关键不在"之"字，而在"丧家"怎么读，下面再说。当然，我把"之"字省掉，也没什么深意，只是为了当书名，读起来比较顺溜罢了。这算不上什么错误。

第二，我使用这个词，不过是按习惯上的用法，并没有任何特殊的发明。大家只要查一下《汉语大词典》（上海：汉语大词典出版社，1997年）1616页，就可以发现，“丧家”一词有两种读法和两种用法，一种是举丧之家，丧读平声；一种是覆亡家族或失去家主，丧读去声。但“丧家之犬”和“丧家之狗”，在书中是归入第二种，都是指丢了家、死了主子的狗。现在的讨论，反而是网民们费心考证提出的新解，和习惯的用法不一样。他们说，“丧家之狗”的“丧家”应该属于第一种。

既然有不同说法，咱们可以讨论一下。好在我已经提供了古书的原文，用不着费太多的口舌。

第三，《汉语大词典》的读法，当然也可以商榷。现在，大家讨论，我们可以重新检查一下古书中的词例：

（1）当“举丧之家”讲的“丧家”，《汉语大词典》引的《颜氏家训·风操》还不是最早。《汉书·游侠传》提到，“涉亲阅视已，谓主人：‘愿受赐矣。’既共饮食，涉独不饱，乃载棺物，从宾客往至丧家，为棺敛劳徕毕葬。其周急待人如此。后人有毁涉者曰‘奸人之雄也’，丧家子即时刺杀言者”，比它更早。汉代肯定有这种用法，但《十三经》里没有见到这种用法。“丧家”是死了人的家。

（2）当“家族覆亡”讲的“丧家”，古书中的例子很多，家和国往往相提并论，如“灭国丧家”、“破国丧家”、“败国丧家”、“倾国丧家”等等，不胜枚举。这种例子中的“丧”字都是作动词用，“家”是“丧”的宾语，表示失去家。《礼记·礼运》提到，“故唯圣人为知礼之不可以已也，故坏国、丧家、亡人，必先去其礼”，是年代较早的例子。

第四，“丧家狗”的出典，第五条和前四条不一样。它们都是汉代旧说，很可能各有来源。前四条，史公的引用最早，更早的来源不清楚。第五条，更早的来源也不清楚。两种说法，我是兼存异说，没做详细讨论，读者提问题，很合理。我把我的想法，作一点老实交待。

首先，我要说的是，韩婴当然比司马迁早，但两种说法，谁早谁晚，不一定。过去辨伪家常说，如果甲书早于乙书，甲书同于乙书，乙书就是抄甲书，这种方法不一定可靠，其实还有它们共抄某书，或分抄不同传本的可能。我们不能说，司马迁就是抄韩婴。这在古书体例的研究上是有很多反证的。更何况，他们的说法，差距比较大。比如相者名，司马迁作“郑人”，韩婴作“姑布子卿”，就不一样。细节描述也很不一样。我的看法是，抄的可能几乎没有。

其次，姑布子卿是赵简子身边的相者，在古代相家中，很有名，不仅见于战国时期的《荀子·非相》，也见于《论衡》的《骨相》等篇。赵简子，始见《左传》昭公二十五年，姑布子卿见孔子，从时间看，没问题，有这种可能，但孔子没去过晋国，只去过郑国，韩婴的说法，相家的色彩太浓，可能是古代相家的传说。从情理上讲，他的说法，反不如司马迁的说法更可信。司马迁把这事放在孔子60岁上。当时，孔子正好路过郑国。郑国才是孔子去过的国家。姑布子卿是赵人，如果说，他是特意上郑国会孔子，恐怕不可靠。还有，我们都知道，司马迁历览皇家藏书，所见多广，后人引用，皆遵此说，这种说法是不容忽略的。

我的书，对“丧家狗”的出典，只引述，不考证，原意是为了避免啰嗦。我没想到，现在会有这等热闹。有人以为我是故意回避《韩诗外传》，回避古书中的异读歧解，那是求之过深。如果真是这样，干吗我还抄《韩诗外传》？

又，顺便说一句，《史记·孔子世家》“累累若丧家之狗”，《集解》引王肃说：“丧家之狗，主人哀荒，不见饮食，故累然而不得意。孔子生于乱世，道不得行，故累然不得志之貌也。”下面的引文就是上引《韩诗外传》。这条注文，我没提，倒是值得注意。我认为，王肃的根据就是《韩诗外传》。他的话很清楚，“丧家之狗”，主要是形容孔子不得志，不是骂他。

我想，大家争论这个词，主要在于，它是死了人的家里的狗呢？还是没了家的狗。这个问题，下面再讨论。我想，这里并没有什么了不起的分歧。王肃的话，似可理解为前一种含义。但即作如此解，也还是无法改变故事的基本含义。丧家狗是死了主子，因而无人喂养的狗，其实也就是无家可归的狗。

我在书里没有就五条引文做细节考证，只是表达了我的宽泛理解，这是我考虑不周的地方，特别是对问题的敏感性估计不足。现在就细节展开讨论，当然是好事。

第五，我想说明的是，“无家可归”，只是大意，不是定义，不是翻译。引文前四条，我只撮述大意，并没注释，也没翻译，更没有进行任何考证，我的懒惰和疏忽，把争论和想象的空间留给了大家。第五条，我同样没讨论，大家也有充分的自由。

第五条的意思主要是，姑布子卿相孔子，想看看这位人称“圣人”的孔子到底像不像圣人。我们要注意，这个故事的象征意义到底在哪里。这才是问题的关键。

先秦古书，无论《论语》，无论《墨子》，无论《老子》，还是其他书，所谓“圣人”，既不是神，也不是普通人，而是聪明绝顶、道德高尚，有权有势，可以安民济众，治理天下的古昔圣贤，特别是指尧、舜、禹。台湾有人写过这方面的考证。上文提到的“四圣”就是这种人。在《论语》中，孔子说得很明确，圣人，他是见不着的。他怎么会说自己是圣人？

读《论语》，我们可以知道，孔子还活着，子贡就出来树孔子为圣人，这是对古代圣人概念的颠覆，孔子不答应，只好作罢。后来，孔子死了，子贡、宰我、有若继续树孔子，一直到孟子、荀子，大树特树，从未停止，但子贡是倡言者。尧、舜是随便当的吗？孔子的态度很严肃，但孟子赞同，“人皆可以为尧、舜”（《孟子·告子下》），这是把圣人的概念彻底庸俗化（毛泽东说，“六亿神州尽舜尧”，人民最爱听）。他这么干，用心良苦，可理解，但概念完全是伪造。这五条，相者的对话者都是子贡，并非偶然。它们都是为了回答子贡提出的大问题：孔子到底是不是圣人。故事是在这样的背景下展开。

当时的人，想法很自然，上古圣人都死光光了，现在的世界这么坏，也该出圣人了。圣人就是救世主。他们盼圣人，盼得好苦，就算没有，也得造一个，和现在的心情一样。子贡的想法很自然，这样的圣人，除了老师，还有谁？

姑布子卿相孔子，答案是，他既像又不像，细节描述不同，但大体意思和《史记》是一样的：孔子有圣人相，但又像丧家之狗。孔子听说后，对“圣人”的说法不赞一词，只承认自己是“丧家之狗”。孔子是圣人吗？他说，“丘何敢乎”？后面的话比这还清楚，“上无明王，下无贤（士）方伯。王道衰，政教失，强陵弱，众暴寡，百姓纵心，莫之纲纪。是人固以丘为欲当之者也。丘何敢乎”，意思是说，有人非拉我出来当他们盼望的圣人，我怎么敢？这是对子贡的正面回答。其态度和《论语》是一致的。

至于“丧家之狗”的说法，原文虽然没有“然哉”等字，但“孔子无所辞，独辞丧家狗耳”，就是肯定的答案。他说，“既敛而椁，布（器）〔席〕而祭，顾望无人，意欲施之”，前面两句是讲敛、葬、祭、奠等仪节，后面两句是讲家里的人都死了，没人喂狗，只好把狗放掉。“施”读为弛。这段话，当然是讲办丧事，但“丧家之狗”是指家里的人死光，狗没了主子，这种没了主子，只好放掉，让它在外面流浪的狗，当然是无家可归的狗。死了主子的狗和无家可归的狗，一点矛盾都没有。

如果大家还不满意，请读下面这段话：

> 当此之时，若失水之鱼，丧家之狗，行不胜衣，言不出口，安能干当世之务，触人主之威，适足以露狂简而增尘

垢。（夏侯湛《抵疑》，收入丁福保《全晋文》卷六九）

湛为西晋初年人，距汉不远。上面的“丧家之狗”与“失水之鱼”互文，“丧家”的“丧”字显然是动词，说成举丧之家的狗，显然不通。历代诗文的用法也都是当动词解，不能说是犯了不可饶恕的错误。

更何况，举丧之家的狗是什么意思？它能给美圣帮什么忙？什么狗都是狗，狗不是骂孔子，只是比喻。古人的这个比喻，再怎么解释，也变不成圣人。

这三个字太厉害。当年，崔东壁见了，马上心惊肉跳，破口大骂。他不想想，司马迁是什么人，他是孔子的崇拜者呀。司马迁讲了这个故事，怎么就成了千古罪人？更何况这是两汉旧说，韩婴讲，班固讲，王充也讲。难道他们都是千古罪人？

研究古书，都知道，崔东壁不仅有护圣卫道的偏见，而且在方法上也有很大的主观随意性。考证的外貌，遮不住卫道的动机。顾颉刚先生对他的卫道有批评，可惜，在古书体例的研究上仍嫌不足，在方法上还不能突破宋代到清代的“引文反证法”。辨伪学本身，现在也是怀疑的对象。这里没有工夫多谈。

现在，这三个字，居然成了可以测试不同观点的行为艺术。爱者见之爱，可以滔滔不绝讲出一番道理；恨者见之恨，也能滔滔不绝讲出一番道理。

古人想不到。

最后，我想说一句，我用“丧家狗”作书名，不是骂孔子，不是比自己，只是为了说明孔子的真实遭遇，知识分子常有的遭遇，我很同情他的遭遇。他有精神，有理想，谁都不否认，问题是精神无所托，理想无所遇。[1]这是事实陈述，不是为了给孔子抹黑。

在上面的故事中，“丧家狗”是和“圣人”相对而言。这有很深的寓意。孔子宁认“丧家狗”，不认“圣人”，是他清醒的地方。

大家可以想一想，从大方向上想一想，哪个说法更贴切。

我把这个故事翻出来，目的不是为了挑起争论，而是为了理解孔子。我不觉得颠沛流离的孔子，就比死后冠以各种头衔的孔子更少光辉。我喜欢的是那个活生生的孔子，而不是泥塑木胎，端坐在孔庙当中受人膜拜的孔子。我的目的，是要彻底破除历代崇圣、美圣的虚伪说法，还孔子以本来面目，[2]这有什么不对吗？

一个历史学家，不管为了什么目的，难道可以用信仰、感情代替历史真实吗？

我的观点很明确，也很简单，孔子是个可爱可怜的“丧家狗”，不是本来意义上的“圣人”。我是拿他当“人”来理解，不是当“圣”来崇拜。要骂尽管骂，不用拐弯抹角。

我没有崇圣的心情。对我来说，“圣人”才是骂孔子。我和很多人的文化立场不同，他们的反应很正常。

对于崇圣者，我只能说，你把“圣人”强加给孔子，训诂学的考证帮不了忙。

李　零

2007 年 4 月 29 日

[1] 有人说，孔子有精神家园，不需要找，或孔子有精神，现实世界没精神，当然也没什么精神家园，这是成心抬杠、胡搅蛮缠。

[2] 我说的孔子，是历史上的孔子，真实的孔子。有人说，历史没有真相，有也不知道，根本无法复原，这都是借口。历史学的认知困境，本来只能提醒我们，如何控制自己在历史空白处的想象，而决不能成为信口雌黄的依据。古人说，“山川而能语，相师面如土；肺腑而能语，医师食无所”。无头公案，不等于推理小说。宋慈《洗冤录》讲什么？开棺验尸。考古干什么？就是把已经失去的东西再端到你的眼前。这些手段，都有局限性，没错，但你要胡说八道，说不定就撞在它的枪口上，它可以马上叫你住嘴。

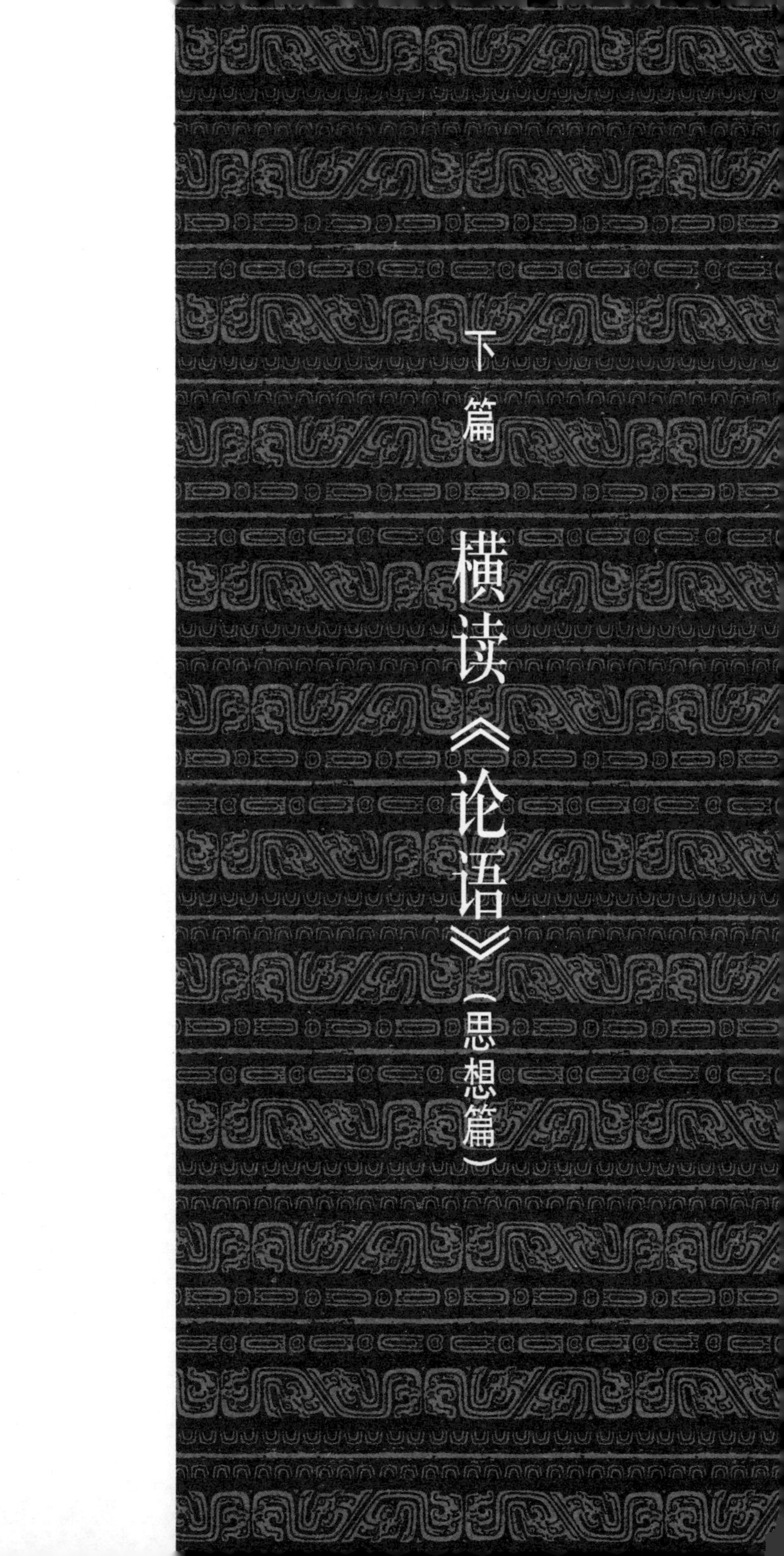

下篇

横读《论语》（思想篇）

十一　周公之梦

本书下篇是思想篇。我想从三个方面解剖《论语》。第一，我想把孔子本人的话，孔门弟子“接闻于夫子”的话（他们从孔子那里听来的话），试着归纳一下，把孔子最重要的想法介绍给大家。第二，我想把他的学术背景和宦游经历分析一下，看看他内心深处的矛盾到底在哪里。第三，作为最后的话，我想总结一下，我们从《论语》学什么。

研究《论语》，首先，有一点绝对不能忽视，孔子是个什么样的人，我们要从他的历史角色去了解。我先讲一下他的阶级立场和历史观。

孔子的思想是贵族本位

中国历史和欧洲历史，最大不同是两点。第一，中国的政教结构，自秦汉以下，一直是天人分裂，政教殊途，国家为冠，宗教为履，国家一元化，宗教多元化。它的文官政治很发达，读书人都是以仕途为终身大事，跟老百姓不一样，宗教感不太强烈；第二，中国的社会结构，人分三六九等，照样不平等，但除皇上，早就没什么像样的贵族，就是皇上，该打倒也照样打倒，一点不客气。这个传统，不是一下子能形成，但孔子那阵儿，已经开了头。他生活的时代，“礼坏乐崩”。什么叫“礼坏乐崩”？主要就是贵族传统大崩溃。孔子是生活在这样的时代，我们不要忘记。

孔子的思想，并不复杂。他对他生活的时代很不满意，觉得当时的贵族太不像话，不像从前的贵族，有道德，有学问，懂规矩，有一套老礼儿。这样的贵族，他叫君子。贵族社会最讲血统，但孔子那阵儿，一切乱了套。当时的贵族，徒有身份地位，却无道德学问，让他看不惯，就像司汤达的小说《红与黑》，当时的贵族，于连看不起，他比贵族会背拉丁文。

马克·吐温写过一个故事，叫《王子与贫儿》，我特别喜欢。人和人，地位悬殊，很难沟通，如同鸟兽，难与之言。换位思考，就是不一样。王子与贫儿，互相换着当，彼此都学到很多东西。这个故事很深刻。

鲁迅说，“有谁从小康人家而坠入困顿的么，我以为在这途路中，大概可以看见世人的真面目”（《呐喊》自序）。[1]这是讲自己和自己换位，前后易位。他的话也是深有体会。

孔子，祖上是宋国的大贵族，父亲在鲁国当过邑宰（相当后世的县令），本来也有点地位。但他是庶出，爹又死得早，小时候，既贫且贱，前后对比很强烈。他羡慕贵族，不是眼前的贵

❶《鲁迅全集》，第1卷，北京：人民文学出版社，1956年，3页。

族，而是早先的贵族。他和于连不一样。于连，嫉妒中深藏仇恨，只想取而代之。他不是这样。

孔子的学生，很多都是苦孩子，但不一定是世世代代苦出身，而是跟他类似，往上追个三五代，没准儿也是世家子弟。这些人，只要肯纳见面礼，向他交十条干肉，他就教。他自己说，这叫“有教无类”（《卫灵公》15.39）。其实，他们都是社会的游离分子和边缘人。子夏说，“四海之内，皆兄弟也”（《颜渊》12.5）。这种不能归类的一类，本身就是一类。他们是为了同一个目标，走到一起来了。

孔子开门授徒，什么人都教，甚至连犯过罪的人都教（如漆雕启、公冶长），似乎很博爱，但我们不要以为，孔子是个不讲出身，认同劳动人民的人。其实，真正了解孔子，你会知道，他比贵族还贵族。他教苦孩子，不是让他们接茬儿当苦孩子，而是当君子，不是当当时的君子（很多都是伪君子），而是当古代的君子（他心目中的真君子），做个榜样，给当时的贵族看。

他的一切思想都是以君子为中心。他的理想国是君子国。君子国里的君子，不但有道德学问，还有富贵功名。这是他的理想。

孔子是个复古主义者

孔子认为，好人多生活于古代，道德和历史是戗着走。先秦诸子，几乎都这么想。他们几乎都是复古主义者。不是复古主义者，倒是怪事。战国时期，即使最激进最务实最标新立异的法家，也不能不拿古代说事儿，借死人吓唬活人。当时人都相信，谁懂古事越多，学问越大。他们都是贵古贱今，以古非今，就是标新立异，也要拿出点儿古代依据。这是当时的风气。

《论语》有两段话，可以说明孔子的特点：

子曰："述而不作，信而好古，窃比于我老彭。"（《述而》7.1）

子曰："我非生而知之者，好古，敏以求之者也。"（《述而》7.20）

他说，我是个信古、好古的人，只传旧说，不创新说；他说，我不是生而知之的人，只是比较勤奋的人，我的知识，全是从古代学来的。

孔子说的"古"，唐、虞以上，什么容成呀、什么黄帝呀，他不讲。他所谓的"古"，远古止于唐、虞，近古限于三代。东周以来，是近现代。他的历史视野，是由这三段构成。

孔子的历史知识从哪儿来？子贡说，孔子学无常师，"文武之道，未坠于地，在人"（《子张》19.22）。什么人？不知道。他看过什么书？也无法全知道。我们只知道，他很推崇六种古书，即所谓六经。他的历史知识，主要来自三本古书，古代，主要是《诗》、《书》，特别是《书》。近现代，主要是《春秋》。《春秋》十二公，他主要生活在襄、昭、定、哀，春秋最晚这一段。这段历史，他体会最深。复古的出发点，是在这里。

孔子的复古主义，不是为复古而复古，就像欧洲的"文艺复兴"，所谓复古，其实有很强烈的现实目的。他是借古代批判现实，借古代寄托理想，目的是改造社会，挽救世道人心。

古人批判现实，绝不会相信未来，只会相信过去，特别是离他们最近的某个盛世，就像冬天太冷，怀念夏天，夏天太热，又怀念冬天。

他理想的君子国，主要是西周盛世，他批判的小人国，主要是东周季世。这是最主要的对比。

他是身在东周，心在西周。

孔子复古，并不是越古越好

读《论语》，我们要注意，孔子复古，并不是越古越好。唐、虞，人无异辞，大家都说好，他也说好，但基本上是敬而远之，束之高阁。

《论语》讲禹以下的夏、商、周三代，主要是讲礼，即制度沿革。这才是正题。

在孔子的心目中，三代是三个前后相继的朝代。这三个朝代，都是阶级社会，充满不平等。不平等，就会出乱子。对付乱子，有软硬两手，一手是刑，一手是礼。礼是维持君子关系的规矩，刑是对付小人作乱的手段。孔子认为，礼比刑更重要（《为政》2.3）。

孔子说，“君子和而不同，小人同而不和”（《子路》13.23），“和”是和谐，“同”是平等（什么都一样）。有若说，“礼之用，和为贵”（《学而》1.12）。礼是以身份定位，君臣上下，老师和学生，都跟父子关系一样，每个人要本分，承认长幼尊卑，要的就是不平等。大同社会，孔子也欣赏，但他认为，那是超级乌托邦，虚无缥缈，搁三代，是小人之道。墨子尚同，在阶级社会，讲共产主义，按孔子的标准理解，就是小人之道。

小人之道，是拿小人的标准整齐社会：我穷，你也穷；我乱，你也乱。孔子想，这怎么行。他的标准是礼。在他看来，只要君子都彬彬有礼，安定团结，一片祥和，小人又能怎么着，自然而然，也就安居乐业了。

孔子说，三代制度，核心是礼：

> 子张问："十世可知也?"子曰："殷因于夏礼，所损益可知也；周因于殷礼，所损益可知也。其或继周者，虽百世可知也。"（《为政》2.23）

> 子曰："夏礼吾能言之，杞不足征也；殷礼吾能言之，宋不足征也。文献不足故也，足则吾能征之矣。"（《八佾》3.9）

他相信，三代相因，有连续性，主要在礼制的损益。我们只要能把握这种损益，这儿加一点，那儿减一点，就能做长程预测，不是"三年早知道"（有个老电影叫这个名），而是三千年早知道。这个想法很诱人，但实际做起来，谈何容易。后人总是苦于史料不足。杞为夏后，宋为殷后，都保留了早期的东西。从宋推殷，从杞推夏，是个好办法（类似现代人类学的办法），但这个办法也不可靠，史料缺环，实在太多。

三代文明，孔子是各有所取：

> 颜渊问为邦。子曰："行夏之时，乘殷之辂，服周之

冕，乐则《韶》、《舞（武）》。……”（《卫灵公》15.11）

颜渊问怎么治理国家？孔子的回答有点怪，不是富国强兵，而是日常生活，个人可以享受到的日常生活。[1]他说，历法是夏代的好，车子是商代的好，帽子是周代的好，音乐是古典的好，最好把不同时期的好捏一块儿。这话，表面是讲日常生活，其实是讲礼乐制度。《韶》是舜乐，《武》是周乐。他最喜欢的音乐是《韶》，《韶》比《武》，更古典。

[1]《先进》11.26，四子言志，子路、冉有、公西华，其志不在小，而夫子独与点，是同一个道理。

这是他的复古主义——浑身都要古典。但他最欣赏，还是周，并不是越古越好：

子曰：“周监于二代，郁郁乎文哉！吾从周。”（《八佾》3.14）

在他看来，夏、商太简朴，不如周，文明程度高。夏、商质胜于文，周人文胜于质。

文和质，哪个更重要，这是先秦诸子争论的大问题。

古人早就有一种看法，发展必然带来腐化，必然带来道德上的堕落，但也有人认为，情况正好相反，只有发展才能拯救道德，发展的弊病还要靠发展来解决。这种争论，是个永恒话题，即使现代人，也还在为这样的问题而困惑。

孔子的时代，贵古贱今是主流。古人说，古代总比现代好，好在哪儿？好就好在比现代朴素。《墨子》批判孔子，《老子》批判孔子，都这么讲，他们的复古目标都比孔子远。孔子虽然也崇尚古代，但对古代却颇有保留。三代，大家说好，他也说好。但他的讲法是，周已经吸收了前面的好，比夏、商都好。

有一次，棘子成说，君子只要有“质”就够了，何必还追求“文”。子贡不同意，说可惜呀，你这么讲君子，真是“驷不及舌”，话一出口，就收不回去了。其实，“文犹质也，质犹文也”。虎豹有皮，犬羊也有皮，如果没有毛色和花纹的不同，它们还有什么区别（《颜渊》12.8）？他是用皮毛打比方，主张文质相须，一样不能少。

孔子说，文和质，都重要，但两样都讲，仍有主从之分：

> 质胜文则野，文胜质则史。文质彬彬，然后君子。（《雍也》6.18）

朴素好，但朴素到不要文明，就成了“野”。“野”是野蛮。周的特点是文胜于质，这种特点叫“史”。“史”是有文化。孔子喜欢周，是因为它文明程度高，特别有文化，君子的味道特浓，礼乐之盛，超过夏、商。

孔子复古，是以周公为楷模

《论语》赞美周，主要是三个人。

第一是周文王：

> 子畏于匡，曰：“文王既没，文不在兹乎？天之将丧斯文也，后死者不得与于斯文也；天之未丧斯文也，匡人其如予何？”（《子罕》9.5）

司马迁说，文王是以宽仁深厚、谦和礼让、善养老人而著称（《史记·周本纪》）。他的谥号是“文”，“文”是文明，也是美德。

孔子以传文王之“文”为己任，当作上天之命。

文王受命有周，身边有很多贤臣，如孔子提到的“周有八士”：伯达、伯适、仲突、仲忽、叔夜、叔夏、季随、季騧（《微子》18.11），就是这样的人。

第二是周武王：

> 舜有臣五人而天下治。武王曰：“予有乱臣十人。”孔子曰：“才难，不其然乎？唐虞之际，于斯为盛。有妇人焉，九人而已。三分天下有其二，以服事殷。周之德，其可谓至德也已矣。”（《泰伯》8.20）

武王是以强毅、勇武而著称。他的谥号是“武”。“武”是表示这类美德。他身边有十个谋臣，靠他们，用武力推翻商朝。商王的势力范围包括三块儿，西为周所居，中为夏土，东为商土。文、武图商，是先统一西土各国，再蚕食夏人故地，最后进攻商。他很聪明，已经取得商代疆域的三分之二，还对商称臣，孔子很佩服。但孔子对武王的暴力革命没兴趣，他更重视，还是文王的文。

第三是周公：

> 子曰：“如有周公之才之美，使骄且吝，其余不足观也已。”（《泰伯》8.11）

> 周公谓鲁公曰：“君子不施（弛）其亲，不使大臣怨乎不以。故旧无大故，则不弃也。无求备于一人。”（《微子》18.10）

> 子曰：“甚矣吾衰也！久矣吾不复梦见周公！”（《述而》7.5）

鲁是周公之后，周礼尽在于鲁。孔子对周公最崇拜。《论语》保留了周公封鲁公伯禽的命辞，就是上面的第二段。

孔子复兴西周，文武之道和周公之道，他更重后者。他的一切梦想，都是托付周公，梦里常见周公。最后梦不见，就是死到临头，没什么希望了。

孔子复古，是为了挽救东周

东周史，特点是乱。《春秋》经传讲什么？就是讲乱。我一直认为，读《左传》，有把钥匙，是下面两段话：

> 初，子仪有宠于桓王，桓王属诸周公。辛伯谏曰："并后、匹嫡、两政、耦国，乱之本也。"周公弗从，故及。（《左传》桓公十八年）

> 大子将战，狐突谏曰："不可，昔辛伯谂周桓公云：'内宠并后，外宠二政，嬖子配嫡，大都耦国，乱之本也。'周公弗从，故及于难。……"（《左传》闵公二年）

这两段话是同一说法的两种记录。辛伯的说法很对，乱的根本是在权力的二元化：国君有两个太太，一个年老色衰，是大太太，一个年轻貌美，是小老婆，大太太的孩子本来是合法继承人，但老家伙一旦爱上小老婆，往往废长立幼。这两个孩子的背后，还有父国的政治势力和母国的政治势力，两帮亲戚抢小孩，非常残酷。特别是执政大臣，地位更重要。如果执政大臣也分两拨，情况更复杂。另外，受宠的小孩，封邑逾制，如同第二个首都，也是祸根。

西周是宗法社会，国是搁在家里边儿。春秋的乱是国乱，国乱起于家乱，天子、王臣先乱，诸侯、卿大夫、陪臣后乱。从上往下乱，从里往外乱。孔子就是看到这一点，才讲以家治国，以德治国。

春秋十二诸侯，孔子宦游，到过周，到过齐，仕于卫、陈，路过曹、宋、郑、蔡，访问过楚的边邑，但足迹从未出于今山东、河南二省。秦、晋、燕、吴、越，他没去过。当时的大国，他只去过齐。

孔子是鲁国人，齐国是鲁国的主要邻国，卫国是他周游列国逗留时间最长的国家。

他最关注的国家，主要是鲁、齐、卫：

> 子曰："齐一变，至于鲁；鲁一变，至于道。"（《雍也》6.24）

> 子曰："鲁、卫之政，兄弟也。"（《子路》13.7）

齐国是东方的第一大国。齐桓公，尊王攘夷，第一霸，曾挽救过东周，在他的头脑里留下深刻印象。他的第一希望是上齐国，用鲁国之道改造齐国。在他看来，齐国改好了，东周就有希望了。35岁，他曾到齐国找工作，被齐景公谢绝。

鲁国是他的第二希望。51—54岁，他在鲁国当中都宰、少司空和大司寇，本想大展身手，干一番事业，也被排挤出国。

卫国是他的第三希望。孔子周游列国，主要是去卫国。他在卫国当过七年官，也一无所获。

孔子想改造齐、鲁、卫，目的是想帮周天子一把，把东周的烂摊子收拾好，把已经根本扶不起来的周天子再扶起来：

公山弗扰以费畔（叛），召，子欲往。子路不说（悦），曰："末（蔑）之也已，何必公山氏之之也？"子曰："夫召我者，而岂徒哉？如有用我者，吾其为东周乎！"（《阳货》17.5）

但他的一切努力，宝是押在统治者身上。他劝统治者痛改前非，跟他学好，无异与虎谋皮，难怪他的努力，全都失败。

他很徒劳，他很无奈。

周公之梦是乌托邦

欧洲古典传说有所谓黄金时代。追求历史上的黄金时代，是复古思想的共同特点。他们的理想国，叫乌托邦（Utopian）。乌托邦，早期都是托古，后来才转到海上，成为"海客谈瀛洲"，"瀛洲"那样的仙境。前者是历史上的虚无缥缈，后者是地理上的虚无缥缈，都是虚无缥缈。

孔子是个理想主义者。他有个梦，是周公之梦，他要率领大家奔西周。这种以退为进的复古思想，也是一种乌托邦。

孔子的周公之梦，是想以鲁继周，但他想不到的是，历史总是同人开玩笑，想进东房却进了西厢。西周的继承者，不是鲁国，而是秦国。

司马迁说，周太史儋有个著名预言，周与秦本来合在一起，后来却分手东西，分开五百年后，它们又合在一起。再过17

年，就会有霸王出来。[1]这个预言，是倒追其事。预言的结果是出发点，即秦王政攻灭东周，做始皇帝。

[1] 司马迁说，历史是30年一小变，100年一中变，500年一大变（《史记·天官书》）。他讲这个预言，一共讲过四次（《周本纪》、《秦本纪》、《封禅书》、《老子申韩列传》）。

秦人，他们的祖先是东夷嬴姓部族的一支，奉少昊为祖先。这批人，早在商代，就从东方西迁，进入山西，进入陕西，进入甘肃。他们的故乡在哪里？就在曲阜。

曲阜是什么地方？是少昊之墟。西周初年，周公东征，在东方建立鲁。鲁就是建在少昊之墟。周人从哪里来？从今天的陕西。

他们是一拨西去，一拨东来，彼此换位。

西周中期，非子邑秦，为周孝王养马，就住在周的身边，这是他们的合。分是西周末年的事。犬戎灭西周，周人弃土东逃，秦襄公护送平王到洛阳，平王曾与秦人誓，如果你们能赶走戎狄，收复失地，这些土地就归你们。后来，秦人沿着周人的足迹，又一次东征，不但收复了西周的失地，还占领了整个东周，向东向东再向东，直到海天茫茫，望不到边。他们才是西周的遗嘱继承人。

秦始皇的混一海内，是一次历史性的大回归。五百年后，当他登临泰山，巡游海上，勒铭于石，宣告他的伟大功业时，他恐怕早已忘记，这里就是其祖先世代居住的地方。

周公之梦，一直是个乌托邦。

王莽、王安石，这两个姓王的儒生都想重温旧梦，但他们都失败了，败得很惨。

乌托邦是永远吸引人类的东西，也是无法实现的东西。

知识分子最迷这类东西。

十二　天命和人性

上面的问题是立场问题。这里的问题是思想问题。孔子的思想，这个问题最基本，很多想法都与此有关。

天人关系是终极问题

读《论语》，有一点，我想提个醒。大家不要以为，孔子是一切古代思想的发明者，什么概念，全是他老人家发明出来的，在他之前没人用；也不要以为，孔子用的概念，就他一人用，其他思想家都不用。比如，有人说，孔子发明了孝，这不是瞎扯吗？你去读读西周金文吧，这个字，早就用烂了。我们别把他说成“前无古人，后无来者”，那样，你就把他老人家彻底孤立起来了。

我们不要忘记，孔子是个复古色彩很浓的人，他讲话，喜欢翻老理儿，特点是“述而不作”（《述而》7.1）。他的很多概念，古人早就用，甚至他的名言佳句，经学者查考，很多也是在他之前，早就有人讲。

比如颜渊问仁，孔子答“克己复礼为仁”（《颜渊》12.1）。这话，据《左传》昭公十二年，“仲尼曰：‘古也有志：克己复礼，仁也。’……”，古书早就讲。“志”是一种讲历史成败的古书。还有，齐景公问政，孔子答“君君臣臣、父父子子”（《颜渊》12.11）。这话，据《国语·晋语四》“君君臣臣，是为明训”，也是古代的名言。

先秦诸子讲话，有两大前提，一个是天，一个是人。天人关系，是宗教问题，也是哲学问题，所有思想家都关心。

现在，大家都说，孔子的思想就是天人合一，这是胡说八道。

战国秦汉，古人最爱讲，不是“天人合一”，而是“天人之分”、“天人之际”。“天人之分”、“天人之际”，都是讲分，即天与人有什么不同，先分开来，再讲两者是什么关系。董仲舒说，“天人之际，合而为一”（《春秋繁露·深察名号》），固然是讲合，但他说的合，是以分为前提，即天和人是分开的，不一样。他认为，只有借助名号，才能沟通二者，把它们再合起来。这是讲天人感应。天人感应是宗教话语。

天人合一，古人不大讲，大讲是宋以来，比如张载。这话，本无深义，有，也是和尚味儿，道士味儿，向宗教话语靠拢。但最近二十年，经“大师”一吹，神乎其神，简直成了绿色和平、环保主义。好像全世界，独一无二，就咱们中国人，不但人跟大自然和谐相处，人和人也和谐相处。[1]这就成了睁眼说瞎话。

[1] 这和1980年代正好相反。当时的时尚是骂祖宗，气急败坏，连中国人吃什么都骂。有人说，我们从一开始就不如欧洲，因为他们吃肉，我们吃粮食，我们是破坏环境的罪魁祸首。

天人合一，中国特色，谁敢怀疑？近二十年，此类说法，不胫而走。谁都说，中国是天人合一，西方是天人分裂。这类说法有什么根据？全是自欺欺人，无知妄想。[1]

[1] 参看李零《中国方术续考》，北京：中华书局，2006 年，新版前言，5 页；又，本书 8—14 页。

天人合一，是宗教话语。早期巫术，天地不分，人神杂糅，就是天人合一。这种天人合一，是混沌状态。只要国家出现，政教僧俗，势必有所分工，这个混沌状态就被打破了。《国语·楚语下》有个古老传说，叫"绝地天通"，就是讲这个道理。"绝地天通"，是断绝天地的来往，由专门的神职人员负责沟通。这当然是分。西方的说法，是"上帝归上帝，恺撒归恺撒"。

中国传统和西方传统，其实都讲分，但政教僧俗，关系不一样，结构正好相反。他们的传统是政教合一：宗教大一统，国家多元化，我们的传统是政教分离：国家大一统，宗教多元化。如果非讲天人合一，那也是他们，而不是我们。我们的传统是突出政治，他们的传统是突出宗教。他们的状态更原始。

什么叫"天人之分"，其实很简单，我可以拿中国古代的兵家做例子。战场上，瞬息万变，跟运气关系最大。

第一，古代兵家，都很迷信，大将身边，养一堆术士、方士。术士"主为谲诈，依托鬼神，以惑众心"，方士"主百药，以治金疮，以痊万病"（《六韬·龙韬·王翼》）。这些专家都是大将依为心腹的人，由他控制，对他负责，不能随便跟士兵乱讲，乱讲要杀头。机密是掌握在将军手里。天机不可泄露。他们对天机，都是又信又怕。

第二，古代兵家，自古就讲兵阴阳，他们上知天文，下知地理，靠的全是占星推式、望云省气、风角鸟情，迷信很多，禁忌很多，当将军的不是不信，也不是全信，聪明的将军对这一套都有所限制，比如《孙子·用间》“先知者，不可取于鬼神，不可象于事，不可验于度，必取于人，知敌之情者也”，《尉缭子·天官》“天官、时日，不若人事也”，都是强调人。

古代的聪明人，他们的态度比较类似这类讲实际的将军，都是讲天人之分，强调人的。

荀子说，“故明于天人之分，则可谓至人矣”（《荀子·天论》）。

司马迁作《史记》，也说“究天人之际，通古今之变”（《报任少卿书》），他说的“天人之际”，也叫“天人分际”（《儒林列传》）。际是分的意思。

这两件事分不清，全是愚夫愚妇。

过去，大家有个印象，孔子对这类终极问题，好像不太关心。比如《论语》有这样的话：

> 子贡曰：“夫子之文章，可得而闻也；夫子之言性与天道，不可得而闻也。”（《公冶长》5.13）

孔子不大讲天道、性命，没错。子贡说，他没听老师讲过。但不讲，不一定不关心。孔子对天人关系到底怎么看，我们可以讨论一下。

孔子对天命和鬼神的看法

天命和天有关。古人讲天，是指人以外的世界，既包括天，也包括地。古人说，天有天神，地有地祇，这是神。人死了，魂飞魄散，归于天地，这是鬼。除此之外，物老成精，还有山精树怪。“天反时为灾，地反物为妖”（《左传》宣公十五年），还有很多超自然现象，古人叫“妖怪”或“灾异”。这些，按古人的概念，都可归入广义的天。人以外，都是天。

过去，大家有个印象，孔子不讲天，光讲人。这个印象不完全对。

孔子对天，当然很重视。但他重视的，不是天道，而是天命。他的想法很简单，武人打仗，要靠运气，文人做官，也要靠运气。怀才不遇，才不才，重要，遇不遇，更重要。中国的读书人，怀才不遇者很多，孔子正是这一类。他关心的，主要不是天道本身，而是天道对人事的支配。俗话说，谋事在人，成事在天。这种天命观，在古代，是常识层面的东西，深文奥义，一点没有。❶

孔子也是人，情绪激动起来，动不动就呼天吁命，跟普通人没什么两样：

> 伯牛有疾，子问之，自牖执其手，曰：“亡之，命矣夫！斯人也而有斯疾也！斯人也而有斯疾也！”（《雍也》6.10）
>
> 子见南子，子路不说（悦）。夫子矢之曰：“予所否者，天厌之！天厌之！”（《雍也》6.28）
>
> 颜渊死。子曰：“噫！天丧予！天丧予！”（《先进》11.9）❷

古人讲天命，天命是天降的命。对孔子来说，是责任感和使命感。

❶ 郭店楚简《穷达以时》：“有天有人，天人有分。察天人之分，而知所行矣。有其人，无其世，虽贤弗行矣。苟有其世矣，何难之有哉！”“……遇不遇，天也……”

❷ 子路死，孔子也这么喊。《公羊传》哀公十四年：“颜渊死，子曰：‘噫！天丧予。’子路死，子曰：‘噫！天祝予。’”“祝”是断的意思，和“丧”类似。

《论语》中有段话：

> 仪封人请见，曰："君子之至于斯也，吾未尝不得见也。"从者见之。出曰："二三子何患于丧乎？天下之无道也久矣，天将以夫子为木铎。"（《八佾》3.24）

仪封人，是卫国边境上的官员。[1]他对孔子的学生说，你们何必为背井离乡而苦恼，天下无道已经很久了，老天将以你们的老师为木铎，用以警醒世人。这是别人讲。他自己也认为，他肩上扛着这种东西。

孔子周游列国，在卫，围于匡、蒲；过宋，遇司马桓魋伐木；适楚，厄于陈、蔡，三次蒙难，三次脱险，在他看来，都是靠老天保佑。比如：

> 子曰："天生德于予，桓魋其如予何？"（《述而》7.23）

> 子畏于匡，曰："文王既没，文不在兹乎？天之将丧斯文也，后死者不得与于斯文也；天之未丧斯文也，匡人其如予何？"（《子罕》9.5）

他说，上天降命于我，就是要我复兴周文王的"文"，我既有天命在身，怕什么？如果老天保佑我，命不该绝，坏人能拿我怎么着？他是靠天命为自己打气。[2]

这些都说明，天对他很重要。

天和人，孔子重人，这是他的特点。但他不是不讲天。不讲天，就超出了当时的常识。

天，古人都怕，谁敢不重视。不重视倒是咄咄怪事。

古人讲天，有两种讲法：一种是讲天本身如何如何，一种是

[1] 元设仪封县，就是以此得名，旧治在今河南兰考县东仪封乡，当地有所谓"请见夫子处"。现在的兰考是由兰仪、考成二县合并而成，而兰仪县又是由仪封、兰阳二县合并而成。

[2] 类似的话还有："公伯寮愬子路于季孙。子服景伯以告，曰：'夫子固有惑志，于公伯寮，吾力犹能肆诸市朝。'子曰：'道之将行也与（欤），命也；道之将废也与（欤），命也。公伯寮其如命何！'"（《宪问》14.36）后来，王莽学他，死到临头，还说"汉兵其如予何"，结果死在乱刃之下。

讲天对人有什么影响。前者是天道，古代的《天官书》、《天文志》，还有各种天论，都是讲天道。这类东西，属于天文学和宇宙论，都是终极性的大问题。古人讲“杞人忧天”，说杞国有人发大愁，害怕天塌地陷，星星砸着脑袋（《列子·天瑞》）。这类问题会不会发生，孔子不关心。他关心的不是天本身，而是天降祸福，对人有什么影响，当下有什么影响。这种和人有关的顾虑，是属于天命的范畴。

在天的问题上，孔子的态度，和《老子》不一样。《老子》才不讲以人为本，它强调的是“人法天，天法道，道法自然”（第25章），对天道本身，喜欢刨根问底，比孔子更关心。

天命，是古代政权合法性的保证。天子是上天授命，君临天下的统治者。古人认为，一个王朝，有上天保佑，才能存在；没有，就会灭亡。这种天意安排，叫天命。所谓“革命”，就是用暴力改变天命，替天行道。比如汤武革命，就是如此。一个朝代取代另一个朝代，都是靠天说话。如西周金文就常有这类说法。

这种想法，一直贯穿于中国历史。早期，这个想法更神圣。

鲁迅说，“孔墨都不满于现状，要加以改革，但那第一步，是在说动人主，而那用于压服人主的家伙，则都是‘天’”（《流氓的变迁》）。[1]

[1]《鲁迅全集》，第4卷，北京：人民文学出版社，1957年，123—124页。

孔子对天，非常敬畏。他熟读《诗》、《书》，当然清楚，他说的圣人，一代传一代，都是靠天吃饭：

> 子曰：“大哉尧之为君也！巍巍乎！唯天为大，唯尧则之。荡荡乎！民无能名焉。巍巍乎其有成功也，焕乎其有文

章！”（《泰伯》8.19）

尧曰：“咨！尔舜！天之历数在尔躬，允执其中。四海困穷，天禄永终。”舜亦以命禹。（《尧曰》20.1）

孔子不喜欢讲天道，但对命却十分看重，和仁一样重要，甚至更重要：

子罕言利，与命与仁。（《子罕》9.1）

他说，君子有三样不可不畏，头一条就是天命，不知命，就算不上君子：

孔子曰：“君子有三畏：畏天命，畏大人，畏圣人之言。小人不知天命而不畏也，狎大人，侮圣人之言。”（《季氏》16.8）

孔子曰：“不知命，无以为君子也；不知礼，无以立也；不知言，无以知人也。”（《尧曰》20.3）

他说的命分两种，一种是死生寿夭，一种是穷达祸福。死生寿夭是性命之命；穷达祸福是命运之命。他认为，这两种命，都是穷人力，竭智巧，最终不能控驭的东西。

《论语》里有段话：

子夏曰：“商闻之矣：死生有命，富贵在天。君子敬而无失，与人恭而有礼。四海之内，皆兄弟也。君子何患乎无兄弟也？”（《颜渊》12.5）

这段话，“商闻之矣”，是接闻于夫子，后面的话，是来源于孔子。[1]

❶ 参看《述而》7.12：“子曰：‘富而可求也，虽执鞭之士，吾亦为之。如不可求，从吾所好。’”

天命是天意天运。天意天运，可改不可改，历来有争论。孔子的想法是不可改，只能认命服命。

天命不可违，是贵族血统论。在命的问题上，孔、墨的态度是对立的。墨子讲迷信，讲得很厉害，但《墨子·非命》专批孔子的命，认为富贵并非天定，从此无法改变。这是大众信仰的特点。中国的老百姓，都信天命，但要造反，就不认这个命。承认这个命，还造什么反？他们一定要说，我是"替天行道"。

命运不可改变，这是孔子的想法，但是不是可以知道？孔子说，可以知道，知道的办法是什么？是占卜。我们从《论语》看，祷告和占卜，他更爱占卜，不是商人的占卜，而是周人的占卜。[1]

比如他自己，就是通过学《易》，才知道自己该出来当官了：[2]

> 子曰："吾十有五而志于学，三十而立，四十而不惑，五十而知天命，六十而耳顺，七十而从心所欲，不逾矩。"（《为政》2.4）

> 子曰："加我数年，五十以学《易》，可以无大过矣。"（《述而》7.17）

孔子对天，态度很简单，充满敬畏。鬼神，他也敬畏，但是敬而远之。敬是敬，但有距离感，不是一味往上贴。

> 樊迟问知（智）。子曰："务民之义，敬鬼神而远之，可谓知（智）矣。"（《雍也》6.22）

在他看来，敬鬼神而远之，是一种比较理智的态度，和愚夫愚妇不一样。愚夫愚妇，太迷信，他们喜欢讲"怪力乱神"，即各种超常超验，充满魔力和神奇的东西。[3]他更重视现实世界，

[1] 参看《八佾》3.13："王孙贾问曰：'与其媚于奥，宁媚于灶，何谓也?'子曰：'不然。获罪于天，无所祷也。'"《述而》7.35："子疾病，子路请祷。子曰：'有诸?'子路对曰：'有之。诔曰：祷尔于上下神祇。'子曰：'丘之祷久矣。'"

[2] 天命怎么知，一般印象，今人靠科学，古人靠占卜，不对。其实，古人和今人，面临的问题差不多，都有人智够不着的地方。够不着的地方，科学也没辙，还是靠猜测，猜测就是占卜的本质。

[3] "怪力乱神"，集解是一字一断，皇疏是两字一断。后说似乎更好。

重视人，超过鬼神。

子不语怪、力、乱、神。(《述而》7.21)

季路问事鬼神。子曰："未能事人，焉能事鬼？"曰："敢问死。"曰："未知生，焉知死？"(《先进》11.12)

这是他对鬼神的态度。

孔子对人性的看法

孔子重人，但对人的身体不关心，不像道家，强调养性命，通神明。他对人的关心，主要是人性。

人性是什么？孔子没说。这个问题也是大问题，先秦思想最大最大的问题。西方讲自然人，讲天赋人权，讲人性异化，都和这个问题有关。

郭店楚简《性自命出》说，"性自命出，命自天降"。人性来自天命，和上面讲过的问题有关。但天赋人性，人和人一样吗？争论就大了。

孔子论人性，只有一句话：

子曰："性相近也，习相远也。"(《阳货》17.2)

这段话，有两点值得注意：第一，他说"性相近"，没说"性相同"，人和人，从一开始就不一样；第二，他说"习相远"，"习"和"性"不同，是后天获得的东西。人和人，差异拉大，主要是后天造成的，先前差距不大，后来大，越拉越大。

人性的"性"字，是来源于"生"字。小孩，刚生下来，细皮嫩肉、白白胖胖，个个招人疼，惹人爱。就是桀、纣，就是希特勒，生下来，也是这样，好像差不多。大了，才不一样，大不一样。这是一般人的印象。但他们是生下来就好，后来继续好，或不幸变坏，还是生下来就坏，后来继续坏，或有幸变好，有四种可能。

善恶是道德概念。道德当然是后天获得。[1]小孩善不善，全是大人的评价，他是调过头来，拿大人的标准评价。孔子认为，人和人，本来差不多，只是后天的习染，才让他们不一样。这是他讲教化的依据。他没说，人性到底善不善，但后人吵得不亦乐乎。老师不讲，学生当然要吵。有多少种可能，就有多少种讲法。

[1] 当然，也有一些伪科学，竭力论证道德是先天就有，还可遗传。

有人说，性无善恶，好像一张白纸，全看你怎么画。比如告子，就这么看（《孟子·告子上》）。他很强调“势”（环境）和“仁义”（后天的道德规范）对性的制约。

孟子批判告子，说人生下来，本性就是善的（《孟子·告子上》）。《三字经》一开头，“人之初，性本善”，根据便是孟子的话。在他看来，人性本善，有“良知”、“良能”（《孟子·尽心上》），学坏是后来的事，教育孩子，就是要保持他的善，使之不为不善。道德和礼义都是从人性自然生发，顺性而为，不是从外部强加，压抑性，扭曲性。他更强调的是“性”（心性、情性），而不是“习”。

孟子的性善论，表面是讲抽象的人性，其实隐含着历史判断。孔子活着的时候，这个世界就乱了套，礼坏乐崩，人很坏，但当时还不够坏。孔子的历史记忆告诉他，西周初年，人不是这样坏，其实很好，人是后来变坏的，原先肯定比较好。从老师的想法推理，孟子可以认为，小孩也是这样，本来好好的，学坏都是后来的事。

荀子批判他说，不对，“人之性恶，其善者伪也”（《荀子·性恶》）。在他看来，人生下来就坏，贪生怕死、好吃懒做、好勇斗狠，浑身都是毛病，必须打小就拿出点规矩，用礼义训练他，约束他，把他那些毛病扳过来。不然，社会就没有秩序。这是性恶论。

荀子讲性恶，更接近告子的说法。他更强调以“礼义”、“法度”、“师法”、“文学”规范人的“性”（《荀子·性恶》）。法家的“释情任法”、“释智任术”、“释人任势”，就是来源于这种理论，都是和孟子的任性说唱对台戏。他的理论，也隐含着历史判断。荀子讲人性，特别强调的是“今之人性”（《荀子·性恶》）。“今之人性”的“今”是战国末年。当时的人很坏，坏得不能再坏。你要生活在这样的时代，恐怕也会觉得，人可能从来就这么坏，压根儿就没好过，不好好收拾一下，解决不了问题。在他看来，道德都是后天人为的善，即所谓“伪善”（《荀子·性恶》）。

这些说法，都是对老师的补充。

和孔子对人性的看法有关，是他对人有差等的看法。孔子既然认为，人性相近，并不相同，他当然要把人分为三六九等。下面两章，就是谈这类问题。

十三　圣人和仁人

读《论语》，很多人都以为，仁是孔子的最高价值，仁人最高，不对。孔子品人，最高一级，不是仁，而是圣。圣人才最伟大，天底下，除了神，就他伟大。仁人，比起君子，是高一大截儿，但和圣人没法比，和圣人比，又低一大截儿。

这两样，常人做不到，活人做不到，伟大的人，都生活在古代，孔子这么想。

大家千万不要忘记，在《论语》一书中，圣人和仁人都是死人，没一个是活着的。

什么叫圣人？要看《尧曰》第一章和《泰伯》的最后四章

孔子时代，所谓圣人，都是东周以前的死人。大家公认，主要是六个人，尧、舜、禹和汤、文、武。前三位是“禅让圣人”，后三位是“革命圣人”。孔子讲圣人，主要是讲“禅让圣人”，特别是它的前两位。

孔子说，“君子有三畏：畏天命，畏大人，畏圣人之言”（《季氏》16.8）。天命，前面讲过，是老天爷的意志，叫你活到初一，你活不到十五，不能不怕。大人，是长官，现在叫领导，你的一切归他管，不能不怕。最后这样，也不得了。所谓圣人之言，都是古代最伟大的人留下的教训。圣人已经死了，但他们的话，仍有权威，你不能不听。

读《论语》，我们要注意，它讲尧、舜、禹，主要是根据《尚书》。比如《尧曰》，《论语》最后一篇，其第一章，是孔子的施政纲领，就是根据尧、舜、禹。它的前三节，估计是抄自古本《尚书》：

> 尧曰：“咨！尔舜！天之历数在尔躬，允执其中。四海困穷，天禄永终。”舜亦以命禹。
>
> 曰：“予小子履，敢用玄牡，敢昭告于皇皇后帝：有罪不敢赦。帝臣不蔽，简在帝心。朕躬有罪，无以万方；万方有罪，罪在朕躬。”
>
> “周有大赉，善人是富。虽有周亲，不如仁人。百姓有过，在予一人。”

《论语》讲唐、虞、夏，主要是讲尧、舜、禹。传说，尧、舜、禹分属唐、虞、夏，不同族，但他们是禅让关系，年代是接着的，也就是一百年左右的事。尧让舜，舜让禹，据说讲了同样的话，就是上面第一节。后面两节，一节是汤的罪己之辞，一节无主语，估计是武王或周公的罪己之辞。这些都是圣人的话。

大家注意，尧、舜、禹是三个人，不是三个朝代，让来让去，不过是三代领导。

禹以下，有所谓夏代。夏、商、周也不同族，但王位世袭，一传好多代，打断世袭，是靠革命。孔子虽讲夏代，但禹承舜，还是禅让，不属朝代史。朝代是他以后的事。

孔子认为，尧、舜、禹最伟大。他夸尧、舜、禹，极尽赞美：

> 子曰："巍巍乎，舜、禹之有天下也而不与焉！"（《泰伯》8.18）

> 子曰："大哉尧之为君也！巍巍乎！唯天为大，唯尧则之，荡荡乎，民无能名焉。巍巍乎其有成功也，焕乎其有文章！"（《泰伯》8.19）

"巍巍"形容山高，"荡荡"形容水大，"焕乎"形容光辉，都是歌功颂德。

孔子夸尧，主要夸他"则天"（武则天名字中的"则天"）："唯天为大，唯尧则之"（《泰伯》8.19），"天之历数在尔躬，允执其中"（《尧曰》20.1）。话和《书·尧典》一致。《尧典》讲尧，三件事，一是命羲、和四子观象授时，二是命鲧治水，三是让位于舜。第一件事，《尧典》说，"乃命羲、和钦若昊天，历象日月星辰，敬授民时"，正是此文注脚。

从前讲天文的，都称《尧典》。

孔子夸舜，主要夸他无为而治。无为而治，不光老子讲，孔子也讲：

子曰："无为而治者，其舜也与（欤）？夫何为哉？恭己正南面而已矣。"（《卫灵公》15.5）

无为而治靠什么？靠能干的大臣。这是以《书·舜典》的叙事为母题。孔子说：

舜有臣五人而天下治。……（《泰伯》8.20）

这五大臣是谁？孔注说，禹、弃、契、皋陶、益。古本《舜典》说，舜有臣22人，四岳、十二牧，外加禹（司空）、弃（后稷）、契（司徒）、皋陶（士）、垂（工）、益（虞）、伯夷（秩宗）、夔（典乐）、龙（纳言）九官（见《史记·五帝本纪》引述）。[1]后面九人，就有这五人。

[1] 四岳算一人。另一说法，是加彭祖，去四岳。见泷川资言《史记会注考证》，上海古籍出版社，1986年，上册，14—15页。

孔子讲禹，讲汤，讲文、武，讲后来的明君贤臣，无不以此为模范。后来，道家讲黄帝君臣，有"七辅"、"六相"。黄帝垂衣而天下治，也都有一批能干的大臣。大臣能干，天子才能无为。

孔子夸禹，主要夸他勤劳俭朴，特别是治水有功：

子曰："禹，吾无间然矣。菲饮食而致孝乎鬼神，恶衣服而致美乎黻冕，卑宫室而尽力乎沟洫。禹，吾无间然矣。"（《泰伯》8.21）

我们读这段话，也要看《书·禹贡》。《禹贡》的重点，就是讲大禹治水。

从前讲地理的，都称《禹贡》。

尧、舜、禹，禹是分界线。禹以前是禅让，禹以后，启代益是世袭，汤、武取天下是革命，都不是禅让。前面三位，是本来意义上的圣人。

孔子心目中的圣人，标准很高。唐虞盛世，还有禹治天下的时代，那是超级乌托邦，他连做梦都不敢想。

这是圣人。

什么是仁人？要看《微子》篇[1]

仁人是拿人当人，推己及人，道德非常高尚的人，不但自己好，还能帮助别人好。他和圣人有什么区别？主要看有没有王位，有，才是圣人，没有，道德再高，也只能算仁人。

孔子所谓仁人，标准是什么？也要看他自己的话。《论语》中的仁人，经他批准，也是六个人：

一是商代的微子、箕子、比干。孔子说，“殷有三仁”（《微子》18.1）。微子逃跑，箕子佯狂，比干死谏，方式不同，共同点是不合作。

二是西周的伯夷、叔齐。他们也是不合作者，而且属于以死明志的一类。孔子说，他们是“求仁而得仁，又何怨”（《述而》7.15），对他们非常佩服。司马迁写他的七十列传，也是以他们的传为第一篇。他俩是道德楷模。

三是东周的管仲。他和前面五位不一样，不但不属于不合作者，还背主降敌，骄奢不知礼。孔子说，他也算仁人。他的学生想不通，我们也觉得奇怪。其实，孔子是有所变通。他说，管仲辅佐齐桓公，尊王攘夷有大功，挽救了中原诸夏，没有他，我们

[1] 还可参看《宪问》14.37—14.40。

都是亡国奴。他是拿恩人当仁人（《宪问》14.16—14.17）。

读《论语》，我们要知道，道德最高尚，孔子最欣赏，主要是《微子》篇中的人物。这些人，或称“逸民”，或称“隐士”。正史有所谓《隐逸传》，就是专收这类人。《微子》篇是最早的《隐逸传》。

古代所谓逸民，多半是遗老遗少，对现实不满，不是躲，就是藏，照理不可能出名，但也有一些，却因此出了名，后人叫“名士”。他们都是拒绝和当局合作的人。[1]

[1] 李零《说名士，兼谈人文幻想》，《三联生活周刊》2006年第20期，126—127页。

不合作，怎么办？主要有三条路（《微子》18.8）：

第一条，是“不降其志，不辱其身”，最讲原则。孔子说，不食周粟，饿死首阳山下的伯夷、叔齐，属于这一类，最冰清玉洁。其实，比干强谏而死，也属这一类。

第二条，是“降志辱身”，环境不好照样待，受委屈就受委屈，但出污泥而不染，原则还是不能丢。孔子说，柳下惠和少连属于这一类。柳下惠，是个忍辱负重的人。他在官场上很不得志，三次被罢官。但他说，他并不打算离开自己的国家（《微子》18.2）。其实，箕子佯狂，也可归入这一类。后世有“大隐隐于朝”或“大隐隐于市”的说法，统治者住哪儿你住哪儿，光讲直道很危险，当然只能装疯卖傻。

第三条，是“隐居放言，身中清，废中权”，干脆隐居山林，躬耕垄亩，躲起来，藏起来，把嘴巴管好，什么都不说。“身中清”，是洁身自好。“废中权”，是讲究策略，能够巧妙安全地溜掉，全身而退。孔子说，虞仲和夷逸属于这一类。其实，微子逃跑也属于这一类。

孔子也是持不同政见者，三条路，挑哪条？他说，他都不挑，“我则异于是，无可无不可”。

第一，隐居山林，不说话，他做不到。他不能忘情于政治，政治都在城里，他才不肯到农村安家落户，跟着老乡种庄稼。他很讨厌种庄稼。

第二，他也不会装疯卖傻，住在城里躲政治。

第三，他也不敢跟统治者硬碰硬，死磕，白白搭上一条命。

他选择的是，跟统治者死缠，原则不能丢，命也不能丢，机会更不能丢，三不丢。他是死下一条心，跟他们反复周旋，死乞白赖劝说他们，这个不听，再找下一个，一直到梦不见周公。

在《微子》篇中，孔子提到的隐逸之士，有些是古代的名人，有些是他周游列国，在路上偶尔撞见的怪人。比如楚狂接舆，比如长沮、桀溺，比如荷蓧丈人，就是他碰见的四个怪人（《微子》18.5—18.7）。

楚狂接舆唱歌讽刺他，歌词是“凤兮凤兮，何德之衰！往者不可谏，来者犹可追。已而已而！今之从政者殆而！”孔子想跟他说话，他扭头就走了。“已而已而”，是算了吧，算了吧，您老还是趁早歇着吧。“今之从政者殆而”，是说当官的都烂透了——你还跟他们废什么话。有个叫微生亩的也问过他，“丘何为是栖栖者与（欤）？无乃为佞乎”，他说：“非敢为佞也，疾固也”（《宪问》14.32），不是我话多，只是他们太顽固。

长沮、桀溺也嘲笑孔子，说举世滔滔，有谁能改变它，你与其跟着“辟（避）人之士”跑，还不如跟着“辟（避）世之士”跑。孔子辩解说，我总不能与鸟兽作伴吧，我不跟人待在一起又跟谁待在一起，如果世道好，我又何必改变它。

荷蓧丈人也看不起孔子，跟子路说，“四体不勤，五谷不分，孰为夫子”，对孔子不肯躬耕垄亩，放下架子种庄稼，非常看不起。

这些人，说话都阴阳怪气，对孔子爱答不理，很不礼貌，但孔子对他们很客气。他们批评孔子，话很难听。孔子听了，情绪不太好。但这一年，他正好60岁，属于他说的“耳顺”之年，他还是听下去了。

孔子和他们的分歧是什么？鲁国的石门晨门说得好，孔子是“知其不可而为之者”（《宪问》14.38），而这些人，正好相反，他们是“知其不可而不为之”。

上述隐士，虽然不是死人，还不配称为“仁人”，但古代的“仁人”都是不合作者，和他们属于一大类。在这个举世滔滔的世界上，只有他们还保持了自己的道德操守。在他们面前，孔子很钦佩，孔子很惭愧。

因为他知道，这些人，虽然于世无补，但论道德，他们最高尚，甚至比自己还高尚。

圣人是死人，孔子绝不会自称圣人

圣人，不是孔子的发明，古人都讲圣人。

圣人也叫圣者，圣是聪明，不是一般聪明，而是绝顶聪明，谁都比不了。但光是聪明就能当圣人吗？也不是。他还得有权有势，坐在唯我独尊的位子上。古人讲的圣人，其实都是圣王，没有权力不能当。这不是我的发明，先秦古书都这么讲。

聪明的统治者才叫圣人。如果翻成现代话，就是“英明领袖”。过去，大臣给皇上拍马屁，喜欢说“皇上圣明”。但孔子是复古主义者，他说的圣人，可不是一般的君主，活着的统治者，都不配当圣人。

古人都怕死人，死人里最大的头儿，就是圣人。说起圣人，谁都肃然起敬。《论语》、《墨子》、《老子》都敬。《老子》讲圣人，比孔子还多，81章里，有三分之一都是拿圣人说事。他们都崇拜圣人。

孔子看人，基本上是倒着看。时光漏斗下的沙子，堆成一个尖儿，圣人是尖儿上的几个人。好人，死人多。坏人，现在多。好人多半生活在古代。圣人是好人中的大好人，他们端坐在历史的高峰上，统治着现在的世界。

这样的圣人，和后世不同。后世的圣人，一是伪，二是烂。

俗话说，好人总是多数，大家都相信。只有庄子抬杠，非说坏人多。他甚至说，“圣人不死，大盗不止”（《庄子·胠箧》）。

庄子的话比较怪，过去不理解，现在才明白。早先，孔子那阵儿，礼坏乐崩，好人就不太多，简直是凤毛麟角，而且越往后越少。圣人稀缺，供给不足，会有两种反应，一种是刺激需求，把大家的胃口吊起来，越没圣人，才越盼圣人，这是子贡等人；

另一种是供给等于零，需求也等于零。乱世讲圣人，越讲越虚伪，让人觉得，有还不如没有，干脆死了算。庄子的话是后一种。从他的话，我们不难窥见，他生活的那阵儿，比起孔子生活的那阵儿，又不知坏上多少倍。

我们要知道，圣人很稀罕。古人说，这样的人，几百年才出一个。

圣人是带复古味儿和宗教味儿的概念。

圣人是什么人？都是死人，没一个是活人。孔子说，他见不着：

> 子曰："圣人，吾不得而见之矣；得见君子者，斯可矣。"子曰："善人，吾不得而见之矣；得见有恒者，斯可矣。亡而为有，虚而为盈，约而为泰，难乎有恒矣。"（《述而》7.26）

圣人都是死人，这点很重要。见着不如见不着，有心理学奥妙。见不着多好，让你使劲想，想也够不着，于是更想。

善人，《论语》五见，含义不太明确，但从这段话看，显然比君子和有恒者要高，估计是相当于仁人。它也是属于死人。

上面讲过，当圣人，必须有两个条件：一是聪明，天生聪明；二是有权有势，能安民济众。没有这两个条件，不能当圣人。

天生聪明、绝顶聪明，是贵族血统论的概念。孔子相信这一点，古人都相信这一点。但孔子没说，他自己就是天生聪明，反而一再声明，我可不是这种人（《述而》7.20）。第一个条件，他说他没有。

第二个条件，孔子也没有。他这一辈子，一共当过14年的官，鲁国4年，卫国7年（两次加起来），陈国3年，他不是国君。

圣人是尧、舜，尧、舜是死人。孔子绝不会自比于尧、舜。

我们称他为圣人，等于骂他。他不可能这么讲。

仁人的头衔也很高，孔子很吝啬，绝不轻易送给谁

孔子提倡仁，仁是很高的道德要求：低于圣人，高于君子。

有一次，子贡问孔子，如果有人能“博施于民而能济众”，这算不算仁？孔子说，这何止是仁，简直就是圣，即便尧、舜在世，都很难做到。他说，仁人不光把自己管好，还能推己及人，施爱于人，“己欲立而立人，己欲达而达人”（《雍也》6.30）。但他手中没有权，推来推去，范围比较小，帮的人比较少，只限于“人”，没法和圣人比。圣人施爱，是“博施于民”，他所救助的人可多了去，不是少数几个人，而是“众”。这里，“人”和“民”可大不一样。孔子说的“人”是君子，专指上流社会的人；“民”是百姓，专指下层社会的普通民众。只有全国人民的大救星，才叫圣人。君子中的模范，只能算“仁人”。

还有一次，子路问孔子，本来是问君子。孔子的答案是“修己以敬”，即把自己的道德搞好，待人很礼貌，很客气。子路问

更高的要求是什么，孔子说“修己以安人”，即不但把自己的道德搞好，还能安定上流君子。这种比君子更高的人，从各方面看，显然是仁人。子路又追问更高的要求是什么，孔子说“修己以安百姓”。他说，“修己以安百姓，尧、舜其犹病诸”，显然就是圣人（《宪问》14.42）。这充分说明，子路问的三种人，一种比一种高：圣人最高，仁人其次，君子最低。“修己以敬”、“修己安人”、“修己安民”，就是不一样。

孔子说的仁人，是很高的头衔，他很吝啬，绝不轻易许人，特别是搞政治的人。

比如，楚国的令尹子文，齐国的陈文子，二子皆有令名。子张问孔子，“令尹子文三仕为令尹，无喜色；三已之，无愠色。旧令尹之政，必以告新令尹”，是不是够得上仁？孔子说，这只能算忠，哪里够得上仁。子张又问孔子，“崔子弑齐君，陈文子有马十乘，弃而违之。至于他邦，则曰：‘犹吾大夫崔子也。’违之。之一邦，则又曰：‘犹吾大夫崔子也。’违之”，是不是够得上仁？孔子说，这只能算清，哪里够得上仁（《公冶长》5.19）。

他们都够不上仁。

还有，孔门弟子，仲由、冉求有政事之才，公西赤谙习礼仪，都是他的得意门生。孟氏家族的孟武伯问他，这三个人够得上仁吗？孔子说，“由也，千乘之国，可使治其赋也，不知其仁也”，“求也，千室之邑，百乘之家，可使为之宰也，不知其仁也”，“赤也，束带立于朝，可使与宾客言也，不知其仁也”（《公冶长》5.8）。

他们也够不上仁。

孔子很清楚，政治是沾血带污的，不能戴着白手套。搞政治的，除了管仲，有旷世之才、救世之功，勉强可称为仁，其他玩政治的，即使很有道德，也够不上仁。不仅能干如子路、子贡者流还远远不够，就是奔走侯门的他自己也有点愧得慌。

有一点，我们要注意，孔子的好学生，他最待见的学生，多半不做官。四科之首的德行科，颜回、闵损、冉耕、冉雍，都是老实巴交、少言寡语。他们，除了冉雍，是个道德水准很高的官员，几乎都不做官，有些还逃官，比如闵子骞。颜回也不做官，光是躲在家里读书，吃粗食，喝凉水，贫居陋巷，不改其乐，简直和隐者差不多。

孔子说，“天下有道则见，无道则隐”（《泰伯》8.13）。他对“隐”非常欣赏，只是行为反是。他所生活的时代，按他的标准衡量，明明属于“无道”，为什么还要抛头露面？

答案是，政治家都讲可行性。“隐”意味着无所作为。他不能忘情于政治，不能放弃一切可以利用的机会。虽然，他心里和明镜一样，真正有道德的人，恰恰是那些生逢乱世而耻于做官的人。

我们只有理解他的内心矛盾，才能明白，为什么他说，“若圣与仁，则吾岂敢”（《述而》7.34）。

圣人和仁人，他自己都不敢当，谁还敢当？

十四　君子和小人

孔子品人，好人，死人多；坏人，活人多。好人，圣人最高，仁人其次。圣人和仁人是生活在好人居多的时代。当时也有坏人，比如桀、纣，孔子不太关心，《论语》里，一句话没有。他更关心好人。《论语》提到纣，是子贡的话。孔子把圣人和仁人摆在人品的最高一级，是想让乱世的人有个对比，当作追慕的对象、学习的榜样。这类人物，前面已说，这里不再讨论。

孔子说的好人，比圣人、仁人低，还有一种，是所谓君子。这对他，对他的学生，是最现实的目标。圣、仁以下的人，可分为两类：君子和小人。君子、小人，儒家最爱讲，不但孔子本人严于君子、小人之分，他的学生，学生的学生，也无不强调君子、小人之分。

孔子说的君子，指名道姓，有哪些人

打开《论语》，孔子讲君子，指名道姓，只有三个人。

一是卫国的蘧伯玉。公元前544年，吴季札访问卫国，曾盛赞卫国的六君子：蘧瑗、史狗、史鳝、公子荆、公叔发、公子朝，说“卫多君子”（《左传》襄公二十九年）。孔子是拿卫国当君子国，周游列国，主要是去卫国。他说，“君子哉蘧伯玉！邦有道则仕，邦无道则可卷而怀之”（《卫灵公》15.7）。司马迁说，“孔子之所严事”，凡六人，其中就有蘧伯玉（《史记·仲尼弟子列传》），他在卫国，住过蘧伯玉家（《史记·孔子世家》）。

二是他的学生宓子贱。他说，“君子哉若人！鲁无君子者，斯焉取斯”（《公冶长》5.3）。

三是他的学生南宫适。南宫适问孔子，“羿善射，奡荡舟，俱不得其死然。禹、稷躬稼而有天下”。孔子不回答。等他走开，孔子说，“君子哉若人！尚德哉若人”（《宪问》14.5）。

这三位，都是与他同时代的人，一位是外国的政治家，两位是他的学生。他们都是很有道德的人。君子什么样？大概就是这样。我们不要以为，孔子心中的君子，就这仨人，其他都不是。其实，君子多得是，并不稀罕，只要道德一流，都可当君子。

君子的本义是贵族，小人的本义是贱民

什么是君子？什么是小人？是个值得讨论的大问题。

君子和小人，不是孔子的发明。在他之前，人们就使用这两个词。先秦古书，使用很普遍，十三经，几乎每部都有这两个词，子书也很普遍。东周金文，也有这个词。荀子说，“君子，

小人之反也”（《荀子·不苟》），它们是一对相反的概念。

君子、小人，古人一直讲，即使晚到清代，大家也讲。后世的用法，主要是着眼于道德高下，比如《儒林外史》，吴敬梓讽刺当时的知识分子，认为他们太无行，反把琴棋书画各擅一能的四个市井细民看作君子。古书和《镜花缘》里也都有海外奇谈的君子国。[1]

[1] 古书所谓君子国，都在海外，如《山海经·海外东经》有君子国，就在海外。《后汉书》和《新唐书》的《东夷传》则以朝鲜、日本为君子国。

道德高，是君子，道德低，是小人，这是后起的概念，孔子以来的概念。孔子以前不一样，至少不完全是这个意思。

君子、小人，从根子上讲，从来源上讲，首先是指出身的不同，它是以血统高贵、血统低贱划分的概念。这是一种阶级概念。

阶级社会，当然要讲阶级分析。什么叫阶级，什么叫阶层，怎么定义，怎么划分，当然可以讨论，但说没有区分，大家都一样，肯定不对。

自有文明，就有贫富贵贱，有贫富贵贱，就有阶级、阶层和各种等级。人都是分为三六九等的。比如贵族和贱民，就是各大文明都有的两大类，最初的两大类。这两种人，甚至都不完全属于古代，其实还有很长的延续和很多的变形，就是文明昌盛的现在，也没有完全消灭。比如种姓制度，还存在于印度；欧洲，仍有许多贵族；美国废奴后，奴隶也没从地球上消灭，全世界，至今仍有两千多万。

君子的本来含义，是贵族社会的成员，甚至包括女成员。[2]贵族社会，是按血缘关系组成。它的成员，只要是同姓（异姓贵

[2] 吕思勉《吕思勉读史札记》，上海古籍出版社，1982年，上册，510页。

族，另当别论），都是国君的后裔，不是已故国君的孩子，就是当今国君的孩子，所以叫君子。贵族社会，上有天子、公侯，下有卿大夫和士，君子是这类人的统称。特别是士阶层，更是这个词所指代的基本人群。

小人的本来含义，和君子相反，是指贵族社会以外的人群，特别是所谓庶人。[1]在《论语》一书中，和它大致相当，还有民、众、百姓等词。民、众、百姓等词，多半是与国君或其他当政者相对，含义比较中性，不太有贬义。小人，在《论语》中则有贬义，往往让人联想到很多负面的概念：生活贫穷，地位低贱，愚昧无知，缺乏道德。

在《论语》一书中，和君子接近的概念是士。[2]士是古代教育的主要对象，也是孔子教育的主要对象。先秦子书，往往把这两个词合起来，叫士君子（如《墨子》、《荀子》）。

古代，与君子有关，还有一个词，是大人。大人与小人相对，含义相反。比如孟子，就总是拿这两个词对着讲，小人是“劳力者”，大人是“劳心者”，“劳心者治人，劳力者治于人”（《孟子·滕文公上》）。孔子三畏有“畏大人”（《季氏》16.8），大人和君子，也是含义接近的词。[3]

前面已经说过，在《论语》一书中，“人”和“民”，对言有别。前者是君子，后者是小人。

孔子为君子重新下定义：身份君子和道德君子

孔子生活的时代，礼坏乐崩，贵族传统大崩溃，君子的概

[1] 小人是否包括庶民以下的贱民，是个问题。《荀子·性恶》：“有圣人之知者，有士君子之知者，有小人之知者，有役夫之知者。”《荀子·哀公》：“人有五仪：有庸人，有士，有君子，有贤人，有圣人。”案：“贤人”低于“圣人”，相当孔子的“仁人”、“善人”。其次，是“士”、“君子”或“士君子”，“士”低于“君子”。再次，是“小人”、“役夫”和“庸人”，“小人”高于“役夫”。“役夫”相当“庸人”，列在“小人”之下。

[2] 《论语》论士，主要有八章。孔子论士有六章：《里人》4.9，《颜渊》12.20，《子路》13.20、13.28，《宪问》14.2和《卫灵公》15.9，曾子论士有一章（《泰伯》8.7），子张论士有一章（《子张》19.1）。另外，《论语》中提到“士”字的地方还有六章。

念，发生大变化。贵族社会的血统论还在，但界限已被打破，变得有点模糊。

西周时期，贵族就是贵族，贱民就是贱民，分别很清楚。孔子认为，当时，最有知识和最有道德的人，都是贵族。贱民相反，意味着愚昧无知，缺乏道德。

孔子的时代不一样，贵族正在全面衰败。

一是处于高端的统治者，他们是真正的贵族，但也最不像往昔的贵族。他们越来越安于享受，不思进取，无论在道德修养上，还是在文化修养上，都不再是社会的楷模。他们变得很懒，很多事都推给下面人去干，因而大权旁落，权力和好处，一层层被下属瓜分。就像一个权力很大的男人，被他的太太，被她手下的丫环奴才架空，伺候得舒舒服服，也控制得严严实实。这种情形，不用找太远的例子，中国末代的皇帝，如明代末年的万历皇帝，就是如此。

二是它的基层，随着氏族分衍，人口增多，血缘被稀释，很多继承谱系上的旁支，即所谓庶子、余子，渐渐失去继承权，没有官做，没有土地，没有实际的地位和收入，日益接近社会的底层，吃祖宗饭，越来越吃不下去。他们在家道中衰和生活困顿中，越来越疏离原初意义上的贵族，但又不肯融入普通的百姓，继续拿糖端谱，摆臭架子。在东周金文中，我们可以读到，很多人都喜欢自报家门，说自己是某某之子、某某之孙，即某些显赫人物的远房亲戚。讲世系的谱牒，也因而发达起来。端谱的谱就是这种谱。这种情形，不用找太远的例子，满清的八旗子弟就是

❸《周易》经常提到“大人”、“君子”、“大君”和“小人”等词。《周易·师》：“上六，大君有命，开邦承家，小人勿用。”“大君”，上博楚简本作“大君子”，马王堆帛书本作“大人君”，双古堆汉简本作“大君”。《荀子》的《仲尼》、《王霸》两篇也有“大君子”一词。我很怀疑，“大君”和“大君子”都是“大人君子”的缩写。

如此。

正是在这种背景下，孔子把君子分成了两种。

一种是处于社会高端的那批贵族，本来意义上的贵族，大富大贵，有身份，有地位。他们，有些可能还有点道德、学问，但很多不一定有。他们是真贵族的真后代，但往往非常堕落，和他们的祖先比起来，怎么看，怎么不像贵族。这是身份君子。

一种是没落的贵族子弟或与他们沾亲带故的下层游民，类似日本浪人那样的人。他们中的很多人，可能越来越没出息，默默无闻，被社会忽视和遗忘，但也有一大批人，从社会底层走出来，成为一种新兴的力量。他们不但比当时的贵族更有知识，还有他们绝不具备的底层经历。他们对上流社会，可能嫉妒艳羡，一心想取而代之，有如《红与黑》中的于连，但也有一些人，古道热肠，留恋过去，一心想挽救衰败的世风。比如孔子就是如此。他想以古代的标准，重新塑造一批新君子。这种新君子，往往出身贫贱，但有道德，有学问，反而比贵族更贵族。他们不是本来意义上的君子，而是道德君子。

孔子说的第一种君子，是和野人或鄙夫相对。野人，是住在乡下的人，靠种地养活自己的人，相当今语的乡巴佬。野人是对国而言，国是首都和都城以外的郊区，野是郊区以外的农村。鄙夫，也是乡巴佬，比野人还土，还愚昧。野人是住在首都附近的乡巴佬，鄙夫是住在边远县邑的乡巴佬，都是身份很低的人。孔子提到野人，只有一次（《先进》11.1）；提到鄙夫，只有两次（《子罕》9.8、《阳货》17.15）。

第一种君子，孔子很少提到，主要有两次。

一次，是批评子贡（《子罕》9.6）。太宰（估计是鲁太宰）问子贡，你这位老师是圣人吗？怎么本事这么多？子贡说，我老师是“天纵之将圣”，本事当然多。他没想到，孔子并不赏脸，竟然说，这位太宰哪里了解我。我年轻时，出身苦，所以能干很多下贱活（“故多能鄙事”），君子有这么多本事吗，没有（“君子多乎哉？不多也”）。这种不会干“鄙事”的君子，就是第一种君子。

还有一次，是他讲自己的学生（《先进》11.1）。他说，早年跟我学礼乐的学生，很多都是野人，后来跟我学礼乐的学生，很多都是君子（“先进于礼乐，野人也。后进于礼乐，君子也”）。这种与野人相对的君子，也是第一种君子。

《论语》提到的君子，绝大多数，都是第二种君子。孔子本人，孔子的学生，主要是以这种君子为目标。

孔子的概念，和贵族血统论，既有联系，又有区别。他讲君子，有两种标准，身份君子是看血统，道德君子是看表现。

他是有成分论，但不唯成分，重在表现，跟当年我们都会背的“阶级路线”相似。

他讲出身，是因为贵族社会崩溃，但还没有完全崩溃。他清楚地知道，在一个贵族势力仍然存在的社会，不讲出身行不通。他自己就是没落贵族，感情上也过不去。

他讲重在表现，是因为贵族社会崩溃，注定要崩溃。在这个风雨飘摇的社会里，他宁愿把自己的希望寄托在一批苦孩子的身上。

君子、小人之分

孔子的学派叫儒家，他是提倡做好人的，但儒家并不一定都是好人。有一次，他对子夏说，“女（汝）为君子儒，无为小人儒”（《雍也》6.13）。可见儒家，也分君子、小人。

君子的特点是什么？我可以举几个例子（只限孔子本人的话）：

（1）子曰：“……人不知而不愠，不亦君子乎？”（《学而》1.1）

（2）子曰：“君子食无求饱，居无求安，敏于事而慎于言，就有道而正焉，可谓好学也已。”（《学而》1.14）

（3）子曰：“君子不器。”（《为政》2.12）

（4）子贡问君子。子曰：“先行其言，而后从之。”（《为政》2.13）

（5）子曰：“君子欲讷于言而敏于行。”（《里仁》4.24）

（6）子曰：“质胜文则野，文胜质则史。文质彬彬，然后君子。”（《雍也》6.18）

（7）子曰：“……君子笃于亲，则民兴于仁；故旧不遗，则民不偷。”（《泰伯》8.2）

（8）司马牛问君子。子曰：“君子不忧不惧。”曰：“不忧不惧，斯谓之君子已乎？”子曰：“内省不疚，夫何忧何惧？”（《颜渊》12.4）

（9）棘子成曰：“君子质而已矣，何以文为？”子贡曰：“惜乎，夫子之说君子也，驷不及舌。文犹质也，质犹文也。虎豹之

鞟犹犬羊之鞟。”（《颜渊》12.8）

（10）子曰：“君子道者三，我无能焉：仁者不忧，知（智）者不惑，勇者不惧。”子贡曰：“夫子自道也。”（《宪问》14.28）

（11）子曰：“君子义以为质，礼以行之，孙（逊）以出之，信以成之。君子哉！”（《卫灵公》15.18）

（12）子曰：“君子矜而不争，群而不党。”（《卫灵公》15.22）

（13）子曰：“君子不以言举人，不以人废言。”（《卫灵公》15.23）

（14）子曰：“君子贞而不谅。”（《卫灵公》15.37）

（15）子贡曰：“君子亦有恶乎？”子曰：“有恶。恶称人之恶者，恶居下（流）而讪上者，恶勇而无礼者，恶果敢而窒者。”曰：“赐也亦有恶乎？”“恶徼以为知（智）者，恶不孙（逊）以为勇者，恶讦以为直者。”（《阳货》17.24）

这15条都是讲君子，小人相反。

在《论语》一书中，君子、小人常常是对着讲。如：

（1）子曰：“君子周而不比，小人比而不周。”（《为政》2.14）

（2）子曰：“君子喻于义，小人喻于利。”（《里仁》4.16）

（3）子曰：“君子怀德，小人怀土；君子怀刑，小人怀惠。”（《里仁》4.11）

（4）子曰：“君子坦荡荡，小人长戚戚。”（《述而》7.37）

（5）子曰：“君子成人之美，不成人之恶。小人反是。”（《颜渊》12.16）

（6）子曰：“君子和而不同，小人同而不和。”（《子路》13.23）

（7）子曰：“君子易事而难说也。说之不以道，不说（悦）

也；及其使人也，器之。小人难事而易说也。说之虽不以道，说（悦）也；及其使人也，求备焉。”（《子路》13.25）

（8）子曰：“君子而不仁者有矣夫，未有小人而仁者也。”（《宪问》14.6）

（9）子曰：“君子上达，小人下达。”（《宪问》14.23）

（10）在陈绝粮，从者病，莫能兴。子路愠见曰：“君子亦有穷乎?”子曰：“君子固穷，小人穷斯滥矣。”（《卫灵公》15.2）

（11）子曰：“君子求诸己，小人求诸人。”（《卫灵公》15.21）

（12）子曰：“君子不可小知而可大受也，小人不可大受而可小知也。”（《卫灵公》15.34）

（13）孔子曰：“君子有三畏：畏天命，畏大人，畏圣人之言。小人不知天命而不畏也，狎大人，侮圣人之言。”（《季氏》16.8）

（14）子路曰：“君子尚勇乎?”子曰：“君子义以为上。君子有勇而无义为乱；小人有勇而无义为盗。”（《阳货》17.23）

总结：孔子品人的标准

孔子品人，分两套标准，一套是道德，一套是智力。道德，主要是上面四种，圣人、仁人和君子、小人；智力，则分上智、中人和下愚。[1]《汉书·古今人表》把人分为九等，就是综合这两套标准。

孔子拿君子、小人作对比，主要是以道德作标准。他说的君

[1]《荀子·性恶》还把勇分为三等：上勇、中勇、下勇。

子，都是讲仁义、孝悌、忠信等道德的人。他们和小人，最大不同是：

（1）君子敬畏天命，敬畏官长，敬畏圣人之言，小人相反。

（2）君子是读书人。读书，是为做官，没官做，只能挨饿，挨饿也要有风度。小人是土里刨食，靠力气吃饭，饿急了，会哇哇乱叫。

（3）君子勤学好问，食无求饱，居无求安，对物质生活不太讲究，对富贵闻达不太在乎，安贫乐道。小人才不安贫，也不乐什么道。

（4）君子不治产业，不靠种地吃饭，他们对乡土不太留恋，不会见利忘义，被小恩小惠收买。小人相反，都是见利忘义。

（5）君子只讲“和”（和谐），不讲“同”（平等），小人相反。

（6）君子以义为上，不会逞一时之忿，犯上作乱，跟小人一个样。

（7）君子为人正派，比较合群，绝不像小人，朋比为奸，结党营私，拉拉扯扯。

（8）君子与人为善，成人之美，不讲别人坏话，不给别人拆台，小人相反。

（9）君子不爱讲话，往往笨嘴拙舌，沉默寡言，但干事利索，很勤快，唯恐说了做不到。小人往往多嘴多舌，嘴上没把门的。

（10）君子都文质彬彬，既朴实，又典雅，不像小人，粗鲁野蛮。

（11）君子的心态比较平和，总是保持不忧、不惑、不惧，不像小人，心里老是不平衡。

(12) 君子守大信，小人守小信。

(13) 君子求自己，小人求别人。

(14) 君子不以言举人，不以人废言。

君子和小人，君子比较复杂，小人比较简单。他讲的君子，分身份君子和道德君子。前者是真贵族，却往往不像君子，很多都是伪君子。后者没有身份，但很多都是真君子。

君子有真君子和伪君子，但小人都是真小人。小人不用伪装，全是真小人。

孔子定义的君子、小人，含有阶级偏见。他对妇女的看法，也有性别歧视。

孔子说，“唯女子与小人为难养也，近之则不孙（逊），远之则怨”（《阳货》17.25），对广大妇女不太客气。妇女，是人类最早的奴隶，一直受男的欺负。她们当中，当然也有女贵族，比好多男人还牛，但作为全称，她们总是低人一头，比所有男人低一头，这是古代社会的共识。孔子把她们搁一块儿，全部与小人同类，这是白纸黑字，写在《论语》里的话。

学者感到，孔子的话，有损孔子形象，千方百计，想把这块石头搬掉，其实何必。

这话的意思很清楚，用不着拐弯抹角。

曲说徒劳，强辩无益。

十五　孔子论德

孔子后学，分歧最大，是在孟、荀之间。[1]孟子主于性情道德，荀子主于礼法制度，各代表师说的一个侧面。孟子侧重性，主张性善，注重的是德；荀子侧重习，主张性恶，注重的是礼。他们对人有截然不同的两种理解。

现在，我们就来看看，孔子对德怎么看。我把它归纳为十大道德。[2]

[1] 七十子之后，留下著作，主要是两本书，《孟子》和《荀子》。

[2] 以下内容，摘自《丧家狗》的353—361页。

仁

什么叫仁？弟子问仁，孔子的回答不一样，各有针对，很多不是定义。

比如他说，“巧言令色，鲜矣仁”（《学而》1.3、《阳货》17.17），“刚、毅、木、讷，近仁”（《子路》13.27）。他很讨厌花言巧语的人，喜欢沉默寡言的人，司马牛问仁，孔子嫌他多嘴，就说“仁者，其言也讱”（《颜渊》12.3），叫他有话憋着点。

孔子讲仁，经常东拉西扯，表面是回答仁，其实是讲其他范畴。如：

（1）颜渊问仁，他说“克己复礼为仁”（《颜渊》12.1），就是讲礼，强调个人和礼的关系。

（2）仲弓问仁，他说“己所不欲，勿施于人”（《颜渊》12.2），就是讲恕，强调个人和他人的关系。

（3）樊迟问仁，他说“居处恭，执事敬，与人忠”（《子路》13.19），则把仁分解为三种德。

（4）子张问仁，他说“恭、宽、信、敏、惠”（《阳货》17.6），则把仁分解为五种德。

另外，孔子论仁，常以智、勇为器用，与智、勇并说。如：

（1）“知（智）者乐水，仁者乐山。”（《雍也》6.23）

（2）“知（智）者不惑，仁者不忧，勇者不惧。”（《子罕》9.29）

（3）“仁者必有勇，勇者不必有仁。”（《宪问》14.4）

（4）“知（智）及之，仁不能守之，虽得之，必失之。知（智）及之，仁能守之，不庄以莅之，则民不敬。知（智）及之，仁能守之，庄以莅之，动之不以礼，未善也。”（《卫灵公》15.33）

这些都不是答案。

孔子的标准答案，是下面两条：

（1）樊迟问仁，孔子回答说“爱人”（《颜渊》12.22）。

（2）前面讲仁人，我们已提到，孔子的解释是，“修己以安人”（《宪问》14.42），“己欲立而立人，己欲达而达人”（《雍也》6.30）。

这里，仁字和人字有关。第一，它是一种“人其人”的概念。用最通俗的说法，就是拿人当人：首先是“修己”，拿自己当人；其次是“安人”，拿别人当人。第二，人，范围比较小，不等于民，人是上流，民是大众。前面已经谈过，这里不再啰嗦。

义

义字，古人的解释是宜，即应该怎么做，它是道德自律，对人有一定的约束力。

义和礼不同，礼是外部规定，义是内心约束。礼比义，更多强制。

孔子讲君子、小人，有义利之辨。君子以义为准，不义之物不取，不义之得不居，小人不同，唯利是图，一切以利为转移。如：

（1）“君子之于天下也，无适也，无莫也，义之与比。”（《里仁》4.10）

（2）“君子义以为质。”（《卫灵公》15.18）

（3）“君子喻于义，小人喻于利。”（《里仁》4.16）

（4）“不义而富且贵，于我如浮云。”（《述而》7.16）

（5）“见利思义”（《宪问》14.12）、“见得思义”（《季氏》16.10）。

孔子论义，有三点值得注意。

第一，义与勇有很大关系。如：

(1) 孔子说，“见义不为，无勇也”(《为政》2.24)，勇是出于义。

(2) 子路问“君子尚勇乎”，孔子说，“君子义以为上。君子有勇而无义为乱，小人有勇而无义为盗”(《阳货》17.23)，勇要受义的制约。

第二，君使臣是义，官使民也是义。如：

(1) 子路批评荷蓧丈人，说“君臣之义”不可废，做官是行义，隐而不仕是无义(《微子》18.7)。

(2) 孔子说，“君子之道”有四条，其中一条是“使民也义”(《公冶长》5.16)。

第三，孔子把改过向义叫“徙义”或“之义”。如：

(1)“务民之义，敬鬼神而远之，可谓知（智）矣。”(《雍也》6.22)

(2)“德之不修，学之不讲，闻义不能徙，不善不能改，是吾忧也。”(《述而》7.3)

(3)“主忠信，徙义。”(《颜渊》12.10)

孝（包括悌、孝悌）

孝与考、老同源，和养老的概念有关。人子事父母，为人伦之本。在孔子看来，也是治道之本。它是社会关系的基础，也是君臣关系的基础。他讲孝，常说父，其次是父母，单说母，一次没有。

孔子论孝，有五点值得注意。

第一，孝的基本含义，是孝顺、孝敬，事事顺父母，敬父母，活着死了，都要孝顺、孝敬。不但父母在，绝不违背；死了，服丧三年，也不改父之道，孔子叫“无违”。如：

（1）孟懿子问孝，孔子的定义是“无违”，即“生，事之以礼；死，葬之以礼，祭之以礼”（《为政》2.5）。

（2）孔子说，劝父母，必须委婉，不听，只能照着办（《里仁》4.18）。

（3）孔子说，父亲活着，要看儿子怎么想，父亲死了，要看儿子怎么做。最关键关键的考验，是父亲刚走，服丧期间，他怎么样。服丧，只有“三年无改于父之道”，才能叫做孝（《学而》1.11、《里仁》4.20），改弦更张，那可不行。

第二，孝是孝养，父母老了，总得有人养，但只养不敬，无异养牲口。如：

（1）子游问孝。孔子说，“今之孝者，是谓能养。至于犬马，皆能有养。不敬，何以别乎？”（《为政》2.7）

（2）子夏问孝。孔子说，脸上有没有敬意，才是难事，光是为长者操劳，有吃喝，先紧着老人，还不能说是孝。（《为政》2.8）

第三，当儿子的，要留心父母的年龄，他们一天天见老，既令人高兴，也令人操心（《里仁》4.21）；生病，更是令人发愁（《为政》2.6）；只要父母还健在，绝不出门远游（《里仁》4.19）。这些都是体现孝。

第四，孝是连续体，父母死后，服丧很重要。孔子讲三年之丧：

(1) 子张问，《尚书》上讲，“高宗谅阴，三年不言”，是什么意思？孔子说，何止是高宗，古人全都这样。旧君去世，新君即位，都是三年不听政，一切政事，全交给冢宰（《宪问》14.40）。

(2) 孔子讲三年之丧，宰我认为太长，“君子三年不为礼，礼必坏；三年不为乐，乐必崩”，一年就够了。孔子很生气，骂宰予太没良心，说小孩生下来，三年才能脱离父母的怀抱，你怎么不知回报，“夫三年之丧，天下之通丧也”，难道就你特殊，竟没有从父母得到过这种爱吗？（《阳货》17.21）

(3) 曾子听孔子说过，孟庄子之孝，最难能可贵，父亲死后，他仍“不改父之臣与父之政”（《子张》19.18）。

第五，孝和慈是双向关系。父母爱子女叫慈，子女爱父母叫孝。“孝慈”见于《为政》2.20。

另外，和孝有关，还有悌，也可顺便讲一下。

古代宗法制是长子继承制，孝敬大哥，就是孝敬父亲的继承人。孝是子事父，悌是弟事兄，两者密切相关，经常连言。如：

(1) 有子说，“其为人也孝弟（悌），而好犯上者，鲜矣”，“孝弟（悌）也者，其为仁（人）之本与（欤）”（《学而》1.2）。

(2) 孔子说，“弟子入则孝，出则弟（悌）”（《学而》1.6）。

(3) 子贡问怎样才可以叫士，孔子的回答有三条，其中第二条，是“宗族称孝焉，乡党称弟焉”（《子路》13.20）。

友（朋、朋友）

友是同僚、同事、同学。友道是悌道的推广，两者常连言。如有人跟孔子说，您干吗不出来搞政治？孔子说，《尚书》上说，“孝乎惟孝，友于兄弟，施于有政”，这不也是搞政治吗（《为政》2.21）；《诗·小雅·六月》“张仲孝友”，《尔雅·释训》解释这句话，说“善父母为孝，善兄弟为友”。“孝友”也可以当“孝悌”讲。

孔子尚贤，“乐多贤友”（《季氏》16.5）。他的名言是：

（1）“无友不知己者”（《学而》1.8）或“毋友不如己者”（《子罕》9.25）。

（2）“见贤思齐焉，见不贤而内自省也。”（《里仁》4.17）

（3）“三人行，必有我师焉：择其善者而从之，其不善者而改之。”（《述而》7.22）

孔子讲友道，有两种不同说法，一说传自子夏，叫“可者与之，其不可者拒之”，别什么人都乱搭理，标准高一点；一说传自子张，叫“君子尊贤而容众，嘉善而矜不能”（《子张》19.3），对不如己者要宽容，心眼大一点。二说看似矛盾，其实各有针对性。前说主于严，后说主于宽。

友的另一种说法是朋（《学而》1.1），两者常连言，也叫朋友（《学而》1.4、1.7，《里仁》4.26，《公冶长》5.26，《乡党》10.20、10.21）。

古书常以“朋友”和“兄弟”并说（《子路》13.28）。司马牛，有兄弟，皆不肖，说“人皆有兄弟，我独亡”，子夏安慰他，说“四海之内，皆兄弟也”（《颜渊》12.5），就是以朋友代兄弟。

忠

忠，简单说，是尽心尽意。忠和衷心有关，古人拆字为解，有“中心为忠”之训。孔子强调，为人谋事，一定要全心全意、真心真意。

忠是事人之道，为人谋事之道。孔子说，“与人忠”（《子路》13.19）。

人，首先是国君，如孔子说，“君使臣以礼，臣事君以忠”（《八佾》3.19）；其次，是官长，如孔子说，楚令尹子文，三次当令尹，三次被罢免，每次下台前，都要向新令尹交待工作，这也叫忠（《公冶长》5.19）；最后，是泛指一般人，如曾子三省，第三条是“为人谋而不忠乎”。

忠和好几个概念有关：

一是孝。孝是忠的基础。孔子说，“孝慈则忠”（《为政》2.20）。

二是信。参下节。孔子常以忠、信并说，频率很高。忠者，主于心；信者，主于言。

三是恕。忠是尽心，恕是将心比心，两者相通。孔子说，“吾道一以贯之”，这个道是什么？曾子说，“夫子之道，忠恕而已矣”（《里仁》4.15）。

四是敬。忠者事人，敬者敬事，也分不开。如：

（1）季康子问，怎样才能“使民敬忠以劝”，孔子说，“临之以庄则敬，孝慈则忠，举善而教不能则劝”（《为政》2.20）。

（2）樊迟问仁，孔子说，“居处恭，执事敬，与人忠。虽之夷狄，不可弃也”（《子路》13.19）。

（3）孔子说，“君子有九思”，其中有“言思忠，事思敬”（《季氏》16.10）。

信（包括忠信）

信，简单说，就是说话算话。信和说话有关，古人拆字为解，有“人言不欺”之训。

孔子重信，唯恐说了做不到，宁肯少说不说，先干后说，干完了再说。他说：

（1）“人而无信，不知其可也。”（《为政》2.22）

（2）“古者言之不出，耻躬之不逮也。”（《里仁》4.22）

（3）“以约失之者鲜矣。”（《里仁》4.23）

（4）“君子欲讷于言而敏于行。”（《里仁》4.24）

（5）“始吾于人也，听其言而信其行；今吾于人也，听其言而观其行。”（《公冶长》5.10）

孔子讲信，有三点值得注意：

第一，为政不可无信，如子贡问政，孔子答以足食、足兵和民信，他说，三者去一，首先是兵，其次是食，唯信不可去，理由是，战死、饿死，不过是死，“自古皆有死，民无信不立”（《颜渊》12.7）。统治者使民，必先取信于民。为臣的谏君，也要先取信于君（《学而》1.5、《子路》13.4、《阳货》17.6、《微子》19.10、《尧曰》20.1）。

第二，交友不可无信，如曾子、子夏都强调，“与朋友交”，一定要“言而有信”（《学而》1.4、1.7）；子路也说，“朋友信之”（《公冶长》5.26）。

第三，信有大信和小信，大信是君子讲的信，说话算话，是在“信近于义”的前提下（《学而》1.13）。不合于义，“言必信，行必果”（《子路》13.20），只是小信，小人讲的信。

在《论语》一书中，忠、信不仅被并举（《述而》7.25），还常连言（《学而》1.8、《公冶长》5.28、《子罕》9.25、《颜渊》12.10、《卫灵公》15.6）。战国，“忠信”印很流行。

宽

宽，是宽容、宽恕，容纳别人，原谅别人。如：

（1）孔子说，“伯夷、叔齐不念旧恶，怨是用希”（《公冶长》5.23）。

（2）孔子说，“躬自厚而薄责于人，则远怨矣”（《卫灵公》15.15）。

（3）孔子说，“宽则得众”（《阳货》17.6、《尧曰》20.1也有这句话）。

（4）子张听老师说，“君子尊贤而容众，嘉善而矜不能。我

之大贤与（欤），于人何所不容？我之不贤与（欤），人将拒我，如之何其拒人也？”（《子张》19.3）

这种品质，是居上位者不可缺。孔子说，“居上不宽，为礼不敬，临丧不哀，吾何以观之哉？”（《八佾》3.26）

恕

曾子说，“夫子之道，忠恕而已矣”（《里仁》4.15），可见在孔子的思想中，恕很重要。

什么是恕？

孔子的定义是“己所不欲，勿施于人”（《卫灵公》15.24）。这是讲，我不应把我的想法强加于人。同样，别人也不应把他的想法强加于我。恕，很不容易做到。子贡说，“我不欲人之加诸我也，吾亦欲无加诸人”，孔子说，“赐也，非尔所及也”（《公冶长》5.12）。

恕，是将心比心。俗话说，半斤换八两，人心换人心，古人拆字为解，有“如心为恕”之训。这是恕的本义。

恕与仁有关，两者密不可分。有个例子可以证明这一点。仲弓问仁，孔子的回答是“己所不欲，勿施于人”（《颜渊》12.2）。但严格讲，这是恕，不是仁（对照《卫灵公》15.24）。

我们要注意，古人所谓恕，不是今语的宽恕。今语宽恕，强调的是宽。原谅之义是从宽引申，和恕无关。我们要注意，拿人当人是仁，将心比心是恕，仁、恕都含对等原则。

有人问，“以德报怨”怎么样？孔子不以为然，他说，那德该用什么报？在他看来，正确的做法，是“以直（值）报怨，以德报德”。“德”字是从直得声，孔子玩文字游戏，故意把“以德报怨”读成“以直（值）报怨”，他的意思是，“用和怨对等的东西报怨”，其实是以怨报怨（《宪问》14.34）。孔子不讲“以德报怨”，《老子》才有这种说法。它的特点是贵柔贵弱贵下，什么事都往后捎，往下出溜。它不讲对等，当然可以这么讲。

恭

恭和礼有关，属于礼貌的貌。如：

（1）有子说，“恭近于礼，远耻辱也”（《学而》1.13）。

（2）孔子说，“巧言令色足恭，左丘明耻之，丘亦耻之”（《公冶长》5.25）。

（3）孔子的外貌，是“温而厉，威而不猛，恭而安”（《述而》7.38）。

（4）孔子说，“恭而无礼则劳”（《泰伯》8.2）。

（5）孔子说，舜“恭己正南面而已矣”（《卫灵公》15.5）。

恭、敬，后世常连言，它们在《论语》中，常同时出现，但含义有别。如：

（1）孔子讲子产，“其行己也恭，其事上也敬”（《公冶长》5.16）。

（2）子夏说，“君子敬而无失，与人恭而有礼”（《颜渊》12.5）。

（3）孔子说，“居处恭，执事敬”（《子路》13.19）。

（4）孔子说，“君子有九思：……貌思恭，……事思敬”（《季氏》16.10）。

恭和敬的区别主要是：恭与自己有关，与自己的外貌和仪态有关；而敬与事奉他人，为他人办事有关。

敬

敬有多种用法。

一是敬天地、敬鬼神。如：

（1）樊迟问智，孔子说，“务民之义，敬鬼神而远之”（《雍也》6.22）。

（2）子夏说，他听老师说“死生有命，富贵在天”，君子的态度是“敬而无失”（《颜渊》12.5）。

二是敬国君、敬上级。如：

（1）孔子说，“临之以庄则敬”（《为政》2.20）。

（2）孔子说，“其事上也敬”（《公冶长》5.16）。

（3）孔子说，“上好礼，则民莫敢不敬”（《子路》13.4）。

（4）孔子说，“知（智）及之，仁能守之，不庄以莅之，则民不敬”（《卫灵公》15.33）。

这四条都是讲事上要敬，下对上是“敬”，上对下是“庄”。

三是敬父母。如：

（1）子游问孝，孔子说，养父母和养犬马不同，“不敬，何以别乎”（《为政》2.7）。

（2）孔子说，劝父母，要委婉，父母不听，“又敬不违”（《里仁》4.18）。

四是敬一般人。如：

孔子说，“晏平仲善与人交，久而敬之”（《公冶长》5.17）。

五是为人谋事，替人办事。如：

（1）孔子说，“敬事而信”（《学而》1.5）。

（2）孔子说，“执事敬”（《子路》13.19）。

（3）孔子说，“事君，敬其事而后其食”（《卫灵公》15.38）。

（4）孔子说，“事思敬”（《季氏》16.10）。

战国，流行“敬事”印，意思有点接近今语的“敬业”。

十六　孔子论礼

孔子重德，德在自己，但与人交往，离不开礼。礼管别人，也管自己，品德再高，也要纳德于礼。他很重视礼。

孔子论礼，也应归纳一下。

什么叫“礼坏乐崩”？

孔子说，三代相承，礼制互有损益（《为政》2.23）。“周监于二代，郁郁乎文哉！吾从周”（《八佾》3.14）。他从的周，一是文武之道（《子张》19.22），二是周公之礼（《礼记·明堂位》）。

文武之道，是文王、武王的道。文王以仁恩称，武王以威猛著，王号恰如其人。他们都属于“革命圣人”。但孔子的时代，距离周初有五百多年，周人已告别革命。牧野之战太血腥，不是他的主要学习对象。[1]文武二道，他更喜欢文。他甚至说，他是以传文王之文为己任（《子罕》9.5）。文王决虞芮之讼，讲的是让；善养老，讲的是孝。都属于道德。道德是礼乐的基础。孔子

[1] 孟子不相信，当时真的死了很多人，竟怀疑《尚书》的可靠性，说“仁人无敌于天下，以至仁伐至不仁”，未必会“血流漂杵”（《孟子·尽心下》）。

讲的仁，便属于文。

周公也是这样。周公东征、平定武庚三监之叛，是武；制礼作乐，是文。文是礼乐，武是征伐，各有各的用。孔子更欣赏，也是他的文。

古代社会，礼乐很重要。孔子说，天下是否有道，全看礼乐征伐由谁来掌握：

> 天下有道，则礼乐征伐自天子出；天下无道，则礼乐征伐自诸侯出。自诸侯出，盖十世希不失矣；自大夫出，五世希不失矣；陪臣执国命，三世希不失矣。天下有道，则政不在大夫；天下有道，则庶人不议。（《季氏》16.2）

孔子的时代，礼乐征伐自诸侯出，鲁侯被三桓控制，三桓被阳货控制，照此衡量，当然属于“无道”，后人用四个字概括，叫“礼坏乐崩”。“礼坏乐崩”是出典于宰予：

> 宰我问：“三年之丧，期已久矣。君子三年不为礼，礼必坏；三年不为乐，乐必崩。……”（《阳货》17.21）

什么叫“礼坏乐崩”，就是支撑贵族社会的规矩全都垮了。

当时的贵族很无礼。比如，鲁侯禘祭，孔子不欲观（《八佾》3.10）；三桓以《雍》彻，孔子讥刺之（《八佾》3.2）。还有季氏舞八佾（《八佾》3.1），季氏旅泰山（《八佾》3.6），季氏伐颛臾（《季氏》16.1），季氏富于周公（《先进》11.17），都让他看不下去。其他国家，齐景公、卫灵公，也很不像话。就连他最佩服的政治家管仲，他也以为不知礼（《八佾》3.22）。

孔子批评无礼，主要在《八佾》、《季氏》两篇。

什么叫“克己复礼”？

“文革”批孔，“克己复礼”是批判重点。当时说，这是复辟资本主义。

孔子贵仁。他讲礼，是以道德为基础，“人而不仁，如礼何？人而不仁，如乐何”（《八佾》3.3）。但反过来讲，也一样，没有礼，光有仁，也不行。讲道德，就要克己，自己把自己管好，但管道德的东西是什么？恰恰是礼。道德，一旦入世，放到人与人的关系中去，一定要有规矩。没有规矩，没有秩序，道德也就无所附丽。所以，他要讲“克己复礼”：

> 颜渊问仁。子曰：“克己复礼为仁。一日克己复礼，天下归仁焉。为仁由己，而由人乎哉？”颜渊曰：“请问其目？”子曰：“非礼勿视，非礼勿听，非礼勿言，非礼勿动。”颜渊曰：“回虽不敏，请事斯语矣。”（《颜渊》12.1）

> 子曰：“知（智）及之，仁不能守之，虽得之，必失之。知（智）及之，仁能守之，不庄以莅之，则民不敬。知（智）及之，仁能守之，庄以莅之，动之不以礼，未善也。”（《卫灵公》15.33）

礼和德，关系很密切，特别是反映在人与人的关系上。

比如，在家里，怎么对待父母，孝亲的孝，就离不开礼。

有一次，孟懿子问孝，孔子的回答是“无违”。回来的路上，樊迟赶车，孔子跟他说起这次谈话，他问孔子，什么叫“无违”，孔子说，就是“生，事之以礼；死，葬之以礼，祭之以礼”（《为政》2.5），三句话，有三个“礼”字。

还有一次，宰予问“三年之丧”，刚才提到。宰予说，三年太长，一年也就够了，三年的话，会礼坏乐崩。孔子很生气，骂他没良心，不知报答父母的养育之恩。在他看来，没有这种礼，孝就无法体现（《阳货》17.21）。

还有，在朝廷，对国君要忠，对上级要敬，对同僚要让，情况也一样。如果没有礼，道德也无法体现。比如孔子说，“事君”要“尽礼”（《八佾》3.18），“君使臣以礼，臣事君以忠”（《八佾》3.19），君臣关系离不开礼。

孔子说，“上好礼，则民易使也”（《宪问》14.41），“上好礼，则民莫敢不敬”（《子路》13.4）。“为礼不敬”（《八佾》3.26），不行。“能以礼让为国乎，何有？不能以礼让为国，如礼何？”（《里仁》4.13）

德与礼，是互为表里。

不知礼，无以立

君子是生活于贵族社会。要想在贵族圈里混，就要学会同圈里人来往应酬。比如开口讲话，要当场背诗，接着对方的话茬，应着当时的气氛，动不动，来上两句。还有，场面上走动，有很多规矩，站怎么站，坐怎么坐，走怎么走，一举一动，都得合乎礼。

孔子有一句话，叫“不知礼，无以立也”（《尧曰》20.3）。

这有个故事。有一次，陈亢（可能是子贡的学生）问孔鲤（孔子的儿子），你爸爸跟你说过点我们没听说过的东西吗？孔鲤说没有，只不过，有一次，从院里过，他问我，你学过诗吗？我说没有。他说，不学诗，可没法说话（“不学诗，无以言”）。我就赶紧学诗。还有一次，也是从院里过，他问我，你学过礼吗？我说没有。他说，不学礼，可没法做人（“不学礼，无以立”）。我就赶紧学礼（《季氏》16.13）。这个故事，就是《圣迹图》上的“过庭诗礼”。

一个人，要想把自己的道德搞好，除了反躬内省，像曾子那样，“吾日三省吾身”（《学而》1.4），自己把自己管好，还得有点规矩。特别是与外界打交道，尤其不能少。这类规矩就是礼。

孔子讲的四个“非礼勿”，即所谓“非礼勿视，非礼勿听，非礼勿言，非礼勿动”（《颜渊》12.1），上博楚简《君子为礼》也提到。它说，这样的话，颜渊都做不到。老师讲，他坐不住，听了这话，躲在屋里，都不敢出门，唯恐出门就犯错误。一般人，特别是自由散漫的人，绝对受不了。只有夫子本人，活到70岁，入于化境，他敢拍着胸脯说，他已“从心所欲”，还一点儿“不逾矩”（《为政》2.4）。

礼分大礼和小礼

人与人的关系，有很多种，从小圈子到大圈子，各有各的规矩。一个体面人，挨家里待着什么样，到官场走动什么样？衣食住行，婚丧嫁娶，迎来送往，各有各的讲究。这是一种礼。《仪礼》是讲这种礼。这是小礼。

还有一种，属于国家制度，比如官制，比如军制，古代也曾属于礼。这是大礼。《周礼》就讲这种礼。《司马法》，本来叫《军礼司马法》，也讲这种礼。礼和法，是有缘分的，两者都是规矩。很多礼，最初独立，同狭义的法（刑法、刑律）没什么关系，后来越管越宽，礼装不下了，就合并到法律里面去，变成法律规定下的制度。所谓“出于礼者入于法”，就是这个意思。

孔子讲前一种礼，主要在《乡党》篇。

古代的儒家文献，有很多都是解释礼。这种解释，就是所谓“曲礼之说”。

《乡党》讲礼，不厌其烦，涉及吃喝穿戴、言谈举止，上朝如何，待客如何，坐车该注意什么，路上碰见人，该怎么点头示意，等等。这些老礼，大多过时，除了研究历史，没什么用。大家读起来也很难，读了也记不住。大家印象最深，是讲吃饭的部分。

比如“食不厌精，脍不厌细”（《乡党》10.6），米要反复捣，脍要切得很薄。吃肉，古人很讲究，脍炙人口，脍是生肉，炙是烤肉。生肉，主要是生鱼片。

有人说，孔子提倡俭，怎么吃喝这么讲究，是不是自相矛盾。我说，不矛盾，第一，他是君子，当过官，场面上，不能不讲究。第二，孔子讲的礼，还是符合他的身份，只要合乎身份就行，不属于超标享受。

国家制度的礼，天子公卿才配讲，《论语》中，他不太讲。孔子知道，他自己是谁，由他讲，不合适。《论语》讲礼，主要是士君子之礼，汉代所谓的“家人之礼”。国家大典，只能讲精神原则，不能讲仪文细节。

礼学的三项基本原则

（1）礼贵和

文明社会，向来不平等，人都是分为三六九等的。他们，有血统出身的差异，有职业分工的差异，有贫富贵贱的差异，有很多很多差异。有差异，就会闹别扭，闹急了，什么事都干得出来，怎么办？孔子讲了一个字，叫“和”：

> 子曰：“君子和而不同，小人同而不和。”（《子路》13.23）

“和”是和谐，即上流社会，“君子和为贵”的“和”。“同”是平等，即《礼运》“大同”的“同”，墨子“尚同”的“同”，是下层社会呼吁平等的“同”。“同”是社会平等，大家都一样，男女都一样，官兵都一样，等等。“和”是“调和”，不一样就不一样，照样可以搁一块儿，猫和老鼠，可以搁一块儿。君子国里一团和气，主要是君子和君子一团和气，老百姓嘛，有饭吃，不闹事，就得了，这绝不是“同”。君子不讲“同”，小人才讲。比如墨子“尚同”，照孔子的想法，就是小人之道。

有子说过一段话，非常有名，是对孔子思想的发挥：

> 礼之用，和为贵；先王之道，斯为美。小大由之。有所

不行：知和而和，不以礼节之，亦不可行也。（《学而》1.12）

孔子的礼，讲究的是别，和是在别的基础上。仁也是爱有差等，并不是平等、博爱。

(2) 礼贵简

儒家隆礼，礼必繁冗。韩非说，“繁礼君子，不厌忠信；战阵之间，不厌诈伪”（《韩非子·难一》），正是把“繁”加在“礼”前。司马迁也说，“夫儒者以六蓺为法。六蓺经传以千万数，累世不能通其学，当年不能究其礼，故曰‘博而寡要，劳而少功’”（《史记·太史公自序》）。古人有这个印象。

但孔子却反对繁礼，他喜欢说一句话，叫“博学于文，约之以礼”。

这话是香港中文大学的校训。《论语》里，孔子讲过三次，分别见于《雍也》6.27、《子罕》9.11、《颜渊》12.15。

在他看来；读书要“博”，但习礼要“约”，在礼的问题上，他反对的就是“博而寡要”。

可见，繁礼是后儒所为。

(3) 礼贵俭

冠婚丧祭、朝聘会享，要有礼器和礼物，钟鼓、玉帛、牲牷，样样要花钱。大笔大笔花钱，结果是礼被物化和异化，变成礼器、礼物。但孔子认为，这不对：

子曰：“礼云礼云，玉帛云乎哉？乐云乐云，钟鼓云乎哉？”（《阳货》17.11）

子贡欲去告朔之饩羊。子曰：“赐也，尔爱其羊，我爱

其礼。”（《八佾》3.17）

他老人家认为，礼不是钟鼓，不是玉帛，不是牲牷。

孔子是苦出身。体面，他要讲，但不是为了摆阔气，讲排场。办事，他是宁俭毋奢：

> 林放问礼之本。子曰：“大哉问！礼，与其奢也，宁俭；丧，与其易也，宁戚。”（《八佾》3.4）
>
> 子曰：“麻冕，礼也，今也纯，俭，吾从众。拜下，礼也，今拜乎上，泰也，虽违众，吾从下。”（《子罕》9.3）

墨子提倡节用、节葬，也求俭，但“三年之丧”，在墨子看来，还是太奢侈。《老子》也反对奢侈。

兴灭国，继绝世，举逸民

孔子没有讲周公之礼，但他向往的制度建设，却是根据周公之礼。

礼坏乐崩，崩坏的是礼。中国炼内丹的说，竹破竹补，人破人补。礼坏了，也要用礼来补。礼是规矩，是制度。孔子是以道德为本，制度为辅。他对制度很重视。

孔子重德，也重礼。谁更重要？道德决定制度，还是制度决定道德，这是孟、荀的主要分歧。

国家和征服有不解之缘，国征服国，人征服人，最简单也最有效的方法，就是“三光政策”，见了男的就杀，见了女的就奸，能抢的抢，能烧的烧。这是笨办法。笨办法，是靠杀人立威，自古以来，使用很普遍，比如古代的亚述帝国，中古的蒙古帝国，还有地理大发现后的西方殖民主义者，都是如此。

这样的国家都兔子尾巴长不了，特别是很大的帝国。

中国的政治传统不是这样，周人崛起西土，只是蕞尔小国，他以小邦周克大邑商，采取的是另外一个方法。这个方法，就是兴灭国，继绝世，举逸民。

“文革”，这话是重点批判对象。其实，很冤枉。

商，地盘大，周人接收，不是挖人家的祖坟，灭人家的社稷，而是在俯首称臣的前提之下，恢复他们的国家，把原来的继承人请回来，王子王孙，哪怕在天涯海角放羊，也把他找回来，让他们接续香火。逸民，前面讲过。旧官员，社会贤达，有学问的人，有气节，不肯出来做官，散在民间，也要细心访求，请他们出来做官。这是我们的归化政策。西周金文有个词，叫“柔远能迩”（《尚书》也有），就是讲这种政治高明。

柔远能迩，很高明，但不是孔子的发明。

孔子宗周，我们有充分理由相信，他是祖述政治家的发明，文、武、周公的发明。我猜，《尧曰》20.1 的这九个字，很可能也是来自古本《尚书》，即使不是原话，也是来自前人的嘴。

这是政治家的遗产。书生想不出这等事。

礼与政、刑

古代，礼和政、刑是两回事。礼，是用来处理贵族内部矛盾，是上流社会的纪律。政、刑不一样，是行政手段和法律手段。它要对付的是社会的不稳定因素，如人身伤害罪、财产侵害罪，主要针对老百姓。

孔子主张以德治国，以礼治国，反对专任刑法，以行政手段和法律手段治国，认为后者虽能制止犯罪，却不能从内心解决问题。老百姓会钻法律的空子，变得毫无羞耻：

> 道（导）之以政，齐之以刑，民免而无耻；道（导）之以德，齐之以礼，有耻且格。（《为政》2.3）

孔子在卫国，第二次就职，是在卫出公的手下干事。上任前，子路问，“卫君待子而为政，子将奚先?”孔子说，“必也正名乎”。子路不以为然，被孔子大骂。孔子说：

> 野哉由也！君子于其所不知，盖阙如也。名不正，则言不顺；言不顺，则事不成；事不成，则礼乐不兴；礼乐不兴，则刑罚不中；刑罚不中，则民无所错手足。故君子名之必可言也，言之必可行也。君子于其言，无所苟而已矣。（《子路》13.3）

孔子主张，为政，第一重要，是正名，即君君臣臣，父父子子，谁是什么身份，彼此的权利义务是什么，一定要搞清。名分以下，其次是礼乐，其次是刑罚。礼乐是摆在刑罚之上。俗话说，先礼后兵，他是先礼后刑。刑不是不要，而是摆在礼的下边。

回到周公，还是走向秦始皇

天下无道，似乎只有两种选择，或者挽狂澜于既倒，回到可爱的周公时代，或者跟着这个糟糕的世界，一天天烂下去。一面是好，一面是坏，好坏似乎很分明。

孔子托梦周公，号召大家，一起回到周公那里去。他的话似乎很有理。然而，孔子死后的现实是，中国的政治，不但没有复古倒退，回到周公，反而一步快似一步，直奔秦始皇。

孟子说，“人有恒言，皆曰‘天下国家’。天下之本在国，国之本在家，家之本在身”（《孟子·离娄上》）。《礼记·大学》也讲，“修身”、“齐家”、“治国”、“平天下”。这四条，由小到大，一环扣一环。很多人都以为，没有小，焉有大，只有把个人道德搞好了，国家才有希望。这种道德救世说，貌似推理严密，也很符合常识，对乱世之人，或许是心灵安慰，但对政治家却是十足的误导。

孟子说的另一句话，“先立乎其大者，则其小者不能夺也”（《孟子·告子上》），才是对的。大道理管着小道理，硬道理管着软道理。

中国的儒家，战国末年的荀卿，对孟子很不满意。他是先秦时代的最后一位大儒。他对这个世界的走向，比孟子看得更明白。孟子看不清的时势，在他已洞若观火。他已彻底放弃心性为本的迂阔之谈和道德救世的幼稚想法。他的想法很清楚，除了礼法，没有希望。

荀子对礼极为推崇。他说：

> 礼者，法之大分，类之纲纪也，故学至乎礼而止矣。（《荀子·劝学》）

故人一之于礼义，则两得之矣；一之于情性，则两丧之矣。(《荀子·礼论》)

古者圣王以人之性恶，以为偏险而不正，乱而不治，是以为之起礼义、制法度，以矫饰人之情性而正之，以扰化人之情性而导之也。使皆出于治，合于道者也。(《荀子·性恶》)

和孟子相反，他是制度救世说。

韩非和李斯都是他的学生。[1]

李斯为秦相，辅佐秦始皇，铸就了中国的大一统，终于带领中国，第一次走出了孔子痛诋的乱世。天涯海角，到处都刻着他的字迹，宣告着一个新世纪的来临。

这是先秦儒家的终结。

虽然，秦政之失，在于过分迷信制度，它也栽了大跟头。

制度也非万能，这类古老的话题，还会争论下去。

这全是后话，这里打住。

[1] 宋神宗元封七年封荀卿为兰陵侯（《宋史·神宗纪》），多少也有一点地位。但宋以来，荀子逐渐被儒家排斥。荀卿后孟子，对曾子还客气，对思、孟则痛加诋斥，在道统如日中天的宋代，必然遭排斥。如《苏轼集》卷四三《荀卿论》就指责荀卿，认为秦政出李斯，李斯出荀卿，是儒家的罪人。明万历年间，竟黜而不祀，把他开除出儒家的队伍。荀子的地位重新被确认，还是“五四”以来，还是解放以来。“文革”批孔，荀子被列入法家，也是题中必有的一幕。

十七　孔子读过什么书

孔子是读书人，比较智慧，比较理性。我们研究他的思想，学术思想和教育思想，很想知道他的学术背景，知道他跟什么人学，读什么书，并用什么教他的学生，我们该从什么书了解他的思想。

孔子的老师是谁？

先秦时期，贵族教育，有国学和乡学，都属于官学。孔子办教育，是另搞一套，他办的是私学。大家都说，他是私学教育第一人。后世称他为“至圣先师”，也是拿他当教师这一行的祖师爷。

可是，孔子又是跟谁学呢？他的老师又是谁呢？大家会问这个问题。

在《论语》一书中，有人就提出过这个问题：

卫公孙朝问于子贡曰：“仲尼焉学？”子贡曰：“文武之

道，未坠于地，在人。贤者识其大者，不贤者识其小者，莫不有文武之道焉，夫子焉不学，而亦何常师之有？”（《子张》19.22）

卫公孙朝问子贡，孔子是跟谁学的？子贡的回答是，孔子传“文武之道”，是跟很多人学，他没有固定的老师。他说的“师”，不是教他识文断句背九九的闾里塾师，而是在精神上、思想上真正启发和影响过他的所有人，不一定是正式的老师。

司马迁也试图回答这个问题。他说：

> 孔子之所严事：于周则老子；于卫，蘧伯玉；于齐，晏平仲；于楚，老莱子；于郑，子产；于鲁，孟公绰。数称臧文仲、柳下惠、铜鞮伯华、介山子然，孔子皆后之，不并世。（《史记·仲尼弟子列传》）

这十个人，蘧伯玉、晏平仲（晏婴）、子产、孟公绰、臧文仲、柳下惠，是《论语》中的人物，单就《论语》看，不全是他的崇拜对象。比如臧文仲，就是批评对象，他欣赏的只是蘧伯玉、晏平仲、子产、孟公绰和柳下惠；老子、老莱子、铜鞮伯华、介山子然，不见《论语》，是其他书中的人物，汉人都说，孔子曾师事老子。

他的话只是推测，真实情况什么样，我们已不得而知。

孔子传授的书

孔子是个“述而不作”的人。只传述，不创造。

古人都说，他是传六艺之学的人。所谓六艺，就是诗、书、礼、乐、易、春秋，[1]它们是六种书，也是六种学问。这类学问，都是人文学术，古人叫“文学”。

[1] 古代还有一种六艺，是礼、乐、射、御、书、数。

六艺称经，战国已有这种叫法。《庄子 · 天运》已把这六种书叫做“六经”。

六经是六种书，不是六本书，我不打书名号。打了书名号，就成了六本书。

孔子传六艺，但六艺不是孔子的发明，在他之前，早就有类似说法。如《国语 · 楚语上》有所谓“申叔时九艺”：春秋、世、诗、礼、乐、令、语、故志、训典。世是谱牒，令是法令或时令，语是故事类的史书，故志是讲历史教训的书，训典是典谟训诰类的古书，最后两种相当于书。六艺，除了易，都已包括在内。我们读《左传》，看它的引书，诗、书、易也是流行书籍，其他古书，当时也存在。

孔子时代的书，有些是孔子之前的古书，如诗、书和易，当时就是经典。还有一些，年代可能晚一点，比如各国的编年史记，还有各种讲历史故事和历史掌故的语类古书，时间可以拉得很长，一直拖到当时。至于礼乐，不是以书而传，而是手把手，言传身教，操作更重要。书不一定有，有，也是杂七杂八，做点说明，做点解释，相当使用手册或说明书，算不上什么经典。

孔子看过的书，肯定比较多，有些是再也见不着了。但他传授的书，给学生上课的基本教材，大体不出这个范围。他对六艺类的古书，可能做过删选，从中挑了一部分，就和刘向编《新国语》，昭明太子编《文选》一样，有些是选本。比如诗、书，当时留存于世，数量很庞大，他传的《诗》、《书》，只是其中一部分，就肯定是选本。即使经过筛选，也还有不少编外的东西在流传。孔子当时，甚至以后，见于古书引用，还有不少逸诗和逸书。他自己就引用过这样的东西。其他古书，孔子传易，是传《周易》。《周易》，本身有系统，不大可能是选本。但孔子当时有三易，他不选《连山》，不选《归藏》，只选《周易》，这也是一种选择。春秋，孔子只传《鲁春秋》，即鲁国的编年史或大事记。这部史书，也是利用鲁国的史记，而有续写。它的十二公，隐、桓、庄、闵、僖、文、宣、成，都在孔子前，肯定要利用旧史，襄、昭、定、哀，是他亲历亲见，可能有续写，但也要利用官方的材料。

这些教材，都是整理，不是创造。孔子整理过的古书，可以加书名号。但我们不要妄题作者，说孔子写了这些书。

《论语》中的书

孔子盛称诗、书，这是当时的时髦。读《左传》、《国语》，我们可以知道，当时的上流君子，开口讲话，都要引用诗、书，特别是诗。他说，如果当官，不懂诗；出使国外，不会用诗对答，就是背得再多，也等于白学（《子路》13.5）。上面讲过，“不学诗，无以言”（《季氏》16.13）。他跟他的儿子这样讲。

孔子特别喜欢诗。他跟他的学生也说：

小子何莫学夫诗？诗，可以兴，可以观，可以群，可以怨。迩之事父，远之事君。多识于鸟兽草木之名。(《阳货》17.9)

他是把诗当作抒情写意，发表感想，品评议论，协调人际关系，大到国，小到家，什么都离不开的工具，甚至还有博物学的功用。

孔子说的诗，已属“《诗》三百”的《诗》(《为政》2.2、《子路》13.5)。它与今本的面目可能已经比较接近。上博楚简的《孔子诗论》就是证明。

孔子诵诗，是用雅言，在仪式上讲话，也用雅言(《述而》7.18)。讲话夹着诗句，全是同一种语言。雅言是当时的普通话。我猜，恐怕不是当时的“山东话”，而是当时的“山西话”或“河南话”。

这种诗，都是歌词，原来是由音乐伴奏，合着节拍唱。唱得高兴，情不自禁，还手之舞之，足之蹈之，载歌载舞，有如非洲的土著。诵诗的诗，只是副产品。

《论语》引《诗》，共九次：

子贡曰：“《诗》云：‘如切如磋，如琢如磨’，其斯之谓与(欤)？”子曰：“赐也，始可与言《诗》已矣，告诸往而知来者。”(《学而》1.15)〔案：“如切如磋，如琢如磨”，出《卫风·淇奥》。〕

子曰：“《诗》三百，一言以蔽之，曰：‘思无邪。’”(《为政》2.2)〔案：“思无邪”，出《鲁颂·駉》。〕

三家者以《雍》彻。子曰："'相维辟公，天子穆穆'，奚取于三家之堂？"（《八佾》3.2）〔案："相维辟公，天子穆穆"，出《周颂·雍》。〕

子夏问曰："'巧笑倩兮，美目盼兮，素以为绚兮'何谓也？"子曰："绘事后素。"曰："礼后乎？"子曰："起予者商也，始可与言《诗》已矣。"（《八佾》3.8）〔案："巧笑倩兮，美目盼兮，素以为绚兮"，出《卫风·硕人》。〕

子曰："《关雎》，乐而不淫，哀而不伤。"（《八佾》3.20）〔案：《关雎》是《周南》的第一篇。〕

曾子有疾，召门弟子曰："启予足！启予手！《诗》云：'战战兢兢，如临深渊，如履薄冰。'而今而后，吾知免夫！小子！"（《泰伯》8.3）〔案："战战兢兢，如临深渊，如履薄冰"，出《小雅·小旻》。〕

子曰："师挚之始，《关雎》之乱，洋洋乎盈耳哉！"（《泰伯》8.15）

子曰："吾自卫反（返）鲁，然后乐正，《雅》、《颂》各得其所。"（《子罕》9.15）

"唐棣之华，偏其反而。岂不尔思？室是远而。"子曰："未之思也，夫何远之有。"（《子罕》9.31）〔案："唐棣之华，偏其反而。岂不尔思？室是远而"，是引逸诗。〕

子谓伯鱼曰："女（汝）为《周南》、《召南》矣乎？人而不为《周南》、《召南》，其犹正墙面而立也与（欤）！"（《阳货》17.10）

《论语》引《书》，共两次：

或谓孔子曰："子奚不为政？"子曰："《书》云：'孝乎惟孝，友于兄弟，施于有政。'是亦为政，奚其为为政？"(《为政》2.21)〔案："孝乎惟孝，友于兄弟，施于有政"，出《君陈》。〕

子张曰："《书》云，'高宗谅阴，三年不言。'何谓也？"子曰："何必高宗，古之人皆然。君薨，百官总己以听于冢宰三年。"(《宪问》14.40)〔案："高宗谅阴，三年不言"，见《书·无逸》。〕

《论语》引《易》，只有一次：

子曰："南人有言曰：'人而无恒，不可以作巫医。'善夫！不恒其德，或承之羞。"子曰："不占而已矣。"(《子路》13.22)〔案："不恒其德，或承之羞"，出《易·恒》。〕

孔子说，"加我数年，五十以学《易》，可以无大过矣"(《述而》7.17)，他确实学过《易》。

《论语》没提到《春秋》。礼、乐，也没有书。

孔子论礼，前面已经讨论。他讲的礼，主要是士礼，包括衣食住行、言谈举止，有很多细节规定，这些话都是孔子的话，是否引自其他书，或参考其他书，不知道。

乐，更没书。孔子重乐教，以为移人情性，莫过于乐。

孔子时代，齐、鲁的音乐很发达。35岁时，他在齐国听过《韶》乐，竟然"三月不知肉味"，大发感慨，说"不图为乐之至于斯也"。但他的音乐知识，可能更多还是来自鲁国的乐师。他跟鲁国的师襄子（疑即击磬襄）学过鼓瑟（《孔子家语·辨乐》），也会击磬（《宪问》14.39），击磬才是师襄子的特长。他跟鲁国的很多乐师都有来往。古代的乐师往往是瞎子（如下文的师冕），他对他们很尊重：

子语鲁大师乐，曰："乐其可知也：始作，翕如也；从之，纯如也，皦如也，绎如也，以成。"（《八佾》3.23）

子曰："师挚之始，《关雎》之乱，洋洋乎盈耳哉！"（《泰伯》8.15）

师冕见，及阶，子曰："阶也。"及席，子曰："席也。"皆坐，子告之曰："某在斯，某在斯。"师冕出，子张问曰："与师言之道与（欤）？"子曰："然，固相师之道也。"（《卫灵公》15.42）

大师挚适齐，亚饭干适楚，三饭缭适蔡，四饭缺适秦，鼓方叔入于河，播鼗武入于汉，少师阳、击磬襄入于海。（《微子》18.9）

古代的师，本来是教贵族子弟学军事的长官，音乐和军事密不可分。但孔子喜欢文乐胜过武乐。乐师之师是本来意义上的师。前面说，孔子学无常师，他的老师，有点说不清。唯一可考，就是这些教音乐的师。比如师襄子，就是他的老师。

孔子学音乐，最欣赏，是两部古乐，一部是传为舜作的《韶》乐，一部是传为周武王作的《武》乐（《八佾》3.25、《述而》7.14、《卫灵公》15.11）。他认为，《韶》乐比《武》乐更好。武王靠武力取天下，他的音乐，还不够好，不像舜，是靠禅让得天下，才是“尽善尽美”(《八佾》3.25)。

但孔子当时的雅乐，主要是和诗有关的乐。诗教离不开乐教。孔子晚年，从卫国回到鲁国，闲居无事，曾致力于音乐的整理。他说，“吾自卫反鲁，然后乐正，《雅》、《颂》各得其所”(《子罕》9.15)，这种“乐”就是和《诗》相配的乐。

孔子喜欢古典音乐，讨厌流行音乐。他最喜欢的音乐是《韶》，其次是《武》，再次是配诗的雅乐。他最讨厌的音乐是郑国的音乐。他说，他最恨“郑声之乱雅乐也”(《阳货》17.18)。

孔子教学生，诗是基础课。诗和礼有关，跟乐关系更大。

他的教学顺序是，“兴于诗，立于礼，成于乐”(《泰伯》8.8)。学诗，要落实在礼，落实在乐。乐是最后一关。

《论语》中有不少话是讨论音乐。

第一，他喜欢器乐，特别是鼓瑟，不但自己鼓(《阳货》17.20)，学生也鼓，比如子路鼓瑟，不好听，被他骂(《先进》11.15)；四子言志，曾皙舍瑟而作(《先进》11.26)；子游为武城宰，弦歌之声不绝于耳(《阳货》17.4)，都是例子。心情不好，他还击磬(《宪问》14.39)。

第二，他经常唱歌(《述而》7.32)，只有碰到丧事，才不唱歌(《述而》7.10)。有一次，孺悲要见孔子，孔子故意不见。不但不见，还趁“将命者出户”，“取瑟而歌，使之闻之”(《阳货》17.20)，这是又弹又唱。

乐教和诗教，总是互为表里。知道这一点，你才能明白，为什么孔子总是琴不离手，弦歌一堂。

孔子的治学方法

孔子品人，德是一方面，智是一方面。智和德不一样，当然有天赋的高低。比如，最聪明的黑猩猩只相当两岁的小孩，人的智力比猩猩高，有遗传优势，就是老天的恩赐。但老天的这份礼物，是不是都一样？不一样。孔子认为不一样。

他把人分为三种，“上智”是特别聪明的人，为一端；“下愚”是特别愚蠢的人，为另一端（《阳货》17.3）；“中人”，是夹在两者之间（《雍也》6.21）。上智，是天生聪明（《季氏》16.9），他说，他不是这种人（《述而》7.20）。下愚，他也不是。他对他自己，评价并不怎么高。他说，“吾犹人也”（《述而》7.33、《颜渊》12.13），也就是个普通人。[1]

孔子是提倡学习的人。古文字，教、学同源。这两个字，都和觉悟的“觉”字有关，含有开发智慧的意思。孔子强调知，强调智，是针对中人。中人是什么人？主要是游离于富贵与贫贱之间的一批人：大富大贵，不是；肚子都吃不饱，也不是。

他和他的学生，主要是这种人。当时，最爱读书，是这批人。

孔子论学，有几点值得注意：

（1）他说，“三人行，必有我师焉：择其善者而从之，其不善者而改之”（《述而》7.22），他很谦虚。

（2）他说，“十室之邑，必有忠信如丘者焉，不如丘之好学

[1] 普通人又分两种，一种是“学而知之者”，一种是“困而学之者”。这两种，都需要学习。另外两种，不需要学习。上智是“生而知之者”，当然不需要学习，下愚是“困而不学者”，也不需要学习（《季氏》16.9）。孔子是需要学习的人，而且是其中的前一种。“性相近也，习相远也”，主要是针对中人。他是说，普通人的智力，其实都差不多。王充说，孟子讲性善，是针对上智；荀子讲性恶，是针对下愚；告子讲性无善恶，是针对中人，各得一偏（《论衡·本性》）。

也”(《公冶长》5.28)，他很好学。

(3) 他说，“古之学者为己，今之学者为人”(《宪问》14.24)，他更欣赏古人，学习是为自己。

(4) 他说，“知之者不如好之者，好之者不如乐之者”(《雍也》6.20)，学习是为了兴趣。

(5) 他说，“君子不器”(《为政》2.12)，“博学于文，约之以礼”(《雍也》6.27、《子罕》9.11、《颜渊》12.15)，专与博，他更重博。博是博通，不拘泥。比如，达巷党人批评孔子，说“大哉孔子，博学而无所成名”，孔子听说，跟门弟子说，“吾何执？执御乎，执射乎？吾执御矣”(《子罕》9.2)。射御，射是瞄着一个点，御是拉着射手跑。他说，他宁肯做个赶车的人，就是巧妙的比方。[1]

(6) 他主张多闻阙疑。比如孔子教训子路，就说“君子于其所不知，盖阙如也”(《子路》13.3)，“知之为知之，不知为不知，是知也”(《为政》2.17)。

(7) 他很强调复习，“温故而知新，可以为师矣”(《为政》2.11)。[2]

(8) 他有句名言，“学而不思则罔，思而不学则殆”(《为政》2.15)。他说，“吾尝终日不食，终夜不寝，以思，无益，不如学也”(《卫灵公》15.31)。[3]

(9) 他说，“子绝四：毋意，毋必，毋固，毋我”(《子罕》9.4)。臆测、武断、固执、主观，是为学四忌。

(10) 记忆和联想，他更强调联想，即知识的贯通。如孔子

[1] 子夏也说，“虽小道，必有可观者焉，致远恐泥，是以君子不为也”(《子张》19.4)。这话，可能是子夏闻之于夫子。

[2] 子夏也说，“日知其所亡，月无忘其所能，可谓好学也已矣”(《子张》19.5)。

[3] 子夏也说，“博学而笃志，切问而近思，仁在其中矣”(《子张》19.6)。

对子贡说，你以为我是“多学而识之者”吗？不是。我是靠“一以贯之”（《卫灵公》15.3）。[1]

[1] “一以贯之”这个词，他也跟曾参讲过（《里仁》4.15）。

孔子的教学方法

孔子是个“学而不厌，诲人不倦”的人（《述而》7.2）。他教学生，有四大特点：

（1）有教无类。“有教无类”是孔子的原话（《卫灵公》15.39）。孔子说，“自行束脩以上，吾未尝无诲焉”（《述而》7.7）。他收学生，不问出身，只要交上10条干肉，行过拜师礼，都可作学生。

（2）毫无隐瞒。孔子对学生很坦诚。他说，“二三子以我为隐乎？吾无隐乎尔。吾无行而不与二三子者，是丘也”（《述而》7.24）。

（3）因材施教。这话，不是孔子的原话，而是宋人从《论语》中总结出来的。孔子跟学生谈话，往往是针对学生的毛病，同样的问题，有不同的答案，《子张》篇最典型。

（4）循循善诱。他说，“不愤不启，不悱不发。举一隅不以三隅反，则不复也”（《述而》7.8）。孔子喜欢勤学好问、举一反三的学生，比如颜回。颜回说，“夫子循循然善诱人，博我以文，约我以礼，欲罢不能”（《子罕》9.11），他就是这种好学生。子贡说，“回也闻一以知十，赐也闻一以知二”（《公冶长》5.9），自愧不如。

研究孔子，看什么书

研究孔子，有三种书，一种是他传的书，即经书（六经或五经），一种是《论语》，一种是大小戴《记》和其他古书中的孔子语。经书重要，还是《论语》重要，过去有争论。

有人说，研究孔子，只能读《论语》，其他书，不是孔子的书。

也有人说，不对，研究孔子，不能靠《论语》。《论语》只是孔门师弟间，东拉西扯聊闲天，没什么思想。孔子的思想，是借经书而传。

还有人说，孔子的话，除《论语》，也见于其他古书，如《左传》、《国语》、《礼记》、《大戴礼》。研究孔子，就得把孔子的话都搜集起来。如宋以来的《孔子集语》，就是这类书。

汉代经学，五经是经，据说是孔子删述的经典；《论语》、《孟子》、《孝经》、《尔雅》，则属传记，大小戴《记》也是传记。经书年代早；传记年代晚。传统看法，传记不能同经书相比。我不这么看。

先秦时代是子学时代，不是经学时代。子学还要靠子书，不能以经学代替子学。

研究孔子，经书和传记都重要。但研究思想，还是传记更直接。

总之一句话，《论语》还是很重要。

十八　孔子到过什么地方

孔子是读书人，读书是为做官。他这一辈子，很多时间都花在路上，颠沛流离，恓恓惶惶。跑路是为什么？是为做官，古人叫宦游。

孔子宦游，到过什么地方？对读《论语》很重要。我亲自跑过他跑过的地方，对这个问题，有一点感想。

孔子的读书做官论

“文革”批孔，“读书做官论”是批判重点之一。孔子主张读书做官，这点并没冤枉他。他读书，不是为读书而读书。读书是投入，做官是产出，还是有很强的功利目的。

中国的读书人，读书做官是老传统。《儒林外史》的“儒林”，或曰士大夫，英文叫 scholar-officials，同一名称，两种身份，学者是学者，却和官僚有不解之缘，不是现任官员，就是候补官员。虽然，早期的世官世禄制度正在衰落，后世的选官制度还没产生，至少还要再等二百几十年，读书人到处跑，没有固定的主顾，非常辛苦，也非常危险，但孔子在前面探路，给他们指出了一条康庄大道。

这是真正的中国特色。

孔子教学生，很重道德，很重学问。但道德学问，要落实到当官。

> 弟子入则孝，出则弟（悌），谨而信，泛爱众而亲仁（人）。行有余力，则以学文。（《学而》1.6）

> 仕而优则学，学而优则仕。（《子张》19.13）

他说得很清楚，德行好了，有余力，要学文。学问好了，有余力，要当官。归根结底要当官。

他的典型说法是，“君子谋道不谋食”、“君子忧道不忧贫”。在他看来，种地，只会饿肚子；读书，才能吃官饭。长远看，吃官饭，肯定比种地划算（《卫灵公》15.32）。

孔子的处世原则

孔子提倡做官，但做官有做官的原则。他做官，是要劝说当时的统治者，让他们接受他的治国方略，挽救日益衰败的东周世界，不像他的后继者，光是投其所好。

做官，什么时候可以做，什么时候不可以做，要看世道。孔子有他的处世之道：

> 子谓颜渊曰：“用之则行，舍之则藏，唯我与尔有是

夫！”子路曰：“子行三军，则谁与（欤）？”子曰：“暴虎冯河，死而无悔者，吾不与也。必也临事而惧，好谋而成者也。”（《述而》7.11）

子曰：“笃信好学，守死善道。危邦不入，乱邦不居。天下有道则见，无道则隐。邦有道，贫且贱焉，耻也；邦无道，富且贵焉，耻也。”（《泰伯》8.13）

宪问耻。子曰：“邦有道，谷；邦无道，谷，耻也。”（《宪问》14.1）

子曰：“邦有道，危言危行；邦无道，危行言孙（逊）。”（《宪问》14.3）

孔子认为，读书人，该出头时，一定要出头；不该出头，一定要缩着。危险的国家，一定不能去；混乱的国家，一定不能留。天下（或国家）有道，一定要做官。如果不做官，不拿俸禄，穷兮兮、苦哈哈，很可耻。国家昏乱，一定要隐居，躲起来，藏起来，不能出来做官。如果出来做官，即使大富大贵，也很可耻。他还告诫说，国家有道，要直言直行，但国家无道，说话要小心。无原则的事不能干，但有原则的话也不能讲。

什么叫有道，什么叫无道，孔子的定义是，“天下有道，则礼乐征伐自天子出”，“天下有道，则政不在大夫”，“天下有道，则庶人不议”；“天下无道，则礼乐征伐自诸侯出”（《季氏》16.2）。

他生活的世界，当然是无道。

对于乱世，孔子的基本态度是，既不合作，也不抵抗。

他拿史鱼和蘧伯玉做比较。史鱼这个人，是“邦有道如矢，邦无道如矢”，直戳戳，好像笔直的箭，永远是一个样。孔子说，这叫“直”。直道，从道德上讲，无可非议，但太不策略。蘧伯玉，和他不一样，是“邦有道则仕，邦无道则可卷而怀之”。“卷而怀之”，什么意思？就是曲着点，藏着点，孔子夸他“君子哉”（《卫灵公》15.7）。

他是曲线救国论，不是直线救国论。

孔子到过什么地方？

孔子是30岁出名。出名，是因为精通礼。34岁和35岁，他出过两次国，一次到洛阳求学，一次到临淄求职。他在齐国找官做，没找到，只好回到鲁国，教书育人，一窝就是15年。50岁以后，他才出来当官，当了4年，又被排挤。55岁，他离开鲁国，在外漂泊14年，到过七个国家：卫、曹、宋、郑和陈、蔡、楚。这14年，他先后两次在卫国当官，共7年；一次在陈国当官，共3年。最后回到鲁国，还剩5年。

他这一辈子，主要在鲁国度过，前后加起来，大约有57年。其他时间是在国外，大约有15年。他的后半生，主要是在跑路，仕途并不顺利。

孔子一生，到过不少地方，在他那个时代，是个见多识广的人。

古代旅行，有些帝王也很能跑。他和秦皇汉武不一样。秦皇汉武周行天下，是到全国各地视察工作，检查政务边防，祭祀名山大川。他和司马迁也不一样。司马迁是陪皇上。他们都是公费旅行，旅行范围比他大。

孔子是自费旅行。他只到过九个国家，范围不出今山东、河南二省。他到处奔走，为什么？主要是找官做。

他有一段话，“父母在，不远游。游必有方”（《里仁》4.19），这是讲孝，很有名。但我们不要忘记，他还有一段话，“士而怀居，不足以为士矣”（《宪问》14.2）。

士，一定要游，不能待在家里。

孔子登过的山

孔子喜欢山，也喜欢水，每每寄情于山水。他说：

> 知（智）者乐水，仁者乐山；知（智）者动，仁者静；知（智）者乐，仁者寿。（《雍也》6.23）

山东半岛多名山，东岳泰山是五岳之首，东镇沂山是五镇之首，都是历代帝王祭拜的名山。孟子曾经说过：

> 孔子登东山而小鲁，登太山而小天下，故观于海者难为水，游于圣人之门者难为言。（《孟子·尽心上》）

孔子登过的太山，当然是泰山了。泰山是山东最高的山，海拔1524米。古人说，“君子之道，辟如行远必自迩，辟如登高必自卑”（《礼记·中庸》）。谁登山，都得从山下爬。今泰山脚下，有“孔子登临处”，右边树块碑，有四个大字，“登高必自”。“自”下隐去的字，就是“卑”字。泰山顶上，有望鲁、观吴等台，便是“孔子小天下处”。这些都是附会孟子的话。

孔子登的东山是哪座山，一向有争论。一说峄山，一说蒙山。峄山在曲阜以南，邹城市内，山下是邾国故城，孟子的老家。孟子的老乡当然说，孔子小鲁，一定就是峄山上的“孔子小鲁处”。但早有学者提出疑问，峄山在鲁南，何以称为东山，方位不对。他们说，孔子登的是蒙山，而不是峄山。蒙山在蒙阴、平邑两县交界处。峄山 545 米，蒙山 1150 米，蒙山比峄山高一倍。它的位置正好在曲阜以东，是山东的第二高峰。它的最高峰，龟蒙顶，也有“孔子小鲁处”。

登高才能望远。他老人家上的山，是山东最高的两座山。

王国维讲，人生第一境界是“独上高楼”(《人间词话》)。他老人家是“独上高山”。

孔子观过的川

孔子乐水，喜欢在水上钓鱼。

他有一句名言，“子在川上曰：‘逝者如斯夫，不舍昼夜’”(《子罕》9.17)，这是感叹人生苦短，时光流逝，像河水一样。他还有一句话，是“钓而不纲”(《述而》7.27)，即只用渔竿钓鱼，不用大网捞鱼，害怕竭泽而渔，以后没鱼吃。❶

❶ 参看《荀子·宥坐》“孔子观于东流之水”节。孔子说，“君子见大水必观焉。”

这两句话，都是很普通的话。

他老人家从未说明，他是在哪条河边发感慨，哪条水上钓鱼玩，但尼山孔庙和泗水泉林都有“孔子观川处”，“孔子钓鱼处”

也是到处都有。

孔子见过的水，主要是曲阜周围的几条水，泗水、洙水和沂水（大沂河、小沂河），前面已经谈过。

他去洛阳，肯定见过伊、洛、瀍、涧。

他去齐国，肯定见过淄、渑二水。

他去卫国，肯定见过黄河。宋、卫，是古代著名的黄泛区。黄河故道，就在这一带。

司马迁说，“孔子既不得用于卫，将西见赵简子。至于河而闻窦鸣犊、舜华之死也，临河而叹曰：‘美哉水，洋洋乎！丘之不济此，命也夫！’”（《史记·孔子世家》）但学者对这种说法非常怀疑。[1]

[1] 钱穆《孔子传》，北京：三联书店，2002年，42—43页。

孔子没去过晋国，可以肯定，但他见过黄河，没问题。

曾子说，孔子教于“洙泗之间”（《礼记·檀弓上》），但《论语》没提洙、泗二水。

沂，见《先进》11.26；汶，见《雍也》6.9；河，见《述而》7.11、《子罕》9.9、《微子》18.9，都是属于北方的河。

早年宦游：入周适齐

孔子早年去过周都洛阳和齐都临淄，刚才已经提到。齐是山东半岛最大的大城市，周是天下的中心。他是从小地方上大地方，就像今天，从曲阜上济南和北京。

他去洛阳，是到东周的首都。东周有二城。王城在今洛阳市区，地面还有一段残墙；成周在其东北，北接邙山，压在汉魏古城下。古人说，孔子去洛阳，主要是去见老子，向他请教礼。老子是当时的国家图书馆馆长（或档案馆馆长）。

孔子从鲁国来，大家想，肯定该从东门进，所以，清雍正五年（1727年），有人在洛阳旧城东关立了块碑，作“孔子入周问礼乐至此”。这就是大家想象的孔子问礼处。

他去临淄，是齐景公时，晏婴当政。他想找工作，被齐景公婉谢。临淄故城，在今淄博市临淄区。城西有晏婴墓，是后人堆筑的假坟。城北有河崖头5号墓，倒是一座真正的春秋大墓。孔子说，“齐景公有马千驷，死之日，民无德（得）而称焉”（《季氏》16.12）。此墓与景公的年代大致相当，正有殉马600匹。

孔子的时代，山东半岛，主要有三个大国：齐、鲁、莒。三国之中，齐最大。孔子曾幻想，“齐一变，至于鲁；鲁一变，至于道”（《雍也》6.24）。但齐国经常欺负鲁国，不但发兵攻打，还收买政要搞颠覆。孔子去国远游，表面原因是三桓不悦，背后原因是齐国捣鬼。

孔子居卫

孔子去鲁，第一站是奔卫国。卫国离鲁国很近。鲁、卫都是姬姓，孔子说，“鲁、卫之政，兄弟也”（《子路》13.7），祖上是兄弟关系。“卫多君子”（《左传》襄公二十九年），有很多能干的政治家（如蘧伯玉等），也是吸引孔子的地方。孔子周游列国，在卫国，时间最长。即使回到鲁国，也不肯撒手卫国的政治。

卫国的敌国，主要是黄河对岸的晋国。晋国是北方的超级大国。晋与卫，犹齐与鲁。他到卫国，也不是没考虑，西渡黄河，去晋国谋事。佛肸以中牟畔（叛），他就动过去晋国的念头（《阳货》17.7），但终于没有去。

卫城在今河南濮阳县的东南，金堤河的南面。金堤河是防黄河水患的大堤。2003—2006年，考古工作者在高城遗址附近试掘，发现黄沙淤埋的卫故城。这是个很大的城市，可惜被黄河冲毁，深埋地下十几米。整个卫国，都处于黄泛区。

卫国的戚城，子路战死的地方，在卫城西北，今濮阳市内，现在是个遗址公园。它北面，是明清时期的子路墓。郦道元已提到子路冢，在濮阳城东（《水经注·河水五》）。“文革”期间，此墓被挖，原来是座汉墓。

孔子在卫国，到过其边境上一个叫仪的小地方。当地官员（仪封人）见他，对他的学生说，“二三子何患于丧乎？天下之无道也久矣，天将以夫子为木铎。”（《八佾》3.24）此“仪封人请见处”，据说在今河南兰考的仪封乡。当地有块碑，就是纪念此事。

孔子周游列国，有三次大难，其中第一次，是所谓匡、蒲之围。“子畏于匡，曰：‘文王既没，文不在兹乎？天之将丧斯文也，后死者不得与于斯文也；天之未丧斯文也，匡人其如予何？’”（《子罕》9.5）就是讲这件事。匡、蒲二邑，都在今河南长垣县。蒲是卫国防御晋人入侵的军事重镇。

孔子南下

卫灵公去世，太子蒯聩在晋国的支持下，要返回卫国，和他的儿子卫出公争立，眼看将有大乱。孔子避祸南下，开始寻找新主顾。他这一路，去了六个国家。

（1）曹

孔子离开卫国，先到曹国。曹，在今山东定陶，是古代著名的商业城市，非常繁华。他在曹有什么经历，古书没有任何记载，大概只是路过。

（2）宋

宋是孔子的老家。这里也是黄泛区。1990 年代，张光直教授策划，中美联合考古队曾在此寻找成汤所居的商，商没找到，却发现了东周宋城。这座古城也是深埋地下十几米。黄河同样摧毁了它。

宋故城，范围很大，汉唐时期的睢阳古城、宋南京城和明归德府，都只是它的一小部分。

现在的商丘县城，是明代的归德府，四面环水，很美丽。特别是南面的湖区。

他到宋国，也不太愉快。孔子在大树下讲学，宋国的司马桓魋派人清场，拉倒大树，让他们晒着。孔子换装逃跑，差点被杀。他给自己打气说，“天生德于予，桓魋其如予何”（《述而》7.23），这是他的第二次蒙难。

商丘县城的东南，有个文雅台，明清建筑，便是纪念孔子蒙难的地方。

（3）郑

郑国，在今河南新郑市，位置在商丘以西，也是孔子路过。孔子去宋，一路西行，首先来到的是郑国的东门。

这座古城，保存特别好，就在新郑市内。地面上的城墙，至今仍有十多米高。它是一座连续使用的古城，郑国用完韩国用，故也叫郑韩古城。它分内城和郭城，内城在西，郭城在东，洧水环内城，溱水环郭城。

“丧家狗”的故事，“孔子独立郭东门”，就发生在这里。它的郭城，东墙上面，有个大缺口，便是郭东门，现在修了个门，圈在一个叫“郑风苑”的公园里。

站在这个城门前，你会想起这个有趣的故事。

（4）陈

孔子南下，主要目的，是去楚国。当时的楚国，是南方的超级大国，除江汉地区和方城内外，还控制着河南南部和安徽北部的大片土地。

楚灭陈，在公元前 534 年，孔子 18 岁。楚灭蔡，在公元前 531 年，孔子 21 岁。公元前 529 年，孔子 23 岁，楚国复封陈、蔡。陈、蔡虽然复国，但都是楚国的傀儡，仍然属于楚国的势力范围。孔子居陈，曾事陈湣公，一住就是三年。这是过渡。他的真正目标，其实是奔楚国。

陈国，在今河南淮阳县。淮阳是北方最大的水城，四面环水，城在中央。东周时期的陈城，也是连续使用的古城，故也叫陈楚古城。这座古城，也发掘过。

公元前489年，孔子离开陈国，第三次蒙难。孟子说，“君子之厄于陈、蔡，无上下之交也”（《孟子·尽心下》），司马迁也说，孔子他们饿肚子，是在陈、蔡之间（《史记·孔子世家》）。但《论语》只说，“在陈绝粮”，没有提到蔡。他们师徒几个，饿得爬不起来，子路沉不住气，被孔子呵斥（《卫灵公》15.2）。

今河南淮阳县县城西南有个弦歌台，清代建筑，就是纪念这一事件。台名弦歌，意思是说，饿归饿，他们师徒几个，还是弦歌不绝。

（5）蔡

蔡国的都城，从西周初封到春秋早中期，一直在上蔡，今河南上蔡，只因楚势北上，才不断南迁，有新蔡和下蔡。孔子去的蔡国是哪里，过去有争论。

前人怀疑，孔子厄于陈、蔡的蔡，并非新蔡（今河南新蔡）或州来（今安徽寿县），这是对的，但孔子到过的蔡到底在哪儿，学者却莫衷一是。

过去，最流行的说法，是崔述的说法。他说，孔子过的蔡，应在负函，现在的信阳，河南最南端。他说，孔子既没到过州来，也没去过叶县，而是在负函，和叶公见的面（《洙泗考信录》卷三《孔子无至州来及叶之事》，收入《崔东壁遗书》，上海古籍出版社，1983年，300页）。

崔述此说，学者多信而不疑，几乎视为定论。如钱穆《先秦诸子系年》(北京:中华书局,1985年,上册,47页)就是持这一说法。匡亚明绘制的《孔子周游列国示意图》也是这样画。其实,这只是猜测,并无任何证据。

事实上,在《左传》一书中,陈、蔡常并举,与陈并举的蔡,一定是指与陈国邻近的蔡地,即上蔡一带,而决不是指新蔡或州来。负函称蔡、叶公居蔡,更是毫无根据。

孔子从陈国去叶县,基本上是西行,上蔡正好在两地之间。司马迁明确说,孔子离开陈国,是“自陈迁蔡”、“自蔡如叶”,在叶县见叶公(《史记·孔子世家》),我们从地理位置和行走路线看,最合理的解释仍然是,他是经上蔡到叶县。

(6)楚国的叶县

叶县是楚国镇守北方的军事重镇。今叶县,有旧县和新县,楚国的叶县,是旧县,在新县南,略向西偏,至今可见楚叶县故城的残垣。

叶县故城北,有叶公墓,是个凭吊性的古迹。

孔子是在叶县见叶公,最有文献根据,今天必须更正。

十九　孔子的政治烦恼

孔子的一生，有快乐，也有忧愁。他是人。人，都有七情六欲。光快乐，不发愁，那还叫人吗？更何况，他生逢乱世。乱世之人，发点愁，抒点愤，不是很正常吗？否则，还有什么《离骚》、《孤愤》。读《论语》，我们必须指出，孔子的最后二十年，也是充满烦恼，并非如很多人所描写，整天乐呵呵，轻飘飘。你不了解他的内心世界，你不了解这个人。

孔子的一生，分为两截：50 岁以前，他躲在家里读书，发愁还比较少；50 岁以后，投身政治，常常很苦恼

孔子年轻时，以好学知礼名。他是 30 岁出名。出名是因知礼，国内、国外都很有名。[1]30 岁以前，他读古书，习古礼，学过不少东西，应该很幸福，也很快乐。30 岁以后，除了适周适齐，短暂出游，他一直待在鲁国，教书育人做学问，达二十年，

[1] 司马迁说，孔子 30 岁（前522 年），齐景公、晏婴到鲁国问礼（《史记》的《十二诸侯年表》、《齐太公世家》、《鲁周公世家》），齐景公曾向他请教（《史记·孔子世家》）。《左传》昭公七年："九月，公至自楚，孟僖子病不能相礼，乃讲学之，苟能礼者从之。"孟僖子为自己不懂礼而苦恼，所以开始向懂礼的人学习。这是孔子 17 岁（前 535 年）时的事，和孔子无关。下文说，孟僖子临死前，把自己的两个儿子，孟懿子（仲孙何忌）和南宫敬叔，托付给他身边的大夫，说孔子是"圣人之后"，当代"达人"，要他的两个儿子拜孔子为师，跟他学礼，这是提前叙述，讲孔子 34 岁的事（前 518 年）。

也还行。读书是自娱自乐，教书是助人为乐。

孔子爱学习。他的快乐，主要来自他无官可做、赋闲在家的好时光。苦恼，主要是因政治而起。亚里士多德说，“人是政治动物”。他这个人，迷政治，超过一般人，不搞政治，绝对受不了。

孔子的处世之道是，“天下有道则见，无道则隐”（《泰伯》8.13）。然而，他做不到。

他所在的国家，鲁君是诸侯，对周天子无礼；三桓是大夫，对鲁君无礼，三桓的手下是陪臣，对三桓无礼。周围的国家也都如此。

这样的政治是烂政治，明明属于无道。但他躲起来了吗？没有。他还是忍不住，紧着往里掺和。掺和的结果，当然不愉快。他的所有努力，都归于失败。

孔子仕齐：无功而返

孔子第一次找官做，是上齐国。齐国是东方大国，与鲁为邻，经常欺负鲁国。鲁国是小国，只能傍大国。不是傍齐国，就是傍晋国。孔子生活的时代，鲁国是夹处于这两大国际势力间，很多动乱都与它们有关。鲁国的政治家，一有麻烦，不是上齐国，就是奔晋国。齐国离鲁国近，对鲁国的影响比晋国大。孔子说过，“齐一变，至于鲁；鲁一变，至于道”（《雍也》6.24）。在他看来，鲁是周的同姓，比齐正宗，如果能用周道改造鲁国，用鲁道改造齐国，周的东方就有希望了，东周就有希望了。他对齐国很重视。

孔子到齐国，齐景公问政，他的答复是“君君臣臣、父父子子”。景公说，“善哉！信如君不君、臣不臣、父不父、子不子，虽有粟，吾得而食诸？”（《颜渊》12.11）孔子的话，其实是哪壶不开提哪壶。景公表面赞赏，实际未必。因为景公是齐庄公的异母弟，乃乱臣贼子崔杼弑庄公所立，论身份，论程序，都非合法继承人。景公不喜欢孔子，还不直说，一是借口没合适的位子，二是推说自己太老（《微子》18.3）。孔子很扫兴，只好回国。[1]

[1]《墨子·非儒下》等古书说，景公不肯重用孔子，是因晏婴反对。此说不可信。

孔子仕鲁，遭人排挤

孔子第二次找工作，是在鲁国。这段经历，是孔子仕途的巅峰。

51—54岁，他在鲁国当过四年官：51岁，当中都宰（《礼记·檀弓上》提到此事）。中都是鲁邑，在今山东汶上县的西南。这个官不太大，只是县邑的长官，和他父亲一样；但52—54岁，他先当司空，又升任大司寇，却是比较大的官。司空是管工程。司寇是管司法。当时的鲁卿，季桓子是大司徒，叔孙武叔是大司马，孟懿子是大司空。他当的司空，是少司空，为孟懿子的副手，地位仅次于三桓。

孔子出山的背景是什么？我想跟大家讲一下，多说几句。

（1）阳货之乱和侯犯之乱

孔子出来当官，是50岁以后。50岁以前，没人请他出来当官，鲁昭公不请，季平子不请，阳货也不请，他很着急。

谁第一个请孔子出来当官？请注意，是阳货。《论语》提到这件事：

> 阳货欲见孔子，孔子不见，归（馈）孔子豚。孔子时（待）其亡也，而往拜之。遇诸塗（途）。谓孔子曰："来！予与尔言。"曰："怀其宝而迷其邦，可谓仁乎？"曰："不可。""好从事而亟失时，可谓知（智）乎？"曰："不可。""日月逝矣，岁不我与。"孔子曰："诺，吾将仕矣。"（《阳货》17.1）

阳货（《左传》作阳虎）是三桓中季氏的大管家。三桓，作为鲁卿，都住在曲阜，并在曲阜外置采邑。季氏的采邑是费（在今山东费县西北），叔氏的采邑是郈（在今山东东平县东南），孟氏的采邑是成（在今山东宁阳县东北）。这三大采邑，皆高筑墙，藏甲兵，由三桓各自的家臣把守：公山弗扰（《左传》作公山不狃）为费宰，公若藐为郈宰，公敛阳（字处父）为成宰。是谓三都。

这段话很有名，据考是在孔子47岁上，即前505年。鲁国，从鲁宣公起，公室卑，政在三桓。季氏势力最大，其次是叔氏，其次是孟氏。鲁国的大权先后由季文子、季武子、季悼子、季平子把持。鲁昭公，就是被三桓赶走，客死他乡。这就是孔子说的"礼乐征伐自大夫出"。这一年，是鲁定公即位的第五个年头，六月丙申，季平子卒，季桓子执政；九月乙亥，出了件大事，阳货把季桓子抓起来，与之盟于稷门内，迫其答应自己的条件，才把他放掉，大权落入阳货手中（《左传》定公五年）。这就是孔子说的“陪臣执国命”。阳货请孔子出来当官，是以此为背景。事情很可能在九月乙亥之后。

这里，为什么不是别人，而是阳货请孔子出来做官，原因有二：

第一，他知道，孔子想出来做官，已经盼了很久，就等这一天。47 岁不当，剩下的机会就不多了。当时的仕途，位居公卿的显贵，一般是世袭贵族，只有邑宰和家臣，才是孔子这类人的出路。孔子出仕，一开始就是任这类官职。他的学生，后来纷纷出仕，也主要是担任这类官职。当时，阳货掌权，是难得的机会。阳货请他出来，是想拉他加入陪臣的队伍。

第二，当时，鲁国的政治势力有三股，公室、三桓和三桓的陪臣。鲁君之患在三桓，三桓之患在陪臣，一个比一个更无礼。孔子从政，尊君为本。孔子要替鲁君出气，当务之急是打击三桓，很明确。但当时，现实的政治力量，谁能制约三桓，只有阳货。阳货的背后还有齐国的势力。阳货认为，这对孔子有吸引力。

孔子很犹豫。他的内心是跃跃欲试，但打击三桓，是件投鼠忌器的事，阳货背主，不合君臣名分，支持他，也坏自己的名声。最后，他还是放弃了。

当时，阳货来访，他故意不见；回访，是趁阳货不在；最后在路上撞见，也是满口答应而实际不动窝。他的顾虑是，支持阳货，成功把握不大，还特丢人（支持阳货叛主，有点不像话）。公开拒绝，又太危险。他想再观望一下。

阳货之乱，始于定公五年（前505年），终于定公九年（前501年）。这一叛乱，背后有齐国势力的介入。前502年，阳货勾结三桓子弟和家臣，谋刺季桓子于蒲圃，以季寤代替季桓子，叔孙辄代替叔孙武叔，自己代替孟懿子，被孟氏打败（《左传》定公八年）。阳货退守阳关，次年奔齐，齐国不收留，又奔晋，投靠晋国的赵简子（《左传》定公九年）。晋国的赵简子和鲁国的季桓子是类似的政治人物。

阳货出亡后，阳货的同党还在。公山弗扰据费而守，对三桓构成巨大威胁。他和阳货一样，也对孔子感兴趣。《论语》说：

> 公山弗扰以费畔（叛），召，子欲往。子路不说（悦），曰："末（蔑）之也已，何必公山氏之之也？"子曰："夫召我者，而岂徒哉？如有用我者，吾其为东周乎！"（《阳货》17.5）

这次，孔子也很犹豫，遭到子路反对。犹豫的原因和前面一样——他肯定考虑过，借三桓的陪臣打击三桓。他说，人家召我，当然有人家的目的，但我的目的，毕竟是为了东周呀。

阳货之乱只是序幕。接着，还有侯犯之乱。前500年夏，侯犯杀郈宰公若藐而叛。侯犯是叔氏的家臣，郈邑的马正（相当郈邑的司马）。这一叛乱，也有齐国势力的介入，最后被叔孙武叔和孟懿子平定。侯犯奔齐（《左传》定公十年）。

（2）孔子出山，后台是孟懿子

鲁国起用孔子，估计跟孟懿子有关，时间就在侯犯之乱后不久。孟懿子是平定阳货之乱和侯犯之乱的主力。他跟孔子学礼，关系不一般。当时，陪臣结党，主要威胁来自季氏和叔氏两家，孟氏地位不如他们，受到的威胁小一点。孔子出来当官，我估计，就是由孟懿子推荐，季氏、叔氏同意，鲁君也赞同。起用他，是为了平定乱局。

孔子出山，首先是做中都宰。中都在今山东汶上县西南的次丘镇，是鲁国的公邑。孔子为什么一开始是到这里当官，我们要注意《左传》的记载。

我们都知道，鲁昭公被三桓逼走，最后是死在乾侯。昭公的尸体运回鲁国，应该怎么埋葬，曾经有争论（《左传》定公二年）。

最初，季桓子打算把他埋在“阚公氏”，即鲁国的公墓，被鲁大夫荣驾鹅劝止。季桓子把鲁昭公葬在鲁侯墓地的墓道南，和鲁国先君的墓是分开的，含有惩罚之义。后来，孔子当鲁司寇，才“沟而合诸墓”，重新和鲁国先君的墓合在一起。

这里，值得注意的是，阚的地点正在汶上县的南旺镇一带，和中都非常近（在其西南）。

我很怀疑，孔子当中都宰，跟负责鲁侯墓地的营建和管理直接有关。我们都知道，陵墓修建，属于土木工程，古代往往由刑徒从事，这类事情，是归司空和司寇管。司空和司寇有密切关系。

孔子当司空，钱穆推测，是少司空，很有道理。[1]孟懿子是大司空，他当的司空，自然是少司空，也就是孟懿子的助手。他从中都宰，当到少司空，当到大司寇，恐怕都是由孟氏推荐，都

[1] 钱穆《孔子传》，北京：三联书店，2002 年，27—28 页。

跟为鲁昭公修墓有关。

（3）孔子堕三都

前498年，孔子派仲由当季氏宰，堕三都（拆毁三都的城墙），收其甲兵。孔子想，这可是一举两得：既可打击陪臣，又可削弱三桓。仲由先堕郈，成功，因为那里刚刚平定侯犯之乱，堕郈很有理由。但接下来堕费，就没那么顺利，马上引起公山弗扰和叔孙辄叛乱。他们趁子路堕费，后防空虚，帅师袭鲁。鲁君与三桓退守季氏之宫，躲在武子之台上。叛军包围武子之台，被孔子击退。堕费因而成功。只有成，孟氏不配合，围而不克（《左传》定公十二年）。

这次叛乱，也有齐国作后盾；事败，公山弗扰、叔孙辄逃往齐国。

孔子堕三都，陪臣的势力受到打击，但真正的获益者，不是鲁君，而是三桓。孔子作为替代的政治势力，反而成了三桓，特别是季氏的猜忌对象。《论语》说：

> 齐人归女乐，季桓子受之，三日不朝，孔子行。（《微子》18.4）

这是前497年的事。司马迁对此事有更详细的描写。他说，孔子离开鲁国，是迫于齐国的压力（《史记·孔子世家》）。

孔子是齐、鲁政治交易的牺牲品。

孔子周游列国：一无所获

前497年，孔子留下冉雍，任季氏宰；留下高柴，任费宰，用以填补上述动乱留下的权力真空，但他本人却不得不离开鲁国，带着仲由、颜回、冉求等人出游。从55岁到68岁，前后14年，他一直流亡在外。

孔子离开鲁国，西行、西南行，到过卫、曹、宋、郑、陈、蔡六国。[1]这些国家，都是小国。它们的西边是晋国，南边是楚国，才是大国。他想去晋国，据说走到黄河边，没有过河；到过楚的边境，也未能深入（《史记·孔子世家》）。大国都不接纳。他做官，只有两个国家，卫国和陈国。时间最长是卫国。

前面，我们说过，孔子对卫国感兴趣，原因很多，其中最重要，是“卫多君子”（《左传》襄公二十九年），有很多干练的大臣，但另一面，卫国的坏人也很多（如南子、弥子瑕和宋朝）。卫灵公，凡事听于南子，南子淫乱，私通宋朝，导致卫太子蒯聩逃亡晋国，这是后来卫乱的祸根。孔子对卫灵公的评价是“无道”（《宪问》14.19）。他离开卫灵公前，卫灵公曾问陈于他，向他请示军事，估计是为了对付晋送蒯聩回国。孔子对卫灵公很不满，他说，“俎豆之事，则尝闻之矣；军旅之事，未之学也”，第二天就离开了卫国（《卫灵公》15.1）。卫灵公死于前493年的夏天。孔子是在此之前离开卫国。[2]

卫国的政治，背后有晋国的阴影，就像鲁国的背后有齐国的阴影。卫灵公死后，晋国的赵简子用武力送蒯聩回国，但卫国却立蒯聩子为卫出公，拒绝接纳，蒯聩不得入。孔子避卫乱，转仕陈湣公。在陈期间，他一度考虑去晋国。这是很重要的插曲。

前490年，赵简子围中牟，佛肸以中牟叛，佛肸召孔子，孔

[1] 《庄子·天运》说，孔子跟老聃讲，“丘治《诗》、《书》、《礼》、《乐》、《易》、《春秋》六经，自以为久矣，孰知其故矣；以奸者七十二君，论先王之道而明周、召之迹，一君无所钩用”。孔子干禄，见过“七十二君”，有点夸大。这是寓言，不可信。

[2] 《述而》7.15，冉有问子贡“夫子为卫君乎”，可能与此有关。卫灵公问陈，原因是什么，有各种推测。也许，他知道，自己死后，晋人会送蒯聩回国，必有战事，所以问孔子。

子曾动心：

> 佛肸召，子欲往。子路曰："昔者由也闻诸夫子曰：'亲于其身为不善者，君子不入也。'佛肸以中牟畔（叛），子之往也，如之何？"子曰："然，有是言也。不曰坚乎，磨而不磷；不曰白乎，涅而不缁。吾岂匏瓜也哉？焉能系而不食？"（《阳货》17.7）

在《论语》中，此事和阳货之召、公山弗扰之召列在同一篇，绝非偶然。这是孔子的第三次动心。孔子去卫，是学伯夷、叔齐（《述而》7.15）。伯夷、叔齐，是"不降其志，不辱其身"（《微子》18.8），但这次动心，却是属于"降志辱身"。子路反对他去，说我可亲耳听过您的教导，这种叛变主子的事，君子是不能参加的。孔子回答说，硬的磨不薄，白的染不黑，我总不能像挂在墙上的葫芦，只中看，不中吃吧。当官对他有很大诱惑，但如果到处都是坏蛋，你又怎么当？

政治，都是依靠现成的政治力量，一恶降一恶。这和道德完全是两码事。没有好蛋，只能坏蛋里面挑好蛋，把坏蛋当好蛋，但这样一来，道德还怎么摆。

孔子仕陈湣公，《论语》毫无记载，只提到一位陈司败（《述而》7.31）。卫国才是他最上心的地方。

孔子仕卫出公，在前488年，即卫出公即位的第四年。子路问，老师为政的第一件事是什么？孔子说，"必也正名乎"（《子路》13.3）。当时的卫国，是处于蒯聩父子争政的危机之中。他们两个，父不父，子不子，怎么正？子路认为，老师的想法太迂阔，被孔子痛骂。孔子的施政纲领，还是当年答齐景公的那一套，当年不行，现在也不行。

孔子居卫，对卫国的政治参与太深。他的学生，仲由是卫蒲邑大夫（蒲邑是卫御晋、楚的门户），高柴是卫士师，都是卫出公的臣下。孔子返鲁前，孔子返鲁后，他的学生都穿梭往来于鲁、卫之间。孔子回到鲁国，仍不能忘情于卫国的政治，继续支持卫出公。这是仲由死卫的原因。

前480年岁末，蒯聩自戚入卫，高柴逃跑，仲由死于难，被人剁成了肉泥。孔悝立蒯聩为卫庄公，卫出公逃往鲁国。二君废立，背后是晋、鲁斗法：晋国支持蒯聩，鲁国支持卫出公。仲由之死，让孔子深受刺激。次年四月，他含泪离开了人世（《左传》哀公十五年和十六年）。

这个结尾很悲剧。

丧家狗的象征意义

孔子在外多年，心情很不好。比如，他在卫国，独自在屋里击磬，铿铿作响，甭提有多烦。这种烦恼，无人会，反而让个背着箩筐打门口过的汉子给听出来了：

> 子击磬于卫，有荷蒉而过孔氏之门者，曰："有心哉，击磬乎！"既而曰："鄙哉，硁硁乎！莫己知也，斯己而已矣。深则厉，浅则揭。"子曰："果哉！末（蔑）之难矣。"（《宪问》14.39）

他说，这是谁在击磬呀，肯定有心事。你那点心事也太俗了吧，不就因为没人理吗！孔子的烦恼是“莫己知”——谁都不搭理，谁都不理解。

该跑的地方都跑过了，剩下的只是浮海居夷。

子曰：“道不行，乘桴浮于海。从我者，其由与（欤）？”子路闻之喜。子曰：“由也好勇过我，无所取材。”（《公冶长》5.7）

子欲居九夷。或曰：“陋，如之何？”子曰：“君子居之，何陋之有？”（《子罕》9.14）

他说的海，是离他最近的黄海。黄海，古代两大港口，一个在今山东胶南市，一个在今江苏连云港市（连云港有个孔望山，传说孔子在此望海）。九夷在淮河下游，今安徽、江苏一带。他想上哪儿？吴、越？还是更远的地方？这是赌气话。他很失望，也很绝望。

心情最坏的时候，他气得连话都不想说：

子曰：“予欲无言。”子贡曰：“子如不言，则小子何述焉？”子曰：“天何言哉？四时行焉，百物生焉，天何言哉？”（《阳货》17.19）

孔子的无所遇，像什么？古人的说法，是“丧家之狗”。古人讲孔子周游列国，经常提到这个故事。它反映了孔子的真实处境。

孔子的话，充满自嘲，但不失冷静。

在无情的命运面前，他保持着清醒。

二十　我们从《论语》学什么

古人读《论语》，最大毛病是崇圣卫道，特别是宋以来。义理派和考据派，大胆假设也好，小心求证也好，都有这个毛病。[1]照理说，他们的禁忌，今人不该有，但现在风气很不好，不但崇圣卫道，老毛病又犯，还束书不观，光问有什么用。

[1] 我读《论语》，是以程树德的《论语集释》作基础。他读《论语》，是考据义理并重，我也如此。大家翻开我的书，当不难发现，我所引据，都是不问汉宋，兼收并蓄。有人不看书，上来就说，我是考据派，我是古文经学派，我是抹杀宋代学术，这都是瞎说。

孔子不是摆设，《论语》不是工具

《老子》说，“天地不仁，以万物为刍狗；圣人不仁，以百姓为刍狗”（第五章）。“刍狗”是什么？就是用草扎的狗，用来祭奠，祭完就扔了。套用《老子》的话，我们也可以说，“学者不仁，以孔子为刍狗”。刍狗就是摆设，临时借来用一用。

百姓对孔子无知，受学者误导，除了崇，除了用，不知其他，这不怨他们。要怨也是怨学者。学者不像话。

工具，古人叫器。器，当然很重要。比如“器之”（《子路》13.25），是特别重视，特别看重你。

器有大器和小器。管仲是治世之能臣，但孔子说，“管仲之器小哉”（《八佾》3.22），嫌他器量不够大。

孔门弟子，子贡最能干，他问孔子对他怎么看。孔子说，你也就是个“器”吧。子贡问什么器？孔子说，“瑚琏”呗（《公冶长》5.4）。瑚琏，是一种装饭的盒子，很贵重。孔子认为，子贡能干，只是器，就算大器，也是器。孔子说，“君子不器”（《为政》2.12），他追求的是“道”。

现在，追求“器”的，都是拿孔子当吃饭家伙，无论吃政治饭的，还是吃道德饭的（还有吃宗教饭的），谁都拿他说事。难怪有人说，“孔家店是粮食店”，这个店倒了，我们就没饭吃。[1]

[1] 2007年9月13日，打开电视，阳光卫视办的“茶馆论风骚”，有两位香港才子正在谈孔子。他们说，孔子嘛，完全可以“再用用”，英文有个说法，叫recycle（废物的循环再造和再利用，美国的垃圾箱上有这个字）。说到兴头，还拿孔子打比方，说孔子就像我们的爷爷和爸爸，反孔就像反爷爷、反爸爸，只有青春期躁动，荷尔蒙分泌太多，才干这种傻事。真逗。

“学以致用”不是“学以致庸”

世人读书，急功近利，这点，我深有体会。一次是恍如昨日的“文革”，一次是去古未远的现在。当时闹批孔，现在闹尊孔，都这么读。他们中，不少人，上点年纪的，哪趟车都没落下，干脆就是同一拨，不信你去查查。

如今是“后文革”时代，距离“文革”，已经三十年。当年的人都垂垂老矣，但思想的惯性还在。不管什么书，谁都是上来就问，读它有什么用，特别是现在的栋梁，各种领袖班和总裁班的学员，他们开口就是这类问题。

读《易经》，是学算命（算股票，算官运）。读《孙子》，是学诡计（管理员工，决胜商场）；我们从《论语》学什么？也是小到抚慰心灵，大到拯救世界。[1]

就连读书人，官瘾发作，政治依赖症难除，也少不了这一口。谁让我们有文人议政、参政的“光荣传统”呢！

往事：活学活用的危害

往事如烟，有位住在西湖岸边、保俶塔下的老将军回忆：1959年，庐山会议后，毛主席到处奔走，跟军队的领导同志打招呼，要他们拥戴新上任的国防部长，也就是后来的林副主席。毛主席说，林彪同志有一大优点，就是概括能力极强。

我读过一点战史，林彪确实有这个特点，他很会编口诀。比如他在东北，就总结过“一点两面”、“三三制”、“四快一慢”。这种带号码、三四字一句的话，朗朗上口，易于记诵。读古书，我发现，先秦诸子干禄，也是采用这种方法。这是一种很聪明的讲话方式。

林彪是懂得群众心理和领导心理的人。他认为，学《毛选》，四本太厚，少则得，多则惑，于是有《毛主席语录》。

他提倡的学习方法是：

> 带着问题学，活学活用，学用结合，急用先学，立竿见影。

这是吃透了政治思想工作的要领。宋代读兵书，废注，只读白文，也是类似考虑。

可是，我必须指出，中国的古书，不能这样读。别人，我管

[1] 这个暑假，我接到不少电话，都是邀我讲课。我到这种班讲过课，发现大同小异，兴趣基本一样。除上面这些，各种迷信，也是兴奋点。他们只想听他们想听的而已，此外都是多余，故每每要我“联系实际”。我的“联系实际”是什么？首先就是给他们泼凉水。但杯水车薪，管什么用。

不了，起码在学校里，起码在我的课堂里，不能这样读。

道理很简单，学术不是政治。

对我来说，孔子是历史人物，说千道万，首先是历史研究的对象。你的一切议论，你的一切发挥，都要有历史根据。没有历史根据，瞎编胡说，骗别人可以，骗我不行。[1]

“文革”的当，不能再上。

[1] 只要是人，都是历史研究的对象。他们说，李零把孔子送进了历史博物馆，但孔子是俺们心中的红太阳，他还活在当代，活在俺们心里。这是典型的宗教话语。

人文学术都是以无用为用

我们不要忘记，孔子是人文学者。他对中国有一大贡献，就是保存古典文化。

孔子传授的古典文化是什么？是诗、书、礼、乐、易、春秋，全是文、史、哲三科的东西。这些书讲什么？都是人文学术。

现在时髦讲“人文”，什么都贴这个标签，就跟卖橘子似的，金光闪闪，每个都贴上一小片，意思是质量上乘，很好吃，快来买。其真实含义反倒晦而不明。其实，人文学术的核心是以人为本，第一不装神弄鬼，第二不同于自然科学，第三不同于社会科学。我们对孔老夫子，怎么反而不讲“人文关怀”？

历史文献不当历史文献读，人文学术不当人文学术讲，离题万里十八扯，跟孔子有什么关系？跟《论语》有什么关系？

我是研究人文学术的。人文学术的特点是什么？俩字：无用。《水浒传》上的那位，智多星——吴用，聪明就聪明在无用。如果非说有什么用，那也是老子和庄子讲的，以无用为用。

古有《春秋》断狱、《河渠书》打井，“文革”那阵儿，也有用哲学养猪、打乒乓球。[1]怎么大家都忘了？

[1] 学者幼稚病的主要特点是，读书再多，摆脱不了入戏感，写大人物，自己就成了大人物，自我发功，自我感动。现在的哲学系，似可改名儒学系或理学系（有人建议叫经子系）。很多讲哲学的，名曰形而上，实为形而下，从哲学到政治，是坐直通车。中国养生术，吃什么补什么，他们也是这样。研究儒家就成了儒家，研究道家就成了道家，好像演员进入角色。如果天底下，大家都这么搞学问，学兽医的怎么办？

当下尊孔的三副面孔

现在读《论语》，有三种读法，三种读法下的孔子，有三种面孔。

第一是立教，先谋“中国三教儒为首”，树立孔子在中国的绝对精神统治地位；再图“世界三教儒为首”，树立孔子在世界上的绝对精神统治地位。他们是拿孔子当儒教的教主。这种教，民国初年，早就有人立（康有为、陈焕章），拥护者寥寥，民国政府都不曾批准。新中国成立，宗教事务管理局，有佛教、道教，一大堆教，同样没有这个教。我就不信，中国会立这个教，而且还是国教。

第二是立宪，祖述孔孟颜曾，宪章程朱陆王，重新定义中华人民共和国，宣布我国是儒家社会主义（或儒家其他什么主义）。他们是拿孔子当国家的象征。他们说，经济、政治的蛋糕，香喷喷，已经做好，上面缺的只是道德奶油。主张富国强兵，关心大国崛起的，甭管学哪国，都迷孔子。但我就不信，中国的宪法，将来会这么定义。

一种是道德重建，教人励志，劝人学好，用《论语》代替《论共产党员的修养》和《毛主席语录》、“老三篇”。他们是拿孔子当中国的道德源泉。道德重建，借助孔子（其实是程朱陆王），这也不是什么新鲜事。七十多年前，中国最乱，早就有人这么干。运动发起者不是别人，正是逃到台湾的蒋介石夫妇（他们都信基督教）。这个运动叫新生活运动，励志是从军人抓起。后来的中国怎么样？大家的道德提高了吗？没有。[1]

[1] "五四"导致传统文化断裂说、传统文化独存港台说，亚洲四小龙是靠孔子发财说，都是源于港台（也包括港台出身侨居海外的某些华裔学者）。事实上，亚洲四小龙是靠傍美国，发战争财，跟孔子有什么关系？这都是神话。

立教最荒唐

近代尊孔，都是打传统旗号，传统多是假传统，比如立教。

第一，孔子是精英本位，绝不是大众英雄，他没有群众基础。我们要知道，汉代为儒家平反，并不是为了安抚大众，而是为了安抚读书人。鲁迅说，孔子和大众，本无关系。中国文庙再多，只到县一级。村里供的是文昌。大众关心的只是，谁家的孩子考得上。考试是奔精英是奔官，不是往庙里跑。没有大众，宗教立在什么上？

第二，孔子不语怪力，罕言性命，重人事，胜鬼神，他是个比较理性的人。你要拉他当教主，这不是满拧？当年，利玛窦来中国，他都看得很清楚。中国的文人士大夫，中国的上流社会，和愚夫愚妇相反，他们的宗教感非常淡薄。现在的西方，不信教的也主要在大学里边。我们要弘扬传统，也该弘扬这个传统。

说实话，立教是中国近代的闹剧，要谈传统，它最不沾边。

中国的传统是什么？前面讲过，是政教分离，政治大一统，宗教多元化。西方的传统正好相反。

南海圣人康有为，环游世界五大洲（他有个印，就是吹这个)，最受刺激是什么？是鬼子打我们，不光靠船坚炮利，还有他们的教。于是，他恍然大悟，没有宗教怎么行？

可是，话说回来。西方固然重教，但他们的文艺复兴，他们的启蒙运动，他们的宗教改革，费尽移山心力，干什么？不就是为了解构中世纪，达到政教分离，宗教多元化吗？这不正是我们的传统吗？怎么我们反而转回去了？

历史上的专制主义：中国的专制主义是政治大一统，西方的专制主义是宗教大一统，两种专制主义，都是束缚自由的东西(后者束缚的，更是精神自由)。

把儒学立为国教，对中国有什么好处？特别是于思想自由。

外王没了，内圣怎么办？

中国的读书人，最爱讲修齐治平、内圣外王，读书读到头，一定要搞政治，参加高层管理。[1]18 世纪，这套玩意儿，西方迷过，以为中国就是他们的乌托邦，中国的皇帝就是他们的哲学王。19 世纪，他们已经放弃，我们还在吹，一吹就是二百年。

中国被西化，技术是第一步，其次是制度，再次是思想。“东方之道德”，只是最后的堡垒。《新儒家宣言》，它的作者说，西方的价值观，民主自由，我们拥护，我们不是拆台，而是补台。外王，他们不争了，西化就西化，随他去吧。但反过来，他们更加强调，西方要放下架子，向中国学习，学习中国的五大精神。为什么？原来，它要保留的只是内圣，就像中医，丢了地

[1] 中国的知识分子，经常犯一个错误，就是分不清政治和学术：不是把政治学术化，就是把学术政治化。一误学术，二误政治，两样都不可取。书生误国，这方面的教训太多了。

盘，最终还要领导西医——在理论上指导西医。西方的外王，还得 咱们指方向。

孔子不能治国平天下，很明显。我已经讲过，“半部《论语》治天下”只是个荒诞的传说。放在现在，更荒唐。

现在，有人大谈文艺复兴。什么文艺复兴，全是托古改制，康圣人的改制。人家文艺复兴，是破宗教专制，我们干什么？反而往回转。

中国，信仰迷失，理想真空，拿什么替代，很多人都以为，当然是孔子。离开孔子，谁也没有号召力，只好拿他代替。所以，我们看到的是，现在的孔子，真是左右逢源。谁说中国的左派和右派尿不到一个壶里去？他们都有人拉孔子演戏。[1]

荒唐就怕对比。现在的文化气候，和1980年代不同，何止不同，完全是相反。大家把祖宗痛骂一通，全都吃了后悔药，痛定思痛，还是祖宗好。[2]

传统文化产业化，已经不光是说说。桃三杏四梨五年，祖宗当年能卖钱。祖宗，多少钱一斤？才是兴奋点。[3]

道德就像白开水

孔子可以当教主，孔子可以治天下，这样的话，很多人并不相信。但很多人都相信，道德之树常青。劝人学好，难道你也反对？

道德当然有用，我不反对，但问题是有多大用。

[1] 中国的左派只是半拉左派，中国的右派只是半拉右派。右派想的是，孔子可以反共。左派想的是，孔子可以反帝。他们各有所图，却终于想到了一块儿。

[2] 有位媒体人问我，1980年代，大家怨天尤人骂祖宗，你反对；现在，大家搞国学热，你也反对，你不觉得自相矛盾吗？这位老兄真奇怪，从骂祖宗到卖祖宗，他不觉得自相矛盾，我两种都批，他倒觉得自相矛盾，我能跟他说什么？

[3] 把全国人民的衣服都换成汉服，能赚多少钱？把全国的小孩都送进孟母学校，能赚多少钱？把全国各地的祖宗都开发出来（比如按百家姓，把各姓宗祠办成一个祖宗托拉斯，叫黄帝大宗祠），搞祭奠活动，能赚多少钱？更不用说，把这些买卖推向全世界。

道德有用，主要是非常通用，放之四海而皆准。古今中外，讲道德，讲法都差不多。有人说，世界宗教大一统，就是建在这个沙滩上。没有谁说，我是不讲道德的。咱们中国教人学好，人家外国也没教人学坏。但通用的东西都很抽象。比如，讲信用好不好？当然好；讲勇敢好不好？当然好。但要看你对谁讲信用，你要勇于做什么。具体干什么，它可管不了。

所以，一碰上这类问题，孔子就头大。他得就事论事，临时限定。比如信，大信，他要讲，小信就不一定，什么时候讲大信，什么时候讲小信，学问大了；勇也是如此，见义勇为可以，但义是什么，还得补充说明。比如犯上作乱，你就是再勇，也不行。他说，这不是勇。

没道德，是因为不讲道德，讲就有，不讲就没有。这是倒果为因。越是乱世，才越讲道德。这是规律。但道德对乱世最没用，不但没用，还徒增虚伪。

所以我说，道德就像白开水。

白开水，所有人，都要喝。不喝水，会死人。但白开水不能当饭吃。孔子也好，颜回也好，都得吃饭，不能光枕着胳膊喝凉水。当药吃，它也不灵。你非说，这就是药，那也是精神安慰，吃不死人，也治不好病。说成万应灵丹，那就过了。

政治是全社会的活动，道德不一样，是用于小社群。古人的说法，主要是处理父兄、婚媾、朋友一类关系。在生活中，我们最容易犯错误，就是分不清大道理和小道理。比如，你跟朋友打交道，跟家里人相处，弄得全跟做买卖、办外交一样，那不是找骂；同样，你拿个人好恶、朋友关系、亲戚关系搞政治，也不像话。太不像话的，还得逮捕法办。

孔子的想法，好像很合理。没有小，焉有大，任何大的社会群体和社会组织，都是来自具体的人。只要从小处做起，从道德抓起，就什么都能理顺。其实，这是第二种错误。

用道德讲历史，总是越讲越乱。好人坏人的故事，小孩大人都爱听，但这不是历史。

孔子的价值到底在哪里

孔子的价值主要有三点，不是作为道德先生，不是作为政治家，不是作为宗教领袖：[1]

第一，孔子是当时学问最大的人。他是学者和教育家，他对文化有贡献。历史上，很多保守主义者，他们在政治上是失败的，但对文化有贡献。我们应该感谢他，不光感谢他，还要感谢他的失败。很多人，如果不是走投无路，未必会死心塌地做学问。孔子也是这样。如果他一直坐在官位上，他还有时间做学问、带学生吗？未必。过去，“文革”批孔，大家都说，孔子最难批，就是他对学术、教育的贡献。这个贡献批不倒。

第二，孔子是社会批评家。他和他同时代的其他思想家，都是社会批评家，他们说，天下无道，当时的世界很糟糕。这是事实，他的批评，本身没有错。孔子当时，主要不满，是集中在两点，一是无道德，二是无秩序。所以，他要大讲德和礼。这样的

[1] 我本以为，孔子的书还在，尊也好，批也好，总得读原书。我错了。我发现，大讲道德重建的人，大讲文艺复兴的人，大讲大国崛起的人，他们对原书，一点兴趣都没有。有，也是孔子以后的解释，宋明理学加新儒家，学问空疏到只剩政治口号。

批评，好像是对症下药，其实是文不对题，他的解决方案，也全不可行。后来的几位，比他更激烈，讨论更务实，[1]但他是带头人。

第三，孔子是百家争鸣的开启者。我们都知道，先秦学术最辉煌，是它的子学，如果说两汉是经学时代，这一时期就是子学时代。当时，经学是子学的一部分。我以为，孔子的最大贡献，是他当了箭靶子。墨家批评他，道家批评他，先秦诸子，谁都批评他，这样才有百家争鸣，才有思想上的空前自由，才有学术上的空前繁荣，才有中国思想史上最辉煌的时代。汉代，定学术于一尊，儒家的地位倒是突出了，但先秦的辉煌也从此结束。

这三条，都是孔子的价值所在。但要我挑，是最后这一条：他是众矢之的。

[1] 比他年代晚，《墨子》也好，《老子》也好，《孟子》也好，态度都比他激烈。战国时期，情况更糟，问题已经不是贵族圈里的瞎胡闹，而是民不聊生，大家的生存都成问题。比如反战，就是他们的共同话题。

我最喜欢的十段话

孔子是知识分子。我对他的最大尊重，是拿他当知识分子。知识分子的天职，不是煽动群众，假造民意，劝说领导，替他们拿主意，开药方，而是力排众议，讲真话。

读《论语》，我最喜欢的话是下面十条：

（1）子曰："巧言令色足恭，左丘明耻之，丘亦耻之。匿怨而友其人，左丘明耻之，丘亦耻之。"（《公冶长》5.25）

（2）子曰："衣敝缊袍，与衣狐貉者立，而不耻者，其由也与（欤）。'不忮不求，何用不臧？'"子路终身诵之。（《子罕》9.27）

（3）子曰："君子成人之美，不成人之恶。小人反是。"（《颜渊》12.16）〔参看《阳货》17.24："子贡曰：'君子亦有恶乎？'子曰：'有恶。恶称人之恶者……'"〕

（4）子曰："君子不以言举人，不以人废言。"（《卫灵公》15.23）

（5）子贡问曰："乡人皆好之，何如？"子曰："未可也。""乡人皆恶之，何如？"子曰："未可也。不如乡人之善者好之，其不善者恶之。"（《子路》13.24）

（6）子曰："众恶之，必察焉；众好之，必察焉。"（《卫灵公》15.28）

（7）子曰："乡原（愿），德之贼也。"（《阳货》17.13）

（8）子曰："君子周而不比，小人比而不周。"（《为政》2.14）

（9）子曰："君子矜而不争，群而不党。"（《卫灵公》15.22）〔参看《述而》7.31："（陈司败）曰：'吾闻君子不党，君子亦党乎……'巫马期以告。子曰：'丘也幸，苟有过，人必知之。'"〕

（10）子曰："三军可夺帅也，匹夫不可夺志也。"（《子罕》9.26）

这十条，都是针对知识分子。孔子反对虚伪，我喜欢。孔子主张与人为善，尽量体谅别人，防止对人有偏见，我喜欢。孔子反对乡愿，好恶不以舆论为转移，我喜欢。孔子反对拉帮结派，我喜欢。孔子强调独立不阿，我喜欢。特别是最后五条。

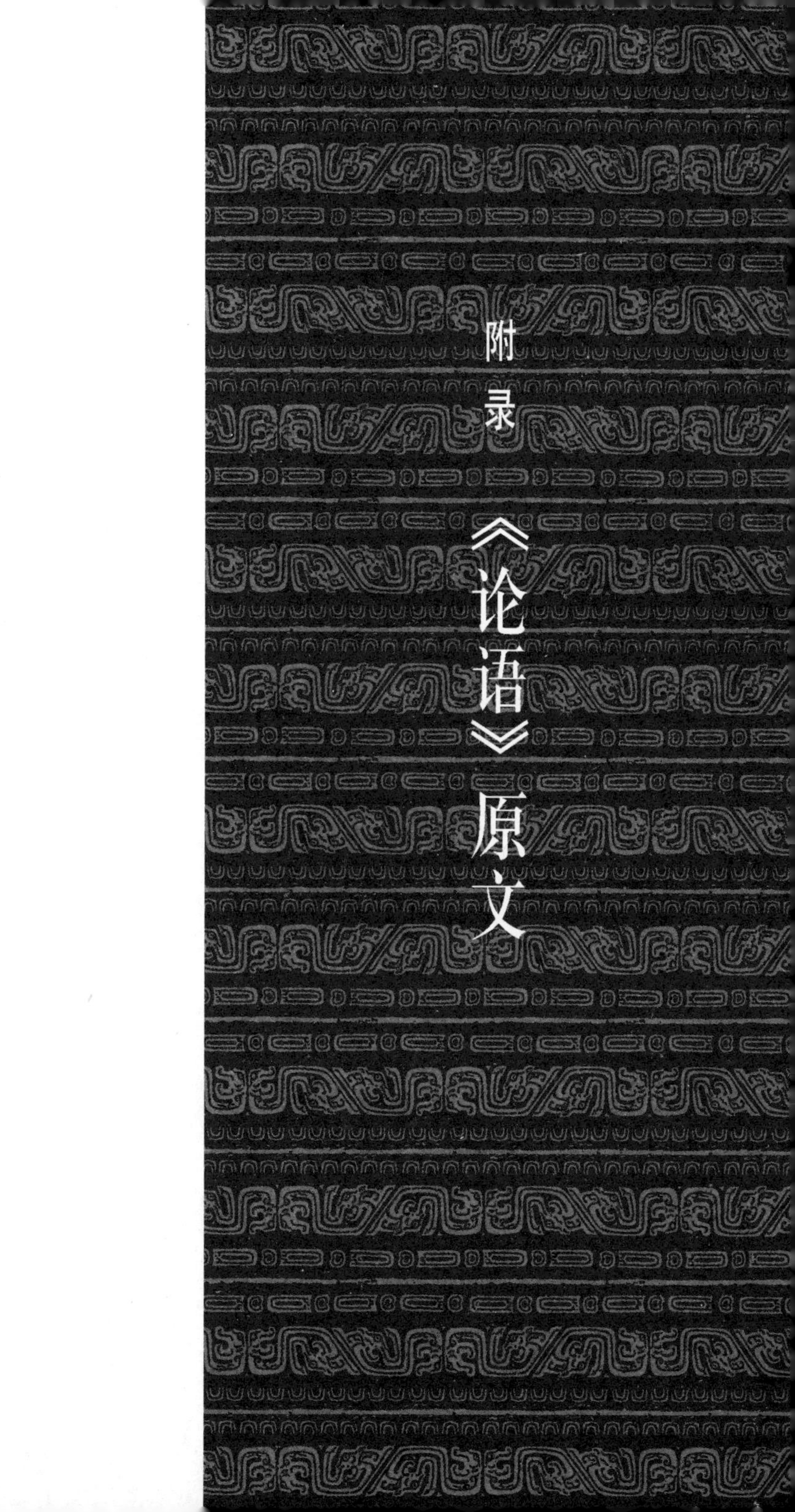

附录 《论语》原文

◉ 学而第一

1.1 子曰：“学而时习之，不亦说（悦）乎？有朋自远方来，不亦乐乎？人不知而不愠，不亦君子乎？”

1.2 有子曰：“其为人也孝弟（悌），而好犯上者，鲜矣；不好犯上，而好作乱者，未之有也。君子务本，本立而道生。孝弟（悌）也者，其为仁（人）之本与（欤）！”

1.3 子曰：“巧言令色，鲜矣仁。”

1.4 曾子曰：“吾日三省吾身：为人谋而不忠乎？与朋友交而不信乎？传不习乎？”

1.5 子曰：“道（导）千乘之国，敬事而信，节用而爱人，使民以时。”

1.6 子曰：“弟子入则孝，出则弟（悌），谨而信，泛爱众而亲仁。行有余力，则以学文。”

1.7 子夏曰：“贤贤易色，事父母能竭其力，事君能致其身，与朋友交言而有信，虽曰未学，吾必谓之学矣。”

1.8 子曰：“君子不重则不威，学则不固。主忠信，无友不知己者，过则勿惮改。”

1.9 曾子曰：“慎终追远，民德归厚矣。”

1.10 子禽问于子贡曰：“夫子至于是邦也，必闻其政。求之与（欤）？抑与之与（欤）？”子贡曰：“夫子温、良、恭、俭、让以得之。夫子之求之也，其诸异乎人之求之与（欤）！”

1.11 子曰：“父在，观其志；父没，观其行；三年无改于父之道，可谓孝矣。”

1.12 有子曰：“礼之用，和为贵；先王之道，斯为美。小大由之。有所不行：知和而和，不以礼节之，亦不可行也。”

1.13 有子曰：“信近于义，言可复也。恭近于礼，远耻辱也。因不失其亲，亦可宗也。”

1.14 子曰：“君子食无求饱，居无求安，敏于事而慎于言，就有道而正焉，可谓好学也已。”

1.15 子贡曰：“贫而无谄，富而无骄，何如？”子曰：“可也。未若贫而乐，富而好礼者也。”子贡曰：“《诗》云：‘如切如磋，如琢如磨’，其斯之谓与（欤）？”子曰：“赐也，始可与言《诗》已矣，告诸往而知来者。”

1.16 子曰：“不患人之不己知，患不知人也。”

◉ 为政第二

2.1 子曰:“为政以德,譬如北辰,居其所而众星共(拱)之。”

2.2 子曰:“《诗》三百,一言以蔽之,曰:‘思无邪。’”

2.3 子曰:“道(导)之以政,齐之以刑,民免而无耻;道(导)之以德,齐之以礼,有耻且格。”

2.4 子曰:“吾十有五而志于学,三十而立,四十而不惑,五十而知天命,六十而耳顺,七十而从心所欲,不逾矩。”

2.5 孟懿子问孝。子曰:“无违。”樊迟御,子告之曰:“孟孙问孝于我,我对曰无违。”樊迟曰:“何谓也?”子曰:“生,事之以礼;死,葬之以礼,祭之以礼。”

2.6 孟武伯问孝。子曰:“父母,唯其疾之忧。”

2.7 子游问孝。子曰:“今之孝者,是谓能养。至于犬马,皆能有养。不敬,何以别乎?”

2.8 子夏问孝。子曰:“色难。有事,弟子服其劳;有酒食,先生馔,曾是以为孝乎?”

2.9 子曰:“吾与回言终日,不违,如愚。退而省其私,亦足以发,回也不愚。”

2.10 子曰:“视其所以,观其所由,察其所安,人焉廋哉?人焉廋哉?”

2.11 子曰:“温故而知新,可以为师矣。”

2.12 子曰:“君子不器。”

2.13 子贡问君子。子曰:“先行其言,而后从之。”

2.14 子曰:“君子周而不比,小人比而不周。”

2.15 子曰:“学而不思则罔,思而不学则殆。”

2.16 子曰:“攻乎异端,斯害也已。”

2.17 子曰:“由!诲女(汝)知之乎?知之为知之,不知为不知,是知也。”

2.18 子张学干禄。子曰:“多闻阙疑,慎言其余,则寡尤;多见阙殆,慎行其余,则寡悔。言寡尤,行寡悔,禄在其中矣。”

2.19 哀公问曰:“何为则民服?”孔子对曰:“举直错(措)诸枉,则民服;举枉错(措)诸直,则民不服。”

2.20 季康子问:“使民敬忠以劝,如之何?”子曰:“临之以庄则敬,孝慈则忠，举善而教不能则劝。”

2.21 或谓孔子曰：“子奚不为政？”子曰：“《书》云：‘孝乎惟孝，友于兄弟，施于有政。’是亦为政，奚其为为政？”

2.22 子曰：“人而无信，不知其可也。大车无輗，小车无軏，其何以行之哉？”

2.23 子张问：“十世可知也？”子曰：“殷因于夏礼，所损益可知也；周因于殷礼，所损益可知也。其或继周者，虽百世可知也。”

2.24 子曰：“非其鬼而祭之，谄也。见义不为，无勇也。”

◉ 八 佾 第 三

3.1 孔子谓季氏，“八佾舞于庭，是可忍也，孰不可忍也？”

3.2 三家者以《雍》彻。子曰：“‘相维辟公，天子穆穆’，奚取于三家之堂？”

3.3 子曰：“人而不仁，如礼何？人而不仁，如乐何？”

3.4 林放问礼之本。子曰：“大哉问！礼，与其奢也，宁俭；丧，与其易也，宁戚。”

3.5 子曰：“夷狄之有君，不如诸夏之亡也。”

3.6 季氏旅于泰山。子谓冉有曰：“女（汝）弗能救与（欤）？”对曰：“不能。”子曰：“呜呼！曾谓泰山不如林放乎？”

3.7 子曰：“君子无所争，必也射乎！揖让而升下而饮，其争也君子。”

3.8 子夏问曰：“‘巧笑倩兮，美目盼兮，素以为绚兮’何谓也？”子曰：“绘事后素。”曰：“礼后乎？”子曰：“起予者商也，始可与言《诗》已矣。”

3.9 子曰：“夏礼吾能言之，杞不足征也；殷礼吾能言之，宋不足征也。文献不足故也，足则吾能征之矣。”

3.10 子曰：“禘自既灌而往者，吾不欲观之矣。”

3.11 或问禘之说。子曰：“不知也。知其说者之于天下也，其如示诸斯乎！”指其掌。

3.12 祭如在，祭神如神在。子曰：“吾不与祭，如不祭。”

3.13 王孙贾问曰：“与其媚于奥，宁媚于灶，何谓也？”子曰：“不然。获罪于天，无所祷也。”

3.14 子曰：“周监于二代，郁郁乎文哉！吾从周。”

3.15 子入太庙，每事问。或曰："孰谓鄹人之子知礼乎？入太庙，每事问。"子闻之，曰："是礼也。"

3.16 子曰："射不主皮，为力不同科，古之道也。"

3.17 子贡欲去告朔之饩羊。子曰："赐也，尔爱其羊，我爱其礼。"

3.18 子曰："事君尽礼，人以为谄也。"

3.19 定公问："君使臣，臣事君，如之何？"孔子对曰："君使臣以礼，臣事君以忠。"

3.20 子曰："《关雎》，乐而不淫，哀而不伤。"

3.21 哀公问社于宰我。宰我对曰："夏后氏以松。殷人以柏。周人以栗，曰使民战栗。"子闻之，曰："成事不说，遂事不谏，既往不咎。"

3.22 子曰："管仲之器小哉！"或曰："管仲俭乎？"曰："管氏有三归，官事不摄，焉得俭？""然则管仲知礼乎？"曰："邦君树塞门，管氏亦树塞门。邦君为两君之好，有反坫，管氏亦有反坫。管氏而知礼，孰不知礼？"

3.23 子语鲁大师乐，曰："乐其可知也：始作，翕如也；从之，纯如也，皦如也，绎如也，以成。"

3.24 仪封人请见，曰："君子之至于斯也，吾未尝不得见也。"从者见之。出曰："二三子何患于丧乎？天下之无道也久矣，天将以夫子为木铎。"

3.25 子谓《韶》尽美矣，又尽善也；谓《武》尽美矣，未尽善也。

3.26 子曰："居上不宽，为礼不敬，临丧不哀，吾何以观之哉？"

◉ 里仁第四

4.1 子曰："里仁为美。择不处仁，焉得知（智）？"

4.2 子曰："不仁者不可以久处约，不可以长处乐。仁者安仁，知（智）者利仁。"

4.3 子曰："唯仁者能好人，能恶人。"

4.4 子曰："苟志于仁矣，无恶也。"

4.5 子曰："富与贵是人之所欲也，不以其道得之，不处也。贫与贱是人之所恶也，（不）以其道得之，不去也。君子去仁，恶乎成名？君子无终食之间违仁，造次必于是，颠沛必于是。"

4.6 子曰：“我未见好仁者，恶不仁者。好仁者，无以尚之；恶不仁者，其为仁矣，不使不仁者加乎其身。有能一日用其力于仁矣乎？我未见力不足者。盖有之矣，我未之见也。”

4.7 子曰：“人之过也，各于其党。观过，斯知仁矣。”

4.8 子曰：“朝闻道，夕死可矣。”

4.9 子曰：“士志于道，而耻恶衣恶食者，未足与议也。”

4.10 子曰：“君子之于天下也，无适也，无莫也，义之与比。”

4.11 子曰：“君子怀德，小人怀土；君子怀刑，小人怀惠。”

4.12 子曰：“放于利而行，多怨。”

4.13 子曰：“能以礼让为国乎，何有？不能以礼让为国，如礼何？”

4.14 子曰：“不患无位，患所以立。不患莫己知，求为可知也。”

4.15 子曰：“参乎！吾道一以贯之。”曾子曰：“唯。”子出，门人问曰：“何谓也？”曾子曰：“夫子之道，忠恕而已矣。”

4.16 子曰：“君子喻于义，小人喻于利。”

4.17 子曰：“见贤思齐焉，见不贤而内自省也。”

4.18 子曰：“事父母几谏，见志不从，又敬不违，劳而不怨。”

4.19 子曰：“父母在，不远游。游必有方。”

4.20 子曰：“三年无改于父之道，可谓孝矣。”

4.21 子曰：“父母之年，不可不知也。一则以喜，一则以惧。”

4.22 子曰：“古者言之不出，耻躬之不逮也。”

4.23 子曰：“以约失之者鲜矣！”

4.24 子曰：“君子欲讷于言而敏于行。”

4.25 子曰：“德不孤，必有邻。”

4.26 子游曰：“事君数，斯辱矣；朋友数，斯疏矣。”

◉ 公冶长第五

5.1 子谓公冶长：“可妻也。虽在缧绁之中，非其罪也。”以其子妻之。

5.2 子谓南容，“邦有道，不废；邦无道，免于刑戮。”以其兄之子妻之。

5.3 子谓子贱，“君子哉若人！鲁无君子者，斯焉取斯？”

5.4 子贡问曰："赐也何如？"子曰："女（汝），器也。"曰："何器也？"曰："瑚琏也。"

5.5 或曰："雍也仁而不佞。"子曰："焉用佞？御人以口给，屡憎于人。不知其仁，焉用佞？"

5.6 子使漆彫开仕。对曰："吾斯之未能信。"子说（悦）。

5.7 子曰："道不行，乘桴浮于海。从我者，其由与（欤）？"子路闻之喜。子曰："由也好勇过我，无所取材。"

5.8 孟武伯问："子路仁乎？"子曰："不知也。"又问，子曰："由也，千乘之国，可使治其赋也，不知其仁也。""求也何如？"子曰："求也，千室之邑，百乘之家，可使为之宰也，不知其仁也。""赤也何如？"子曰："赤也，束带立于朝，可使与宾客言也，不知其仁也。"

5.9 子谓子贡曰："女（汝）与回也孰愈？"对曰："赐也何敢望回？回也闻一以知十，赐也闻一以知二。"子曰："弗如也。吾与女（汝），弗如也。"

5.10 宰予昼寝。子曰："朽木不可雕也，粪土之墙不可圬也，于予与何诛？"子曰："始吾于人也，听其言而信其行；今吾于人也，听其言而观其行。于予与改是。"

5.11 子曰："吾未见刚者。"或对曰："申枨。"子曰："枨也欲，焉得刚。"

5.12 子贡曰："我不欲人之加诸我也，吾亦欲无加诸人。"子曰："赐也，非尔所及也。"

5.13 子贡曰："夫子之文章，可得而闻也；夫子之言性与天道，不可得而闻也。"

5.14 子路有闻，未之能行，唯恐有闻。

5.15 子贡问曰："孔文子何以谓之'文'也？"子曰："敏而好学，不耻下问，是以谓之'文'也。"

5.16 子谓子产："有君子之道四焉：其行己也恭，其事上也敬，其养民也惠，其使民也义。"

5.17 子曰："晏平仲善与人交，久而敬之。"

5.18 子曰："臧文仲居蔡，山节藻棁，何如其知（智）也？"

5.19 子张问曰："令尹子文三仕为令尹，无喜色；三已之，无愠色。旧令尹之政，必以告新令尹。何如？"子曰："忠矣。"曰："仁矣乎？"曰："未知，焉得仁？""崔子弑齐君，陈文子有马十乘，弃而违之。至于他邦，则曰：'犹吾大夫崔子也。'违之。之一邦，则又曰：'犹吾大夫崔子也。'违之，何如？"子曰："清矣。"曰："仁矣乎？"曰："未知，焉得仁？"

5.20 季文子三思而后行。子闻之，曰："再，斯可矣。"

5.21 子曰："宁武子，邦有道，则知（智）；邦无道，则愚。其知（智）可及也，其愚不可及也。"

5.22 子在陈，曰："归与（欤）归与（欤）！吾党之小子狂简，斐然成章，不知所以裁之。"

5.23 子曰："伯夷、叔齐不念旧恶，怨是用希。"

5.24 子曰："孰谓微生高直？或乞醯焉，乞诸其邻而与之。"

5.25 子曰："巧言令色足恭，左丘明耻之，丘亦耻之。匿怨而友其人，左丘明耻之，丘亦耻之。"

5.26 颜渊、季路侍。子曰："盍各言尔志？"子路曰："愿车马衣（轻）裘与朋友共，敝之而无憾。"颜渊曰："愿无伐善，无施劳。"子路曰："愿闻子之志。"子曰："老者安之，朋友信之，少者怀之。"

5.27 子曰："已矣乎，吾未见能见其过而内自讼者也。"

5.28 子曰："十室之邑，必有忠信如丘者焉，不如丘之好学也。"

◉ 雍也第六

6.1 子曰："雍也可使南面。"

6.2 仲弓问子桑伯子。子曰："可也，简。"仲弓曰："居敬而行简，以临其民，不亦可乎？居简而行简，无乃大简乎？"子曰："雍之言然。"

6.3 哀公问："弟子孰为好学？"孔子对曰："有颜回者好学，不迁怒，不贰过。不幸短命死矣。今也则亡，未闻好学者也。"

6.4 子华使于齐，冉子为其母请粟。子曰："与之釜。"请益。曰："与之庾。"冉子与之粟五秉。子曰："赤之适齐也，乘肥马，衣轻裘。吾闻之也：君子周急不继富。"

6.5 原思为之宰，与之粟九百，辞。子曰："毋！以与尔邻里乡党乎！"

6.6 子谓仲弓，曰："犁牛之子骍且角，虽欲勿用，山川其舍诸？"

6.7 子曰："回也，其心三月不违仁，其余则日月至焉而已矣。"

6.8 季康子问："仲由可使从政也与（欤）？"子曰："由也果，于从政乎何有？"曰："赐也可使从政也与（欤）？"曰："赐也达，于从政乎何有？"曰："求也可使从政也与（欤）？"曰："求也艺，于从政乎何有？"

6.9 季氏使闵子骞为费宰。闵子骞曰："善为我辞焉。如有复我者，则吾必在汶上矣。"

6.10 伯牛有疾，子问之，自牖执其手，曰："亡之，命矣夫！斯人也而有斯疾也！斯人也而有斯疾也！"

6.11 子曰："贤哉回也！一箪食，一瓢饮，在陋巷，人不堪其忧，回也不改其乐，贤哉回也！"

6.12 冉求曰："非不说（悦）子之道，力不足也。"子曰："力不足者，中道而废，今女（汝）画。"

6.13 子谓子夏曰："女（汝）为君子儒，无为小人儒。"

6.14 子游为武城宰。子曰："女（汝）得人焉耳乎？"曰："有澹台灭明者，行不由径，非公事，未尝至于偃之室也。"

6.15 子曰："孟之反不伐，奔而殿，将入门，策其马，曰：'非敢后也，马不进也。'"

6.16 子曰："不有祝鮀之佞，而有宋朝之美，难乎免于今之世矣。"

6.17 子曰："谁能出不由户？何莫由斯道也？"

6.18 子曰："质胜文则野，文胜质则史。文质彬彬，然后君子。"

6.19 子曰："人之生也直，罔之生也幸而免。"

6.20 子曰："知之者不如好之者，好之者不如乐之者。"

6.21 子曰："中人以上，可以语上也；中人以下，不可以语上也。"

6.22 樊迟问知（智）。子曰："务民之义，敬鬼神而远之，可谓知（智）矣。"问仁。曰："仁者先难而后获，可谓仁矣。"

6.23 子曰："知（智）者乐水，仁者乐山；知（智）者动，仁者静；知（智）者乐，仁者寿。"

6.24 子曰："齐一变，至于鲁；鲁一变，至于道。"

6.25 子曰："觚不觚？觚哉！觚哉！"

6.26 宰我问曰："仁者，虽告之曰：'井有仁（人）焉。'其从之也？"子曰："何为其然也？君子可逝也，不可陷也；可欺也，不可罔也。"

6.27 子曰："君子博学于文，约之以礼，亦可以弗畔（叛）矣夫。"

6.28 子见南子，子路不说（悦）。夫子矢之曰："予所否者，天厌之！天厌之！"

6.29 子曰："中庸之为德也，其至矣乎！民鲜久矣。"

6.30 子贡曰："如有博施于民而能济众，何如？可谓仁乎？"子曰："何事于仁，必也圣乎！尧、舜其犹病诸！夫仁者，己欲立而立人，己欲达而达人。能近取譬，可谓仁之方也已。"

◉ 述而第七

7.1 子曰："述而不作，信而好古，窃比于我老彭。"

7.2 子曰："默而识之，学而不厌，诲人不倦，何有于我哉？"

7.3 子曰："德之不修，学之不讲，闻义不能徙，不善不能改，是吾忧也。"

7.4 子之燕居，申申如也，夭夭如也。

7.5 子曰："甚矣吾衰也！久矣吾不复梦见周公！"

7.6 子曰："志于道，据于德，依于仁，游于艺。"

7.7 子曰："自行束脩以上，吾未尝无诲焉。"

7.8 子曰："不愤不启，不悱不发。举一隅不以三隅反，则不复也。"

7.9 子食于有丧者之侧，未尝饱也。

7.10 子于是日哭，则不歌。

7.11 子谓颜渊曰："用之则行，舍之则藏，唯我与尔有是夫！"子路曰："子行三军，则谁与（欤）？"子曰："暴虎冯河，死而无悔者，吾不与也。必也临事而惧，好谋而成者也。"

7.12 子曰："富而可求也，虽执鞭之士，吾亦为之。如不可求，从吾所好。"

7.13 子之所慎：斋，战，疾。

7.14 子在齐闻《韶》，三月不知肉味，曰："不图为乐之至于斯也！"

7.15 冉有曰："夫子为卫君乎？"子贡曰："诺，吾将问之。"入，曰："伯夷、叔齐何人也？"曰："古之贤人也。"曰："怨乎？"曰："求仁而得仁，又何怨？"出，曰："夫子不为也。"

7.16 子曰："饭疏食，饮水，曲肱而枕之，乐亦在其中矣。不义而富且贵，于我如浮云。"

7.17 子曰："加我数年，五十以学《易》，可以无大过矣。”

7.18 子所雅言，《诗》、《书》。执礼，皆雅言也。

7.19 叶公问孔子于子路，子路不对。子曰：“女（汝）奚不曰，其为人也，发愤忘食，乐以忘忧，不知老之将至云尔。”

7.20 子曰：“我非生而知之者，好古，敏以求之者也。”

7.21 子不语怪、力、乱、神。

7.22 子曰：“三人行，必有我师焉：择其善者而从之，其不善者而改之。”

7.23 子曰：“天生德于予，桓魋其如予何?”

7.24 子曰：“二三子以我为隐乎？吾无隐乎尔。吾无行而不与二三子者，是丘也。”

7.25 子以四教：文、行、忠、信。

7.26 子曰：“圣人，吾不得而见之矣；得见君子者，斯可矣。”子曰：“善人，吾不得而见之矣；得见有恒者，斯可矣。亡而为有，虚而为盈，约而为泰，难乎有恒矣。”

7.27 子钓而不纲，弋不射宿。

7.28 子曰：“盖有不知而作之者，我无是也。多闻，择其善者而从之，多见而识之，知（智）之次也。”

7.29 互乡难与言童子见，门人惑。子曰：“与其进也，不与其退也，唯何甚？人洁己以进，与其洁也，不保其往也。”

7.30 子曰：“仁远乎哉？我欲仁，斯仁至矣。”

7.31 陈司败问：“昭公知礼乎?”孔子曰：“知礼。”孔子退，揖巫马期而进之，曰：“吾闻君子不党，君子亦党乎？君取于吴为同姓，谓之吴孟子。君而知礼，孰不知礼?”巫马期以告。子曰：“丘也幸，苟有过，人必知之。”

7.32 子与人歌而善，必使反之，而后和之。

7.33 子曰：“文莫，吾犹人也。躬行君子，则吾未之有得。”

7.34 子曰：“若圣与仁，则吾岂敢？抑为之不厌，诲人不倦，则可谓云尔已矣。”公西华曰：“正唯弟子不能学也。”

7.35 子疾病，子路请祷。子曰：“有诸?”子路对曰：“有之。诔曰：‘祷尔于上下神祇。’”子曰：“丘之祷久矣。”

7.36 子曰：“奢则不孙（逊），俭则固。与其不孙（逊）也，宁固。”

7.37 子曰：“君子坦荡荡，小人长戚戚。”

7.38 子温而厉，威而不猛，恭而安。

◉ 泰伯第八

8.1 子曰："泰伯，其可谓至德也已矣。三以天下让，民无得而称焉。"

8.2 子曰："恭而无礼则劳，慎而无礼则葸，勇而无礼则乱，直而无礼则绞。君子笃于亲，则民兴于仁；故旧不遗，则民不偷。"

8.3 曾子有疾，召门弟子曰："启予足！启予手！《诗》云：'战战兢兢，如临深渊，如履薄冰。'而今而后，吾知免夫！小子！"

8.4 曾子有疾，孟敬子问之。曾子言曰："鸟之将死，其鸣也哀；人之将死，其言也善。君子所贵乎道者三：动容貌，斯远暴慢矣；正颜色，斯近信矣；出辞气，斯远鄙倍（背）矣。笾豆之事，则有司存。"

8.5 曾子曰："以能问于不能，以多问于寡；有若无，实若虚，犯而不校，昔者吾友尝从事于斯矣。"

8.6 曾子曰："可以托六尺之孤，可以寄百里之命，临大节而不可夺也，君子人与（欤）？君子人也。"

8.7 曾子曰："士不可以不弘毅，任重而道远。仁以为己任，不亦重乎？死而后已，不亦远乎？"

8.8 子曰："兴于诗，立于礼，成于乐。"

8.9 子曰："民可使由之，不可使知之。"

8.10 子曰："好勇疾贫，乱也；人而不仁，疾之已甚，乱也。"

8.11 子曰："如有周公之才之美，使骄且吝，其余不足观也已。"

8.12 子曰："三年学，不至于谷，不易得也。"

8.13 子曰："笃信好学，守死善道。危邦不入，乱邦不居。天下有道则见，无道则隐。邦有道，贫且贱焉，耻也；邦无道，富且贵焉，耻也。"

8.14 子曰："不在其位，不谋其政。"

8.15 子曰："师挚之始，《关雎》之乱，洋洋乎盈耳哉！"

8.16 子曰："狂而不直，侗而不愿，悾悾而不信，吾不知之矣。"

8.17 子曰："学如不及，犹恐失之。"

8.18 子曰："巍巍乎，舜、禹之有天下也而不与焉！"

8.19 子曰："大哉尧之为君也！巍巍乎！唯天为大，唯尧则之，荡荡乎，民无能名焉。巍巍乎其有成功也，焕乎其有文章！”

8.20 舜有臣五人而天下治。武王曰：“予有乱臣十人。”孔子曰：“才难，不其然乎？唐虞之际，于斯为盛。有妇人焉，九人而已。三分天下有其二，以服事殷。周之德，其可谓至德也已矣。”

8.21 子曰：“禹，吾无间然矣。菲饮食而致孝乎鬼神，恶衣服而致美乎黻冕，卑宫室而尽力乎沟洫。禹，吾无间然矣。”

◉ 子罕第九

9.1 子罕言利，与命与仁。

9.2 达巷党人曰：“大哉孔子，博学而无所成名。”子闻之，谓门弟子曰：“吾何执？执御乎，执射乎？吾执御矣。”

9.3 子曰：“麻冕，礼也，今也纯，俭，吾从众。拜下，礼也，今拜乎上，泰也，虽违众，吾从下。”

9.4 子绝四：毋意，毋必，毋固，毋我。

9.5 子畏于匡，曰：“文王既没，文不在兹乎？天之将丧斯文也，后死者不得与于斯文也；天之未丧斯文也，匡人其如予何？”

9.6 太宰问于子贡曰：“夫子圣者与（欤）？何其多能也？”子贡曰：“固天纵之将圣，又多能也。”子闻之，曰：“太宰知我乎？吾少也贱，故多能鄙事。君子多乎哉？不多也！”

9.7 牢曰：“子云：‘吾不试，故艺。’”

9.8 子曰：“吾有知乎哉？无知也。有鄙夫问于我，空空如也。我叩其两端而竭焉。”

9.9 子曰：“凤鸟不至，河不出图，吾已矣夫！”

9.10 子见齐衰者、冕衣裳者与瞽者。见之，虽少必作，过之必趋。

9.11 颜渊喟然叹曰：“仰之弥高，钻之弥坚。瞻之在前，忽焉在后。夫子循循然善诱人，博我以文，约我以礼，欲罢不能。既竭吾才，如有所立，卓尔，虽欲从之，末（蔑）由也已。”

9.12 子疾病，子路使门人为臣。病间，曰：“久矣哉，由之行诈也！无臣而为有臣。吾谁欺？欺天乎？且予与其死于臣之手也，无宁死于二三子之手乎？且予纵不得大葬，予死于道路乎？”

9.13 子贡曰：“有美玉于斯，韫椟而藏诸？求善贾（价）而沽（贾）诸？”子曰：“沽（贾）之哉！沽（贾）之哉！我待贾（价）者也。”

9.14 子欲居九夷。或曰：“陋，如之何？”子曰：“君子居之，何陋之有？”

9.15 子曰：“吾自卫反（返）鲁，然后乐正，《雅》、《颂》各得其所。”

9.16 子曰：“出则事公卿，入则事父兄，丧事不敢不勉，不为酒困，何有于我哉。”

9.17 子在川上曰：“逝者如斯夫，不舍昼夜！”

9.18 子曰：“吾未见好德如好色者也。”

9.19 子曰：“譬如为山，未成一篑，止，吾止也。譬如平地，虽覆一篑，进，吾往也。”

9.20 子曰：“语之而不惰者，其回也与（欤）？”

9.21 子谓颜渊曰：“惜乎！吾见其进也，未见其止也！”

9.22 子曰：“苗而不秀者有矣夫！秀而不实者有矣夫！”

9.23 子曰：“后生可畏，焉知来者之不如今也？四十、五十而无闻焉，亦不足畏也已。”

9.24 子曰：“法语之言，能无从乎？改之为贵。巽与之言，能无说（悦）乎？绎之为贵。说（悦）而不绎，从而不改，吾末（蔑）如之何也已矣。”

9.25 子曰：“主忠信，毋友不如己者，过则勿惮改。”

9.26 子曰：“三军可夺帅也，匹夫不可夺志也。”

9.27 子曰：“衣敝缊袍，与衣狐貉者立，而不耻者，其由也与（欤）。‘不忮不求，何用不臧？’”子路终身诵之。子曰：“是道也，何足以臧？”

9.28 子曰：“岁寒，然后知松柏之后凋也。”

9.29 子曰：“知（智）者不惑，仁者不忧，勇者不惧。”

9.30 子曰：“可与共学，未可与适道；可与适道，未可与立；可与立，未可与权。”

9.31 “唐棣之华，偏其反而。岂不尔思？室是远而。”子曰：“未之思也，夫何远之有。”

◉ 乡党第十

10.1 孔子于乡党，恂恂如也，似不能言者。其在宗庙朝廷，便便言，唯谨尔。朝，与下大夫言，侃侃如也；与上大夫言，訚訚如也。君在，踧踖如也，与与如也。

10.2 君召使摈，色勃如也，足躩如也。揖所与立，左右手，衣前后，襜如也。趋进，翼如也。宾退，必复命曰："宾不顾矣。"

10.3 入公门，鞠躬如也，如不容。立不中门，行不履阈。过位，色勃如也，足躩如也，其言似不足者。摄齐升堂，鞠躬如也，屏气似不息者。出，降一等，逞颜色，怡怡如也。没阶，趋进，翼如也。复其位，踧踖如也。

10.4 执圭，鞠躬如也，如不胜。上如揖，下如授。勃如战色，足蹜蹜如有循。享礼，有容色。私觌，愉愉如也。

10.5 君子不以绀緅饰，红紫不以为亵服。当暑，袗絺绤，必表而出之。缁衣，羔裘；素衣，麑裘；黄衣，狐裘。亵裘长，短右袂。必有寝衣，长一身有半。狐貉之厚以居。去丧，无所不佩。非帷裳，必杀之。羔裘玄冠不以吊。吉月，必朝服而朝。齐，必有明衣，布。

10.6 齐必变食，居必迁坐。食不厌精，脍不厌细。食饐而餲，鱼馁而肉败，不食。色恶，不食。臭恶，不食。失饪，不食。不时，不食。割不正，不食。不得其酱，不食。肉虽多，不使胜食气。唯酒无量，不及乱。沽酒市脯不食。不撤姜食，不多食。

10.7 祭于公，不宿肉。祭肉不出三日。出三日，不食之矣。

10.8 食不语，寝不言。

10.9 虽疏食、菜羹、瓜祭，必齐如也。

10.10 席不正，不坐。

10.11 乡人饮酒，杖者出，斯出矣。

10.12 乡人傩，朝服而立于阼阶。

10.13 问人于他邦，再拜而送之。

10.14 康子馈药，拜而受之。曰："丘未达，不敢尝。"

10.15 厩焚。子退朝，曰："伤人乎？"不问马。

10.16 君赐食，必正席先尝之。君赐腥，必熟而荐之。君赐生，必畜之。侍食于君，君祭，先饭。

10.17 疾，君视之，东首，加朝服，拖绅。

10.18 君命召，不俟驾行矣。

10.19 入太庙，每事问。

10.20 朋友死，无所归，曰："于我殡。"

10.21 朋友之馈，虽车马，非祭肉，不拜。

10.22 寝不尸，居不（容）〔客〕。

10.23 见齐衰者，虽狎必变。见冕者与瞽者，虽亵必以貌。凶服者式之，式负（版）〔贩〕者。有盛馔，必变色而作。迅雷风烈必变。

10.24 升车，必正立，执绥。车中不内顾，不疾言，不亲指。

10.25 色斯举矣，翔而后集。曰："山梁雌雉，时哉时哉！"子路共之，三嗅而作。

◉ 先进第十一

11.1 子曰："先进于礼乐，野人也；后进于礼乐，君子也。如用之，则吾从先进。"

11.2 子曰："从我于陈、蔡者，皆不及门也。"

11.3 德行：颜渊、闵子骞、冉伯牛、仲弓。言语：宰我、子贡。政事：冉有、季路。文学：子游、子夏。

11.4 子曰："回也非助我者也，于吾言无所不说（悦）。"

11.5 子曰："'孝哉闵子骞！'人不间于其父母昆弟之言。"

11.6 南容三复白圭，孔子以其兄之子妻之。

11.7 季康子问："弟子孰为好学？"孔子对曰："有颜回者好学，不幸短命死矣，今也则亡。"

11.8 颜渊死，颜路请子之车以为之椁。子曰："才不才，亦各言其子也。鲤也死，有棺而无椁。吾不徒行以为之椁，以吾从大夫之后，不可徒行也。"

11.9 颜渊死。子曰："噫！天丧予！天丧予！"

11.10 颜渊死，子哭之恸。从者曰："子恸矣！"曰："有恸乎？非夫人之为恸而谁为？"

11.11 颜渊死，门人欲厚葬之，子曰："不可。"门人厚葬之。子曰："回也视予犹父也，予不得视犹子也。非我也，夫二三子也。"

11.12 季路问事鬼神。子曰："未能事人，焉能事鬼？"曰："敢问死。"曰："未知生，焉知死？"

11.13 闵子侍侧，訚訚如也；子路，行行如也；冉有、子贡，侃侃如也。子乐〔曰〕："若由也，不得其死然。"

11.14 鲁人为长府。闵子骞曰："仍旧贯，如之何？何必改作？"子曰："夫人不言，言必有中。"

11.15 子曰："由之瑟，奚为于丘之门？"门人不敬子路。子曰："由也升堂矣，未入于室也。"

11.16 子贡问："师与商也孰贤？"子曰："师也过，商也不及。"曰："然则师愈与（欤）？"子曰："过犹不及。"

11.17 季氏富于周公，而求也为之聚敛而附益之。子曰："非吾徒也，小子鸣鼓而攻之，可也。"

11.18 柴也愚，参也鲁，师也辟，由也喭。

11.19 子曰："回也其庶（度）乎屡空，赐不受命而货殖焉，亿（臆）则屡中。"

11.20 子张问善人之道。子曰："不践迹，亦不入于室。"

11.21 子曰："论笃是与。君子者乎？色庄者乎？"

11.22 子路问："闻斯行诸？"子曰："有父兄在，如之何其闻斯行之？"冉有问："闻斯行诸？"子曰："闻斯行之。"公西华曰："由也问闻斯行诸，子曰有父兄在；求也问闻斯行诸，子曰闻斯行之。赤也惑，敢问。"子曰："求也退，故进之；由也兼人，故退之。"

11.23 子畏于匡，颜渊后。子曰："吾以女（汝）为死矣！"曰："子在，回何敢死？"

11.24 季子然问："仲由、冉求，可谓大臣与（欤）？"子曰："吾以子为异之问，曾由与求之问。所谓大臣者，以道事君，不可则止。今由与求也，可谓具臣矣。"曰："然则从之者与（欤）？"子曰："弑父与君，亦不从也。"

11.25 子路使子羔为费宰。子曰："贼夫人之子。"子路曰："有民人焉，有社稷焉，何必读书，然后为学。"子曰："是故恶夫佞者。"

11.26 子路、曾皙、冉有、公西华侍坐。子曰："以吾一日长乎尔，毋吾以也。居则曰：'不吾知也！'如或知尔，则何以哉？"子路率尔而对曰："千乘之国，摄乎大国之间，加之以师旅，因之以饥馑。由也为之，比及三年，可使有勇，且知方也。"夫子哂之。

“求！尔何如？”对曰：“方六七十如五六十，求也为之，比及三年，可使足民。如其礼乐，以俟君子。”“赤！尔何如？”对曰：“非曰能之，愿学焉。宗庙之事如会同，端章甫，愿为小相焉。”“点！尔何如？”鼓瑟希（稀），铿尔，舍瑟而作，对曰：“异乎三子者之撰。”子曰：“何伤乎？亦各言其志也。”曰：“莫（暮）春者，春服既成，冠者五六人，童子六七人，浴乎沂，风乎舞雩，咏而归。”夫子喟然叹曰：“吾与点也。”三子者出，曾皙后。曾皙曰：“夫三子者之言何如？”子曰：“亦各言其志也已矣。”曰：“夫子何哂由也？”曰：“为国以礼，其言不让，是故哂之。”“唯求则非邦也与（欤）？”“安见方六七十如五六十而非邦也者？”“唯赤则非邦也与（欤）？”“宗庙会同，非诸侯而何？赤也为之小，孰能为之大？”

◉ 颜渊第十二

12.1 颜渊问仁。子曰：“克己复礼为仁。一日克己复礼，天下归仁焉。为仁由己，而由人乎哉？”颜渊曰：“请问其目？”子曰：“非礼勿视，非礼勿听，非礼勿言，非礼勿动。”颜渊曰：“回虽不敏，请事斯语矣。”

12.2 仲弓问仁。子曰：“出门如见大宾，使民如承大祭。己所不欲，勿施于人。在邦无怨，在家无怨。”仲弓曰：“雍虽不敏，请事斯语矣。”

12.3 司马牛问仁。子曰：“仁者，其言也讱。”曰：“其言也讱，斯谓之仁已乎?子曰：“为之难，言之得无讱乎？”

12.4 司马牛问君子。子曰：“君子不忧不惧。”曰：“不忧不惧，斯谓之君子已乎？”子曰：“内省不疚，夫何忧何惧？”

12.5 司马牛忧曰：“人皆有兄弟，我独亡！”子夏曰：“商闻之矣：死生有命，富贵在天。君子敬而无失，与人恭而有礼，四海之内，皆兄弟也。君子何患乎无兄弟也？”

12.6 子张问明。子曰：“浸润之谮，肤受之愬，不行焉，可谓明也已矣。浸润之谮，肤受之愬，不行焉，可谓远也已矣。”

12.7 子贡问政。子曰：“足食足兵，民信之矣。”子贡曰：“必不得已而去，于斯三者何先？”曰：“去兵。”子贡曰：“必不得已而去，于斯二者何先？”曰：“去食。自古皆有死，民无信不立。”

12.8 棘子成曰：“君子质而已矣，何以文为？”子贡曰：“惜乎，夫子之说君子也，驷不及舌。文犹质也，质犹文也。虎豹之鞟犹犬羊之鞟。”

12.9 哀公问于有若曰：“年饥，用不足，如之何？”有若对曰：“盍彻乎？”曰：“二，吾犹不足，如之何其彻也？”对曰：“百姓足，君孰与不足？百姓不足，君孰与足？”

12.10 子张问崇德辨惑。子曰：“主忠信，徙义，崇德也。爱之欲其生，恶之欲其死。既欲其生，又欲其死，是惑也。‘诚不以富，亦祇以异。’”

12.11 齐景公问政于孔子。孔子对曰：“君君臣臣、父父子子。”公曰：“善哉！信如君不君、臣不臣、父不父、子不子，虽有粟，吾得而食诸？”

12.12 子曰：“片言可以折狱者，其由也与（欤）？”子路无宿诺。

12.13 子曰：“听讼，吾犹人也，必也使无讼乎。”

12.14 子张问政。子曰：“居之无倦，行之以忠。”

12.15 子曰：“博学于文，约之以礼，亦可以弗畔（叛）矣夫！”

12.16 子曰：“君子成人之美，不成人之恶。小人反是。”

12.17 季康子问政于孔子。孔子对曰：“政者，正也。子帅以正，孰敢不正？”

12.18 季康子患盗，问于孔子。孔子对曰：“苟子之不欲，虽赏之不窃。”

12.19 季康子问政于孔子曰：“如杀无道，以就有道，何如？”孔子对曰：“子为政，焉用杀？子欲善而民善矣。君子之德风，小人之德草。草上之风，必偃。”

12.20 子张问：“士何如斯可谓之达矣？”子曰：“何哉，尔所谓达者？”子张对曰：“在邦必闻，在家必闻。”子曰：“是闻也，非达也。夫达也者，质直而好义，察言而观色，虑以下人。在邦必达，在家必达。夫闻也者，色取仁而行违，居之不疑。在邦必闻，在家必闻。”

12.21 樊迟从游于舞雩之下，曰：“敢问崇德、修慝、辨惑。”子曰：“善哉问！先事后得，非崇德与（欤）？攻其恶，无攻人之恶，非修慝与（欤）？一朝之忿，忘其身以及其亲，非惑与（欤）？”

12.22 樊迟问仁。子曰："爱人。"问知（智）。子曰："知人。"樊迟未达。子曰："举直错（措）诸枉，能使枉者直。"樊迟退，见子夏曰："乡也吾见于夫子而问知（智），子曰：'举直错（措）诸枉，能使枉者直。'何谓也？"子夏曰："富哉言乎！舜有天下，选于众，举皋陶，不仁者远矣。汤有天下，选于众，举伊尹，不仁者远矣。"

12.23 子贡问友。子曰："忠告而善道之，不可则止，毋自辱焉。"

12.24 曾子曰："君子以文会友，以友辅仁。"

◉ 子路第十三

13.1 子路问政。子曰："先之劳之。"请益，曰："无倦。"

13.2 仲弓为季氏宰，问政。子曰："先有司，赦小过，举贤才。"曰："焉知贤才而举之？"曰："举尔所知，尔所不知，人其舍诸？"

13.3 子路曰："卫君待子而为政，子将奚先？"子曰："必也正名乎！"子路曰："有是哉，子之迂也！奚其正？"子曰："野哉由也！君子于其所不知，盖阙如也。名不正，则言不顺；言不顺，则事不成；事不成，则礼乐不兴；礼乐不兴，则刑罚不中；刑罚不中，则民无所错手足。故君子名之必可言也，言之必可行也。君子于其言，无所苟而已矣。"

13.4 樊迟请学稼。子曰："吾不如老农。"请学为圃。曰："吾不如老圃。"樊迟出。子曰："小人哉，樊须也！上好礼，则民莫敢不敬；上好义，则民莫敢不服；上好信，则民莫敢不用情。夫如是，则四方之民襁负其子而至矣，焉用稼？"

13.5 子曰："诵《诗》三百，授之以政，不达；使于四方，不能专对。虽多，亦奚以为？"

13.6 子曰："其身正，不令而行；其身不正，虽令不从。"

13.7 子曰："鲁、卫之政，兄弟也。"

13.8 子谓卫公子荆善居室，始有，曰苟合矣；少有，曰苟完矣；富有，曰苟美矣。

13.9 子适卫，冉有仆。子曰："庶矣哉！"冉有曰："既庶矣，又何加焉？"曰："富之。"曰："既富矣，又何加焉？"曰："教之。"

13.10 子曰："苟有用我者，期月而已可也，三年有成。"

13.11 子曰："'善人为邦百年，亦可以胜残去杀矣。'诚哉是言也！"

13.12 子曰："如有王者，必世而后仁。"

13.13 子曰："苟正其身矣，于从政乎何有？不能正其身，如正人何？"

13.14 冉子退朝。子曰："何晏也？"对曰："有政。"子曰："其事也，如有政，虽不吾以，吾其与闻之。"

13.15 定公问："一言而可以兴邦，有诸？"孔子对曰："言不可以若是。其几也，人之言曰：'为君难，为臣不易。'如知为君之难也，不几乎一言而兴邦乎？"曰："一言而丧邦，有诸？"孔子对曰："言不可以若是。其几也，人之言曰：'予无乐乎为君，唯其言而莫予违也。'如其善而莫之违也，不亦善乎？如不善而莫之违也，不几乎一言而丧邦乎？"

13.16 叶公问政。子曰："近者说（悦），远者来。"

13.17 子夏为莒父宰，问政。子曰："无欲速，无见小利。欲速则不达，见小利则大事不成。"

13.18 叶公语孔子曰："吾党有直躬者，其父攘羊，而子证之。"孔子曰："吾党之直者异于是：父为子隐，子为父隐。直在其中矣。"

13.19 樊迟问（仁）〔行〕。子曰："居处恭，执事敬，与人忠。虽之夷狄，不可弃也。"

13.20 子贡问曰："何如斯可谓之士矣？"子曰："行己有耻，使于四方，不辱君命，可谓士矣。"曰："敢问其次。"曰："宗族称孝焉，乡党称弟焉。"曰："敢问其次。"曰："言必信，行必果，硁硁然小人哉！抑亦可以为次矣。"曰："今之从政者何如？"子曰："噫！斗筲之人，何足算也？"

13.21 子曰："不得中行而与之，必也狂狷乎。狂者进取，狷者有所不为也。"

13.22 子曰："南人有言曰：'人而无恒，不可以作巫医。'善夫！""不恒其德，或承之羞。"子曰："不占而已矣。"

13.23 子曰："君子和而不同，小人同而不和。"

13.24 子贡问曰："乡人皆好之，何如？"子曰："未可也。""乡人皆恶之，何如？"子曰："未可也。不如乡人之善者好之，其不善者恶之。”

13.25 子曰：“君子易事而难说也。说之不以道，不说也；及其使人也，器之。小人难事而易说也。说之虽不以道，说也；及其使人也，求备焉。”

13.26 子曰：“君子泰而不骄，小人骄而不泰。”

13.27 子曰：“刚、毅、木、讷，近仁。”

13.28 子路问曰：“何如斯可谓之士矣？”子曰：“切切偲偲，怡怡如也，可谓士矣。朋友切切偲偲，兄弟怡怡。”

13.29 子曰：“善人教民七年，亦可以即戎矣。”

13.30 子曰：“以不教民战，是谓弃之。”

◉ 宪问第十四

14.1 宪问耻。子曰：“邦有道，谷；邦无道，谷，耻也。”“克、伐、怨、欲不行焉，可以为仁矣？”子曰：“可以为难矣，仁则吾不知也。”

14.2 子曰：“士而怀居，不足以为士矣。”

14.3 子曰：“邦有道，危言危行；邦无道，危行言孙（逊）。”

14.4 子曰：“有德者必有言，有言者不必有德。仁者必有勇，勇者不必有仁。”

14.5 南宫适问于孔子曰：“羿善射，奡荡舟，俱不得其死然。禹、稷躬稼而有天下。”夫子不答。南宫适出，子曰：“君子哉若人！尚德哉若人！”

14.6 子曰：“君子而不仁者有矣夫，未有小人而仁者也。”

14.7 子曰：“爱之，能勿劳乎？忠焉，能勿诲（谋）乎？”

14.8 子曰：“为命，裨谌草创之，世叔讨论之，行人子羽修饰之，东里子产润色之。”

14.9 或问子产。子曰：“惠人也。”问子西。曰：“彼哉彼哉！”问管仲。曰：“人（仁）也。夺伯氏骈邑三百，饭疏食，没齿无怨言。”

14.10 子曰：“贫而无怨难，富而无骄易。”

14.11 子曰：“孟公绰为赵、魏老则优，不可以为滕、薛大夫。”

14.12 子路问成人。子曰：“若臧武仲之知（智），公绰之不欲，卞庄子之勇，冉求之艺，文之以礼乐，亦可以为成人矣。”曰：“今之成人者何必然？见利思义，见危授命，久要不忘平生之言，亦可以为成人矣。”

14.13 子问公叔文子于公明贾曰：“信乎夫子不言、不笑、不取乎？”公明贾对曰：“以告者过也。夫子时然后言，人不厌其言；乐然后笑，人不厌其笑；义然后取，人不厌其取。”子曰：“其然？岂其然乎？”

14.14 子曰：“臧武仲以防求为后于鲁，虽曰不要君，吾不信也。”

14.15 子曰：“晋文公谲而不正，齐桓公正而不谲。”

14.16 子路曰：“桓公杀公子纠，召忽死之，管仲不死。”曰：“未仁乎？”子曰：“桓公九合诸侯，不以兵车，管仲之力也。如其仁！如其仁！”

14.17 子贡曰：“管仲非仁者与（欤）？桓公杀公子纠，不能死，又相之。”子曰：“管仲相桓公，霸诸侯，一匡天下，民到于今受其赐。微管仲，吾其被发左衽矣。岂若匹夫匹妇之为谅也，自经于沟渎而莫之知也。”

14.18 公叔文子之臣大夫僎，与文子同升诸公。子闻之，曰：“可以为‘文’矣！”

14.19 子言卫灵公之无道也，康子曰：“夫如是，奚而不丧？”孔子曰：“仲叔圉治宾客，祝鮀治宗庙，王孙贾治军旅。夫如是，奚其丧？”

14.20 子曰：“其言之不怍，则为之也难。”

14.21 陈成子弑简公。孔子沐浴而朝，告于哀公曰：“陈恒弑其君，请讨之。”公曰：“告夫三子。”孔子曰：“以吾从大夫之后，不敢不告也。君曰‘告夫三子’者。”之三子告，不可。孔子曰：“以吾从大夫之后，不敢不告也。”

14.22 子路问事君。子曰：“勿欺也，而犯之。”

14.23 子曰：“君子上达，小人下达。”

14.24 子曰：“古之学者为己，今之学者为人。”

14.25 蘧伯玉使人于孔子，孔子与之坐而问焉，曰：“夫子何为？”对曰：“夫子欲寡其过而未能也。”使者出，子曰：“使乎使乎！”

14.26 子曰：“不在其位，不谋其政。”曾子曰：“君子思不出其位。”

14.27 子曰：“君子耻其言而过其行。”

14.28 子曰：“君子道者三，我无能焉：仁者不忧，知（智）者不惑，勇者不惧。”子贡曰：“夫子自道也。”

14.29 子贡方人。子曰：“赐也贤乎哉？夫我则不暇。”

14.30 子曰：“不患人之不己知，患其不能也。”

14.31 子曰：“不逆诈，不亿（臆）不信，抑亦先觉者，是贤乎？”

14.32 微生亩谓孔子曰：“丘何为是栖栖者与（欤）？无乃为佞乎？”孔子曰：“非敢为佞也，疾固也。”

14.33 子曰：“骥不称其力，称其德也。”

14.34 或曰：“以德报怨，何如？”子曰：“何以报德？以直（值）报怨，以德报德。”

14.35 子曰：“莫我知也夫！”子贡曰：“何为其莫如知子也？”子曰：“不怨天，不尤人，下学而上达，知我者其天乎！”

14.36 公伯寮愬子路于季孙。子服景伯以告，曰：“夫子固有惑志，于公伯寮，吾力犹能肆诸市朝。”子曰：“道之将行也与（欤），命也；道之将废也与（欤），命也。公伯寮其如命何！”

14.37 子曰：“贤者辟（避）世，其次辟（避）地，其次辟（避）色，其次辟（避）言。”子曰：“作者七人矣。”

14.38 子路宿于石门。晨门曰：“奚自？”子路曰：“自孔氏。”曰：“是知其不可而为之者与（欤）？”

14.39 子击磬于卫，有荷蒉而过孔氏之门者，曰：“有心哉，击磬乎！”既而曰：“鄙哉，硁硁乎！莫己知也，斯己而已矣。深则厉，浅则揭。”子曰：“果哉！末（蔑）之难矣。”

14.40 子张曰：“《书》云，‘高宗谅阴，三年不言。’何谓也？”子曰：“何必高宗，古之人皆然。君薨，百官总己以听于冢宰三年。”

14.41 子曰：“上好礼，则民易使也。”

14.42 子路问君子。子曰：“修己以敬。”曰：“如斯而已乎？”曰：“修己以安人。”曰：“如斯而已乎？”曰：“修己以安百姓。修己以安百姓，尧、舜其犹病诸。”

14.43 原壤夷俟。子曰：“幼而不孙（逊）弟（悌），长而无述焉，老而不死，是为贼。”以杖叩其胫。

14.44 阙党童子将命。或问之曰：“益者与（欤）？”子曰：“吾见其居于位也，见其与先生并行也，非求益者也，欲速成者也。”

◉ 卫灵公第十五

15.1 卫灵公问陈于孔子。孔子对曰："俎豆之事，则尝闻之矣；军旅之事，未之学也。"明日遂行。

15.2 在陈绝粮，从者病，莫能兴。子路愠见曰："君子亦有穷乎？"子曰："君子固穷，小人穷斯滥矣。"

15.3 子曰："赐也，女（汝）以予为多学而识之者与（欤）？"对曰："然，非与（欤）？"曰："非也，予一以贯之。"

15.4 子曰："由，知德者鲜矣。"

15.5 子曰："无为而治者，其舜也与（欤）？夫何为哉？恭己正南面而已矣。"

15.6 子张问行。子曰："言忠信，行笃敬，虽蛮貊之邦行矣。言不忠信，行不笃敬，虽州里行乎哉？立，则见其参于前也；在舆，则见其倚于衡也，夫然后行。"子张书诸绅。

15.7 子曰："直哉史鱼！邦有道如矢，邦无道如矢。君子哉蘧伯玉！邦有道则仕，邦无道则可卷而怀之。"

15.8 子曰："可与言而不与言，失人；不可与言而与之言，失言。知（智）者不失人，亦不失言。"

15.9 子曰："志士仁人，无求生以害仁，有杀身以成仁。"

15.10 子贡问为仁。子曰："工欲善其事，必先利其器。居是邦也，事其大夫之贤者，友其士之仁者。"

15.11 颜渊问为邦。子曰："行夏之时，乘殷之辂，服周之冕，乐则《韶》、《舞（武）》。放郑声，远佞人。郑声淫，佞人殆。"

15.12 子曰："人无远虑，必有近忧。"

15.13 子曰："已矣乎！吾未见好德如好色者也。"

15.14 子曰："臧文仲其窃位者与（欤）！知柳下惠之贤而不与立也。"

15.15 子曰："躬自厚而薄责于人，则远怨矣。"

15.16 子曰："不曰'如之何，如之何'者，吾末（蔑）如之何也已矣！"

15.17 子曰："群居终日，言不及义，好行小慧，难矣哉！"

15.18 子曰："君子义以为质，礼以行之，孙（逊）以出之，信以成之。君子哉！"

15.19 子曰："君子病无能焉，不病人之不己知也。"

15.20 子曰："君子疾没世而名不称焉。"

15.21 子曰："君子求诸己，小人求诸人。"

15.22 子曰："君子矜而不争，群而不党。"

15.23 子曰："君子不以言举人，不以人废言。"

15.24 子贡问曰："有一言而可以终身行之者乎？"子曰："其恕乎！己所不欲，勿施于人。"

15.25 子曰："吾之于人也，谁毁谁誉。如有所誉者，其有所试矣。斯民也，三代之所以直道而行也。"

15.26 子曰："吾犹及史之阙文也。有马者借人乘之。今亡矣夫！"

15.27 子曰："巧言乱德，小不忍则乱大谋。"

15.28 子曰："众恶之，必察焉；众好之，必察焉。"

15.29 子曰："人能弘道，非道弘人。"

15.30 子曰："过而不改，是谓过矣。"

15.31 子曰："吾尝终日不食，终夜不寝，以思，无益，不如学也。"

15.32 子曰："君子谋道不谋食。耕也，馁在其中矣；学也，禄在其中矣。君子忧道不忧贫。"

15.33 子曰："知（智）及之，仁不能守之，虽得之，必失之。知（智）及之，仁能守之，不庄以莅之，则民不敬。知（智）及之，仁能守之，庄以莅之，动之不以礼，未善也。"

15.34 子曰："君子不可小知而可大受也，小人不可大受而可小知也。"

15.35 子曰："民之于仁也，甚于水火。水火，吾见蹈而死者矣，未见蹈仁而死者也。"

15.36 子曰："当仁不让于师。"

15.37 子曰："君子贞而不谅。"

15.38 子曰："事君，敬其事而后其食。"

15.39 子曰："有教无类。"

15.40 子曰："道不同，不相为谋。"

15.41 子曰："辞达而已矣。"

15.42 师冕见，及阶，子曰："阶也。"及席，子曰："席也。"皆坐，子告之曰："某在斯，某在斯。"师冕出，子张问曰："与师言之道与（欤）？"子曰："然，固相师之道也。"

◉ 季氏第十六

16.1 季氏将伐颛臾。冉有、季路见于孔子曰："季氏将有事于颛臾。"孔子曰："求，无乃尔是过与（欤）？夫颛臾，昔者先王以为东蒙主，且在邦域之中矣，是社稷之臣也，何以伐为？"冉有曰："夫子欲之，吾二臣者皆不欲也。"孔子曰："求，周任有言曰：'陈力就列，不能者止。'危而不持，颠而不扶，则将焉用彼相矣？且尔言过矣，虎兕出于柙，龟玉毁于椟中，是谁之过与（欤）？"冉有曰："今夫颛臾，固而近于费。今不取，后世必为子孙忧。"孔子曰："求，君子疾夫舍曰欲之而必为之辞。丘也闻有国有家者，不患寡而患不均，不患贫而患不安。盖均无贫，和无寡，安无倾。夫如是，故远人不服，则修文德以来之；既来之，则安之。今由与求也，相夫子，远人不服，而不能来也；邦分崩离析，而不能守也；而谋动干戈于邦内。吾恐季孙之忧，不在颛臾，而在萧墙之内也。"

16.2 孔子曰："天下有道，则礼乐征伐自天子出；天下无道，则礼乐征伐自诸侯出。自诸侯出，盖十世希不失矣；自大夫出，五世希不失矣；陪臣执国命，三世希不失矣。天下有道，则政不在大夫；天下有道，则庶人不议。"

16.3 孔子曰："禄之去公室五世矣，政逮于大夫四世矣，故夫三桓之子孙微矣。"

16.4 孔子曰："益者三友，损者三友。友直，友谅，友多闻，益矣。友便辟（嬖），友善柔，友便佞，损矣。"

16.5 孔子曰："益者三乐，损者三乐。乐节礼乐，乐道人之善，乐多贤友，益矣。乐骄乐，乐佚游，乐宴乐，损矣。"

16.6 孔子曰："侍于君子有三愆：言未及之而言，谓之躁；言及之而不言，谓之隐；未见颜色而言，谓之瞽。"

16.7 孔子曰："君子有三戒：少之时，血气未定，戒之在色；及其壮也，血气方刚，戒之在斗；及其老也，血气既衰，戒之在得。"

16.8 孔子曰："君子有三畏：畏天命，畏大人，畏圣人之言。小人不知天命而不畏也，狎大人，侮圣人之言。"

16.9 孔子曰："生而知之者，上也；学而知之者，次也；困而学之，又其次也；困而不学，民斯为下矣。”

16.10 孔子曰：“君子有九思：视思明，听思聪，色思温，貌思恭，言思忠，事思敬，疑思问，忿思难，见得思义。”

16.11 孔子曰：“见善如不及，见不善如探汤，吾见其人矣，吾闻其语矣。隐居以求其志，行义以达其道，吾闻其语矣，未见其人也。”

16.12 齐景公有马千驷，死之日，民无德（得）而称焉。伯夷、叔齐饿于首阳之下，民到于今称之。其斯之谓与（欤）？

16.13 陈亢问于伯鱼曰：“子亦有异闻乎？”对曰：“未也。尝独立，鲤趋而过庭，曰：‘学诗乎？’对曰：‘未也。’‘不学诗，无以言。’鲤退而学诗。他日又独立，鲤趋而过庭，曰：‘学礼乎？’对曰：‘未也。’‘不学礼，无以立。’鲤退而学礼。闻斯二者。”陈亢退而喜曰：“问一得三，闻诗闻礼，又闻君子之远其子也。”

16.14 邦君之妻，君称之曰夫人，夫人自称曰小童，邦人称之曰君夫人，称诸异邦曰寡小君，异邦人称之亦曰君夫人。

◉ 阳货第十七

17.1 阳货欲见孔子，孔子不见，归（馈）孔子豚。孔子时（待）其亡也，而往拜之。遇诸塗（途）。谓孔子曰：“来！予与尔言。”曰：“怀其宝而迷其邦，可谓仁乎？”曰：“不可。”“好从事而亟失时，可谓知（智）乎？”曰：“不可。”“日月逝矣，岁不我与。”孔子曰：“诺，吾将仕矣。”

17.2 子曰：“性相近也，习相远也。”

17.3 子曰：“唯上知（智）与下愚不移。”

17.4 子之武城，闻弦歌之声。夫子莞尔而笑，曰：“割鸡焉用牛刀？”子游对曰：“昔者偃也闻诸夫子曰：‘君子学道则爱人，小人学道则易使也。’”子曰：“二三子！偃之言是也。前言戏之耳。”

17.5 公山弗扰以费畔（叛），召，子欲往。子路不说（悦），曰：“末（蔑）之也已，何必公山氏之之也？”子曰：“夫召我者，而岂徒哉？如有用我者，吾其为东周乎！”

17.6 子张问仁于孔子。孔子曰：“能行五者于天下为仁矣。”请问之。曰：“恭、宽、信、敏、惠。恭则不侮，宽则得众，信则人任焉，敏则有功，惠则足以使人。”

17.7 佛肸召，子欲往。子路曰：“昔者由也闻诸夫子曰：‘亲于其身为不善者，君子不入也。’佛肸以中牟畔（叛），子之往也，如之何？”子曰：“然，有是言也。不曰坚乎，磨而不磷；不曰白乎，涅而不缁。吾岂匏瓜也哉？焉能系而不食？”

17.8 子曰：“由也，女（汝）闻六言六蔽（弊）矣乎？”对曰：“未也。”“居，吾语女（汝）。好仁不好学，其蔽（弊）也愚；好知（智）不好学，其蔽（弊）也荡；好信不好学，其蔽（弊）也贼；好直不好学，其蔽（弊）也绞；好勇不好学，其蔽（弊）也乱；好刚不好学，其蔽（弊）也狂。”

17.9 子曰：“小子何莫学夫诗？诗，可以兴，可以观，可以群，可以怨。迩之事父，远之事君。多识于鸟兽草木之名。”

17.10 子谓伯鱼曰：“女（汝）为《周南》、《召南》矣乎？人而不为《周南》、《召南》，其犹正墙面而立也与（欤）！”

17.11 子曰：“礼云礼云，玉帛云乎哉？乐云乐云，钟鼓云乎哉？”

17.12 子曰：“色厉而内荏，譬诸小人，其犹穿窬之盗也与（欤）！”

17.13 子曰：“乡原（愿），德之贼也。”

17.14 子曰：“道听而塗（途）说，德之弃也。”

17.15 子曰：“鄙夫可与事君也与（欤）哉？其未得之也，患〔不〕得之；既得之，患失之；苟患失之，无所不至矣。”

17.16 子曰：“古者民有三疾，今也或是之亡也。古之狂也肆，今之狂也荡；古之矜也廉，今之矜也忿戾；古之愚也直，今之愚也诈而已矣。”

17.17 子曰：“巧言令色，鲜矣仁。”

17.18 子曰：“恶紫之夺朱也，恶郑声之乱雅乐也，恶利口之覆邦家者。”

17.19 子曰：“予欲无言。”子贡曰：“子如不言，则小子何述焉？”子曰：“天何言哉？四时行焉，百物生焉，天何言哉？”

17.20 孺悲欲见孔子，孔子辞以疾。将命者出户，取瑟而歌，使之闻之。

17.21 宰我问：“三年之丧，期已久矣。君子三年不为礼，礼必坏；三年不为乐，乐必崩。旧谷既没，新谷既升，钻燧改火，期可已矣。”子曰：“食夫稻，衣夫锦，于女（汝）安乎？”曰：“安。”“女（汝）安，则为之。夫君子之居丧，食旨不甘，闻乐不乐，居处不安，故不为也。今女（汝）安，则为之。”宰我出。子曰：“予之不仁也！子生三年，然后免于父母之怀。夫三年之丧，天下之通丧也。予也有三年之爱于其父母乎？”

17.22 子曰：“饱食终日，无所用心，难矣哉！不有博弈者乎？为之犹贤乎已。”

17.23 子路曰：“君子尚勇乎？”子曰：“君子义以为上。君子有勇而无义为乱，小人有勇而无义为盗。”

17.24 子贡曰：“君子亦有恶乎？”子曰：“有恶。恶称人之恶者，恶居下（流）而讪上者，恶勇而无礼者，恶果敢而窒者。”曰：“赐也亦有恶乎？”“恶徼以为知（智）者，恶不孙（逊）以为勇者，恶讦以为直者。”

17.25 子曰：“唯女子与小人为难养也，近之则不孙（逊），远之则怨。”

17.26 子曰：“年四十而见恶焉，其终也已。”

◉ 微子第十八

18.1 微子去之，箕子为之奴，比干谏而死。孔子曰：“殷有三仁焉。”

18.2 柳下惠为士师，三黜。人曰：“子未可以去乎？”曰：“直道而事人，焉往而不三黜？枉道而事人，何必去父母之邦？”

18.3 齐景公待孔子曰：“若季氏则吾不能，以季、孟之间待之。”曰：“吾老矣，不能用也。”孔子行。

18.4 齐人归女乐，季桓子受之，三日不朝，孔子行。

18.5 楚狂接舆歌而过孔子，曰：“凤兮凤兮，何德之衰！往者不可谏，来者犹可追。已而已而！今之从政者殆而！”孔子下，欲与之言。趋而辟（避）之，不得与之言。

18.6 长沮、桀溺耦而耕，孔子过之，使子路问津焉。长沮曰：“夫执舆者为谁？”子路曰：“为孔丘。”曰：“是鲁孔丘与（欤）？”曰：“是也。”曰：

"是知津矣。"问于桀溺。桀溺曰:"子为谁?"曰:"为仲由。"曰:"是鲁孔丘之徒与(欤)?"对曰:"然。"曰:"滔滔者,天下皆是也,而谁以易之?且而(尔)与其从辟(避)人之士也,岂若从辟(避)世之士哉?"耰而不辍。子路行以告。夫子怃然曰:"鸟兽不可与同群,吾非斯人之徒与而谁与?天下有道,丘不与易也。"

18.7 子路从而后,遇丈人,以杖荷蓧。子路问曰:"子见夫子乎?"丈人曰:"四体不勤,五谷不分,孰为夫子?"植其杖而芸。子路拱而立。止子路宿,杀鸡为黍而食之,见其二子焉。明日,子路行以告。子曰:"隐者也。"使子路反(返)见之。至,则行矣。子路曰:"不仕无义。长幼之节,不可废也;君臣之义,如之何其废之?欲洁其身,而乱大伦。君子之仕也,行其义也。道之不行,已知之矣。"

18.8 逸民:伯夷、叔齐、虞仲、夷逸、朱张、柳下惠、少连。子曰:"不降其志,不辱其身,伯夷、叔齐与(欤)!"谓"柳下惠、少连,降志辱身矣。言中伦,行中虑,其斯而已矣。"谓"虞仲、夷逸,隐居放言,身中清,废中权。我则异于是,无可无不可。"

18.9 大师挚适齐,亚饭干适楚,三饭缭适蔡,四饭缺适秦,鼓方叔入于河,播鼗武入于汉,少师阳、击磬襄入于海。

18.10 周公谓鲁公曰:"君子不施(弛)其亲,不使大臣怨乎不以。故旧无大故,则不弃也。无求备于一人。"

18.11 周有八士:伯达、伯适、仲突、仲忽、叔夜、叔夏、季随、季騧。

◉ 子张第十九

19.1 子张曰:"士见危致命,见得思义,祭思敬,丧思哀,其可已矣。"

19.2 子张曰:"执德不弘,信道不笃,焉能为有?焉能为亡?"

19.3 子夏之门人问交于子张。子张曰:"子夏云何?"对曰:"子夏曰:'可者与之,其不可者拒之。'"子张曰:"异乎吾所闻:君子尊贤而容众,嘉善而矜不能。我之大贤与(欤),于人何所不容?我之不贤与(欤),人将拒我,如之何其拒人也？”

19.4 子夏曰：“虽小道，必有可观者焉，致远恐泥，是以君子不为也。”

19.5 子夏曰：“日知其所亡，月无忘其所能，可谓好学也已矣。”

19.6 子夏曰：“博学而笃志，切问而近思，仁在其中矣。”

19.7 子夏曰：“百工居肆以成其事，君子学以致其道。”

19.8 子夏曰：“小人之过也必文。”

19.9 子夏曰：“君子有三变：望之俨然，即之也温，听其言也厉。”

19.10 子夏曰：“君子信而后劳其民，未信则以为厉己也；信而后谏，未信则以为谤己也。”

19.11 子夏曰：“大德不逾闲，小德出入可也。”

19.12 子游曰：“子夏之门人小子，当洒扫、应对、进退则可矣，抑末也。本之则无，如之何？”子夏闻之，曰：“噫！言游过矣！君子之道，孰先传焉？孰后倦焉？譬诸草木，区以别矣。君子之道，焉可诬也？有始有卒者，其惟圣人乎！”

19.13 子夏曰：“仕而优则学，学而优则仕。”

19.14 子游曰：“丧致乎哀而止。”

19.15 子游曰：“吾友张也为难能也，然而未仁。”

19.16 曾子曰：“堂堂乎张也，难与并为仁矣。”

19.17 曾子曰：“吾闻诸夫子：人未有自致者也，必也亲丧乎！”

19.18 曾子曰：“吾闻诸夫子：孟庄子之孝也，其他可能也；其不改父之臣与父之政，是难能也。”

19.19 孟氏使阳肤为士师，问于曾子。曾子曰：“上失其道，民散久矣。如得其情，则哀矜而勿喜。”

19.20 子贡曰：“纣之不善，不如是之甚也。是以君子恶居下流，天下之恶皆归焉。”

19.21 子贡曰：“君子之过也，如日月之食焉：过也，人皆见之；更也，人皆仰之。”

19.22 卫公孙朝问于子贡曰：“仲尼焉学？”子贡曰：“文武之道，未坠于地，在人。贤者识其大者，不贤者识其小者，莫不有文武之道焉，夫子焉不学，而亦何常师之有？”

19.23 叔孙武叔语大夫于朝曰：“子贡贤于仲尼。”子服景伯以告子贡。子贡曰：“譬之宫墙，赐之墙也及肩，窥见室家之好。夫子之墙数仞，不得其门而入，不见宗庙之美，百官（馆）之富。得其门者或寡矣。夫子之云，不亦宜乎？”

19.24 叔孙武叔毁仲尼。子贡曰：“无以为也！仲尼不可毁也。他人之贤者，丘陵也，犹可逾也；仲尼，日月也，无得而逾焉。人虽欲自绝，其何伤于日月乎？多见其不知量也。”

19.25 陈子禽谓子贡曰：“子为恭也？仲尼岂贤于子乎？”子贡曰：“君子一言以为知，一言以为不知，言不可不慎也！夫子之不可及也，犹天之不可阶而升也。夫子之得邦家者，所谓立之斯立，道（导）之斯行，绥之斯来，动之斯和。其生也荣，其死也哀，如之何其可及也？”

◉ 尧曰第二十

20.1 尧曰：“咨！尔舜！天之历数在尔躬，允执其中。四海困穷，天禄永终。”舜亦以命禹。曰：“予小子履，敢用玄牡，敢昭告于皇皇后帝：有罪不敢赦。帝臣不蔽，简在帝心。朕躬有罪，无以万方；万方有罪，罪在朕躬。”“周有大赉，善人是富。虽有周亲，不如仁人。百姓有过，在予一人。”谨权量，审法度，修废官，四方之政行焉。兴灭国，继绝世，举逸民，天下之民归心焉。所重民食、丧、祭。宽则得众，信则民任焉，敏则有功，公则说（悦）。

20.2 子张问于孔子曰：“何如斯可以从政矣？”子曰：“尊五美，屏四恶，斯可以从政矣。”子张曰：“何谓五美？”子曰：“君子惠而不费，劳而不怨，欲而不贪，泰而不骄，威而不猛。”子张曰：“何谓惠而不费？”子曰：“因民之所利而利之，斯不亦惠而不费乎？择可劳而劳之，又谁怨？欲仁而得仁，又焉贪？君子无众寡，无小大，无敢慢，斯不亦泰而不骄乎？君子正其衣冠，尊其瞻视，俨然人望而畏之，斯不亦威而不猛乎？”子张曰：“何谓四恶？”子曰：“不教而杀，谓之虐。不戒视成，谓之暴。慢令致期，谓之贼。犹之与人也，出纳之吝，谓之有司。”

20.3 孔子曰：“不知命，无以为君子也；不知礼，无以立也；不知言，无以知人也。”